全国高等职业教育精品规划教材

高职生职业生涯规划与就业指导

GAOZHISHENG ZHIYE SHENGYA GUIHUA YU JIUYE ZHIDAO

主 编◎肖 伟 刘 浩 罗应棉
副主编◎（按姓氏笔画排序）
　　　刘 涛 李遂意 张 莹
　　　陈雨露 赵玲艺 袁春香

华中科技大学出版社
http://www.hustp.com
中国·武汉

内容简介

本书共有七章,包括认识职业与职业生涯规划、大学生职业生涯规划与自我认知、职业生涯规划及评估调整、就业能力提升、求职准备及面试技巧、大学生就业形势政策与就业程序以及职业适应与发展等内容。从多方面的热点问题入手,系统、全面地阐述了高职生职业生涯规划发展与就业指导,帮助学生科学地开展自我职业生涯规划,有效地掌握就业过程中的方法和技巧。本书在编写过程中,设置相应课堂活动,引入大量案例说明,指导性和适用性强,力求符合高职生的实际需要。

本书可以作为高职高专教育各类专业职业生涯规划与就业指导的教材。

图书在版编目(CIP)数据

高职生职业生涯规划与就业指导/肖伟,刘浩,罗应棉主编. —武汉:华中科技大学出版社,2019.5
ISBN 978-7-5680-5035-7

Ⅰ.①高… Ⅱ.①肖… ②刘… ③罗… Ⅲ.①职业选择-高等职业教育-教材 Ⅳ.①G717.38

中国版本图书馆 CIP 数据核字(2019)第 156468 号

高职生职业生涯规划与就业指导　　　　　　　　　　　　　　　肖伟　刘浩　罗应棉　主编
Gaozhisheng Zhiye Shengya Guihua yu Jiuye Zhidao

策划编辑:	张　毅
责任编辑:	赵巧玲
封面设计:	孢　子
责任校对:	李　琴
责任监印:	朱　玢
出版发行:	华中科技大学出版社(中国•武汉)　电话:(027)81321913
	武汉市东湖新技术开发区华工科技园　邮编:430223
录　排:	匠心文化
印　刷:	武汉市籍缘印刷厂
开　本:	787 mm×1092 mm　1/16
印　张:	15
字　数:	365 千字
版　次:	2019 年 5 月第 1 版第 1 次印刷
定　价:	36.80 元

本书若有印装质量问题,请向出版社营销中心调换
全国免费服务热线:400-6679-118　竭诚为您服务
版权所有　侵权必究

前　言

大学生就业工作是高校工作的重要组成部分，也是我国人力资源有效配置的重要途径，做好大学生的就业工作不仅对大学生的成长成才具有重要意义，更是关系到科教兴国战略和人才强国战略的实施，对社会稳定和健康持续发展具有重要的价值。近年来，随着市场经济的高速发展以及高校毕业生就业制度的深化改革，大学生就业形势越来越严峻，毕业生在择业就业过程中面临的困惑也逐渐增多。

本书在编写过程中突出体现实用性和指导性的特点：一方面教材内容丰富，框架清晰，包含了职业生涯规划与就业指导的内容，层层递进，通过案例引导、案例分析、延伸阅读等模块丰富学生的知识体系，构建了完善的大学生求职就业知识体系；另一方面教材理论结合实践，以职业生涯、心理学、社会学、管理学等理论为基础，通过精心设计的课堂活动，引导学生亲身体验，理论与实践相结合，提升大学生的求职技能。

本书共有七章：前四章主要围绕高职生职业生涯规划、自我认知、自我能力提升等内容进行讲解，适宜在大一学年学习；后三章重在讲解高职生求职就业指导内容，包括求职过程指导、就业形势政策与权益保护、职业适应与发展等，建议在大三学年学习。

本书由肖伟、刘浩、罗应棉担任主编，由刘涛、李遂意、张莹、陈雨露、赵玲艺、袁春香担任副主编。各章编写分工如下：袁春香编写第一章，罗应棉、刘涛编写第二章，陈雨露编写第三章，李遂意编写第四章，赵玲艺编写第五章，刘浩、陈雨露编写第六章，张莹编写第七章，全书由肖伟统稿、修改。

在本书的编写过程中，我们参阅了国内同类教材和许多学者专家的著作及研究成果，在附录中对主要参考资料已做说明，在此对原作者表示衷心的感谢！本书编写时间仓促，难免存在不足之处，恳请专家、同仁批评与指正，以便日后修订完善。

编　者
2019 年 3 月

目 录

第一章 认识职业与职业生涯规划 ……………………………………………… (1)
   第一节 职业与职业生涯规划概述 ………………………………………… (1)
   第二节 职业生涯规划的作用与过程 ……………………………………… (7)
   第三节 职业生涯规划的影响因素 ………………………………………… (11)
   第四节 职业生涯规划的主要理论 ………………………………………… (16)

第二章 大学生职业生涯规划与自我认知 …………………………………… (23)
   第一节 自我认知概述 ……………………………………………………… (23)
   第二节 职业生涯规划与性格 ……………………………………………… (28)
   第三节 职业生涯规划与兴趣 ……………………………………………… (37)
   第四节 职业生涯规划与能力 ……………………………………………… (50)
   第五节 职业生涯规划与价值观 …………………………………………… (55)

第三章 职业生涯规划及评估调整 …………………………………………… (64)
   第一节 职业生涯规划设计方法 …………………………………………… (64)
   第二节 高职学生职业生涯规划与评估调整 ……………………………… (74)

第四章 就业能力提升 ………………………………………………………… (85)
   第一节 就业专业能力培养 ………………………………………………… (85)
   第二节 就业综合能力提升 ………………………………………………… (90)
   第三节 就业心理指导 ……………………………………………………… (103)

第五章 求职准备及面试技巧 ………………………………………………… (115)
   第一节 就业信息的收集与应用 …………………………………………… (115)
   第二节 求职材料的准备 …………………………………………………… (124)
   第三节 面试技巧 …………………………………………………………… (133)

第六章 大学生就业形势政策与就业程序 …………………………………… (150)
   第一节 大学生就业形势与政策 …………………………………………… (150)
   第二节 就业协议书与劳动合同 …………………………………………… (162)
   第三节 离校、就业报到与档案转迁 ……………………………………… (194)

第七章 职业适应与发展 ……………………………………………………………（210）
  第一节 环境变化与角色转换 ……………………………………………………（210）
  第二节 大学生职业生活适应 ……………………………………………………（222）

参考文献 ……………………………………………………………………………（234）

第一章 认识职业与职业生涯规划

谁有生活理想和实现它的计划,谁便善于沉默,谁没有这些,谁便只好夸夸其谈。

——埃尔温·斯特里马

 内容提要

认识职业与职业生涯规划是大学生在校期间一项十分重要且必要的学习任务。它能帮助大学生唤醒自我,加强危机感,从而确立自己的职业目标和行动计划,为往后成功的人生奠定基础。同时,也能帮助大学生提高行动效率,在个人成长与职业发展中少走弯路,获得成就感,从而不断地实现各阶段目标与最终目标。通过本章的学习,了解职业与职业生涯规划的含义与特点,重视职业生涯规划的重要意义与过程,掌握职业生涯规划的影响因素,从而初步对职业生涯规划有一个整体的认识。

第一节 职业与职业生涯规划概述

案例引导

美国商业圈神话人物比尔·拉福,从小立志要成为一名成功的商人。他的父亲也认为他机智果敢,有从商潜质,但是缺乏磨砺,更缺乏扎实的知识,于是比尔·拉福的父亲与他开始了一次长时间的谈话,制定了一项直接促进他往后事业成功的职业生涯规划。

比尔·拉福中学上完后,进入麻省理工学院学习,他没有选择与从商有关的贸易专业,而是选择了与从商毫无关系的工科专业——机械制造。大学毕业生后,他也没有立即从商,而是考入芝加哥大学,攻读经济学,三年后他拿到经济学硕士学位,掌握了经商和管理知识。获得硕士学位后,他仍然没有投入商海,而是报考公务员,进入政府行政机构工作。比尔·拉福在政府单位工作了五年,期间,他工作突出,取得了令人骄傲的成绩。正当朋友以为他已经放弃从商目标后,他毅然辞职下海经商。在商场小试两年后,他创办了自己的拉福商贸公司,二十年后,公司资产由最初的二十万美金发展到两亿美金。至此,他也实现了最初的梦想。

从比尔·拉福最终实现梦想的经历可以看出,他与父亲当时制定的职业生涯规划可以分为五个阶段:工科学习—经济学学习—政府部门工作—大公司工作—创办公司。这个职业生涯规划方案,尽管表面看起来与从商没有太直接的关系,但事实上每一个规划阶段都为比尔·拉福实现梦想奠定了基础。第一规划阶段,工科学习,培养了比尔·拉福的专业知识技能,同时能帮助他建立一套严谨的思维系统,这些都是从商所需的。第二规划阶段,经济学学习,便于掌握经济学基础知识,弄清影响商业活动的众多因素,同时掌握相关管理知识,从而完成从商所需的知识储备工作。第三规划阶段,政府部门工作,知晓处世规则,培养较强的人际交往能力,这也正是从商成功所需的。第四规划阶段,大公司工作,将所获得的各方面知识通过此方式转为实践,同时也进一步丰富了经验。第五规划阶段,创办公司,通过前几阶段理论与实践的积累,开始实现自己最初的目标,成为一名成功的商人。

比尔·拉福能最终实现梦想的原因在于较早地制定了职业生涯规划,规划中的每一步每一环节都具有较强的目标指向性,清楚知道自己在各阶段应该完成哪些事,并坚持了下去。比尔·拉福的职业生涯规划不一定适合每一个人,但它却告诉我们,人生是需要规划的,规划得越早越合理,成功也会更早一步抵达!

一、认识职业

1. 职业的含义

在古代,"职"和"业"各有含义。《书·周官》有言:"六卿分职,各率其属,以倡九牧,阜成兆民"。此"职"指的是职务,所掌管的事物;"业"指的是事情,古代把要做的事情刻到木上,并形成齿状,每一个齿代表一件事,每完成一件事就去一个齿,因此此行为又称为"修业"。把"职"和"业"合并在一起使用,最早是出现在《国语·鲁语》中:"昔武王克商,通道于九夷百蛮,使各以其方贿来贡,使勿忘职业"。现在,中国职业规划师协会对"职业"的定义为职能与行业的相加,即一个完整的职业应该包括行业与职能两个方面。

职业作为社会分工的产物之一,是人们为了生存与发展而从事的工作。在理解职业的含义时,应把握以下两点。一是,职业能满足人们的生存或发展需要。一项工作只有能提供给劳动者一定的物质需求或精神需求,才能得以延续,也才能成为职业。二是,职业是劳动者的某种角色体现。人们想要在社会中获得一定的认可,就必须在社会中扮演一定的角色,而这一角色的获得便是通过职业来体现的。

2. 职业的特点

职业是社会分工的产物。职业主要具有以下几点特征。

1) 社会性

职业是人们所从事的社会生产劳动,体现的是劳动力与劳动资料之间、劳动者之间的关系,这两种关系的体现无疑都是具有社会性的。此外,职业作为社会系统中的一个子系统,与其他系统有着密切的联系,不可能脱离社会而孤立存在,因此职业是社会性的职业,职业活动中所产生的职业劳动成果同样也具有明显的社会性。

2) 功利性

也即经济性,职业须给人们解决生存与发展问题。从个人的角度来看,人们通过职业获得一定的经济来源,从而解决生存所需;从社会的角度来看,人们从事职业活动,也是推动社会经济向前发展的关键所需。

3) 稳定性

一定时期内,职业必须具有稳定性,人们连续不断地从事某一活动,此活动才能成为职业,偶尔临时性的工作不能称为职业。

4) 发展性

职业能促进人们自身的长期发展,人们在职业活动中将自己的知识技能显现出来,获得一定的成就感,从而实现自我价值。同时,职业作为社会的一部分,也是促进社会发展的重要内容。总之,职业是一个人发展自我的舞台,也是推动社会发展的重要桥梁。

5) 多样性

作为社会分工产物的职业,随着社会分工越来越精细化,职业的种类也变得越来越精细且多,从而使得职业烙上多样性的特征。现今,新职业在不断产生,其数量在不断扩张,种类也在不断丰富,正是职业多样性的体现。

6) 时代性

职业的时代性指的是时代不同,职业有所区别,且每个时代都有体现特色的职业,如互联网时代,产生了许多"互联网+"职业。随着时代的变化,新职业也根据需要出现,同时不符合时代所需的旧职业,也会相应地被淘汰。

7) 技术性

不存在不需要知识或技术的职业,各类职业或多或少都需要一定的知识与技术的支撑。有些职业甚至需要专门的技术,如医生职业,既需要扎实的理论知识,也需要过硬的操作技术,否则对病人而言就会出现危险的后果。现今,各职业对知识与技术的要求越来越高,职业的技术性特点也越来越明显。

8) 规范性

不同的职业都有不同的规范操作性,对职业所需的操作流程或质量标准有一定的要求。同时,不管何种职业,还存在职业道德的规范性,各职业对劳动者应承担的责任与义务均有一定内在的要求。操作的规范性与职业道德的规范性构成了职业规范性特点的内涵。

3. 职业的分类

职业分类是指某一国家采用一定的标准与方法,按照一定的原则,对从业人员从事的各类专门化的社会职业进行全面系统的划分。不同国家因其发展水平、历史国情等的不同,对职业进行的分类也不大相同。我国根据自身国情,对不同的职业进行了大量的调查,同时,依据国际劳工组织《国际职业标准分类》制定了与我国国情相符的职业分类标准与政策。1999年,我国制定了《中华人民共和国职业分类大典》,依据这一大典,我国职业分为8个大类66个中类413个小类1838个细类。2015年,国家职业分类大典修订工作委员会召开全体会议审议,表决通过并颁布了新修订的《中华人民共和国职业分类大典》,职业分类结构修改为8个大类75个中类434个小类1484个职业。这里主要简单介绍8个大类,大致如下:

第一类:国家机关、党群组织、企业、事业单位负责人。

第二类:专业技术人员。

第三类:办事人员和有关人员。

第四类:商业、服务业人员。
第五类:农、林、牧、渔、水利业生产人员。
第六类:生产、运输设备操作人员及有关人员。
第七类:军人。
第八类:不便分类的其他从业人员。

二、认识职业生涯规划

1. 职业生涯规划的含义

职业生涯规划起源于20世纪的美国。先是有着"职业指导之父"之称的弗兰克·帕森斯为帮助失业的年轻人解决工作的问题,成立了世界第一个职业指导机构(波士顿地方就业局),并提出了"职业咨询"这一概念。后管理学家诺斯威尔提出职业生涯规划的概念。

职业生涯规划,又称为职业生涯设计,是指一个人根据自身情况和对当前环境的分析,树立自己的职业目标,并为实现这一目标而确定行动方向、行动阶段及行动决策的过程。具体而言,个体为自己的未来职业发展提前做好策划与准备,包括根据自身条件与外界因素确定职业发展目标,拟订实现这一目标的职业、教育、培训等计划准备工作,并按计划分时间定好阶段目标与最终目标,同时选择适合的方式方法,做好调整修正的准备,使职业生涯目标得以实现的过程。

2. 职业生涯规划的特点

1)可行性

职业生涯规划必须以个人自身条件为前提,所规划的目标与实现目标的途径选择都要充分考虑到自身条件,同时分析外界环境因素,促使规划具有较强的操作可行性。而不能任凭自我想象,否则规划便不能实现目标。

2)适应性

职业生涯规划是对将来行动的计划,非实际行动,因此在真正践行规划时,会遇到很多意料之外的不良影响因素。因此职业生涯规划必须具有一定的适应性,能及时根据新环境新因素所需进行相应的调整与变化。

3)连续性

职业生涯规划是对一个人长期发展进行分阶段规划,每阶段的目标与行动都详细涵盖在内,且每阶段都是连续连贯的,最终也是为实现共同的终极目标。因此职业生涯规划具有强烈的连续性特征。

4)个体性

职业生涯规划是个人的职业生涯规划,每个人的性格、思想、观点、思维、行为、能力、学习力、行动力等均有所不同,因此每个人的职业生涯规划也是不一样的。个人的职业生涯规划也只能是个人个性化的产物,没有统一固定的模式,只能根据个人的情况而定。个体性特征也是职业生涯规划最为突出的特征。

3. 职业生涯规划的类型

对职业生涯规划的划分,一般以时间为维度,分为短期规划、中期规划、长期规划、终生规划。

1) 短期规划

一般为2年以内的规划,主要任务为确定自己的短期目标,完成短期内的任务。短期规划的特征为时限短,可操作性强,为中期规划服务。

2) 中期规划

一般为2~5年的规划。对于大学生而言,在校期间的规划一般即为中期规划,从大一到大三(或大四)实现自己走入社会的目标。中期规划的特征主要是有较为明确实现目标的时间,有明确的语言定性目标,基本符合自己的价值观,为长期规划服务。

3) 长期规划

一般为5~10年的规划。主要规划目的是设定长远的目标,但目标较为概括模糊。长期规划的特征为目标具有挑战性,目标的实现具有不确定性,非常符合自己的价值观,为终生规划服务。

4) 终生规划

一般规划时间跨度超过10年,甚至横跨整个人生,规划设定的目标是自己的整个人生发展的终极目标。

 课堂活动

撕纸看人生

活动目的:

通过活动,让学生了解时间的珍贵,意识到及早做好人生规划的重要性。

材料准备:

每人准备两张长度相等的纸条,纸条有1到100的数字,数字代表岁数。

活动过程:

1. 要求每位学生在纸条上点出自己梦想实现的时间点,并注明相应梦想。

2. 将已经度过的岁月撕去,同时将梦想实现时间点后面的纸张撕去。

3. 问学生:纸条上剩余的时间是努力用来实现梦想的所有时间吗?

4. 那些没有撕掉的时间里面还包含睡觉、吃饭、娱乐、锻炼、玩手机、游戏等的时间,也需要撕去。

5. 问学生:在剩余还未撕去的时间里,是否足够实现梦想?又该如何规划不多的时间去实现梦想呢?是浑浑噩噩地过还是好好地计划呢?

纸条撕完后,学生分享自己的感悟。

 案例分析 1-1

爱吃苹果的毛毛虫

有四只爱吃苹果的毛毛虫,分别去森林寻找苹果吃……

第一只毛毛虫迷茫地寻找着,终于到了一颗苹果树下,但是它却不知道这就是苹果树,也不知道树上长满了苹果。它只是看到有其他毛毛虫在爬,也就稀里糊涂地跟着爬。它不知道自己的目的地在哪儿,不知道终点在哪儿。也许最后它幸运地找到了一个苹果,也或许抵达终点时,苹果已被其他毛毛虫摘去了。但是无论是哪种结果,它都过得没有目标没有意义。

第二只毛毛虫也爬到苹果树下,它认得这是一颗苹果树,也知道自己的目标就是寻找一个大苹果。当它找到一个大苹果的时候,它扑上去就开始大吃,但是它放眼一望发现这不是最大的,其他树枝上还有许多更大的苹果,它很懊恼,要是选择其他树枝就好了。

第三只毛毛虫也来到苹果树下。它知道自己的目标是最大的苹果,并且为了获得大苹果,它准备了很多。比如准备了一副望远镜搜寻最大的苹果,比如研究不同的爬法,比如遇到分支如何做,等等。它有自己的目标与计划,本应该可以获得一个好的结果,但是却因为顾虑太多,行动过慢,当它找到苹果时,苹果要么已熟透烂掉,要么已被其他竞争者夺走。

第四只毛毛虫有自己的目标和实现目标的计划。它想要的不是一个大苹果,而是还未结果的苹果花。它计划着自己的路程,计算着自己到达时苹果正熟。最终,它获得了自己想要的苹果,实现了自己的梦想。

【分析】

第一只毛毛虫没有目标,没有规划,不知道自己想要什么。第二只毛毛虫有目标,但不知道如何实现自己的目标。第三只毛毛虫有目标有规划但是行动跟不上,机会也自然会错过。第四只毛毛虫有目标和实现目标的计划,也知道如何行动去得到自己想要的,因此最终如愿以偿。毛毛虫爬树吃苹果的过程,就好比我们实现目标的过程。有什么样的规划就会有什么样的结局,规划得越早越清晰,就能越早实现目标。所以,亲爱的同学们,如果你想毕业后能尽快获得成功,请从现在起认真地好好思考是否该为未来做好规划。

课后思考

1. 请谈谈你是如何理解职业生涯规划的?
2. 请认真想想,你想从事什么职业?

延伸阅读

阿诺德·施瓦辛格的职业生涯规划

一个十岁的小男孩,出生贫困,身体也虚弱,但却立志以后要做美国总统。为了实现自己的总统梦,他给自己定了一系列目标。要成为美国总统必须先成为美国的州长——要成为州长必须有强大的财力支持——要有财力支持就得融入财团圈子——要融入财团圈子最好的方式是成为名人——选择电影明星道路成为名人——成为明星前得有好身体好气质。

根据这一规划,他开始行动了。他开始刻苦地锻炼身体,练习健美,使得自己的外在散发魅力。二十岁时,因发达的肌肉,雕塑般的体格,他获得了"环球先生"的称号。在他二十三岁时,他进入了美国好莱坞。利用前期打下的身体优势,他热衷于塑造自己坚强不屈的硬汉形象,他在演艺圈名声大噪。同时也迎娶到了他的女友,肯尼迪总统的外甥女。五十七岁时,他退出演艺圈,弃艺从政,并成功竞选为加州的州长。他离自己的美国总统目标更近了一步。他就是阿诺德·施瓦辛格。

他的人生经历告诉大家：职业规划得越早，行动计划越详细，越能尽早实现自己的梦想。尽管有时目标看似不易或离自己较远，但只要有毅力、有可行的行动计划，并能一步步踏实地去完成，便定能离自己的目标更近。

第二节　职业生涯规划的作用与过程

如果不做职业生涯规划，你离挨饿只有三天。

——徐小平

 案例引导

职业生涯规划对人生的重要影响

2006年，一则"前全国女子举重冠军　今在澡堂当搓澡工　生活拮据"的新闻引发了众多人的哀叹！一个曾经获得过四枚国家级举重比赛金牌，打破过一次国家纪录，打破过一次世界纪录的冠军，最后却落得在一家澡堂当搓澡工的结局，一个月下来的收入不到五百元，实在是令人叹息！在之后的比赛中，邹春兰拿不到好成绩，她拿了补偿后，既没有为今后要做什么定个目标，也没有在前期做知识技能等的储备，以致离开后的多年，职业生涯一直在走下坡路。这是否让我们对其未做好职业生涯规划而带来的悲剧后果有所警醒呢？不止昔日的冠军，也有不少曾风光无限的职业明星、企业名人、职场白领，没有意识到职业生涯规划的作用而造成之后不良的局面，连基本生存都成为问题。因此，意识到职业生涯规划的作用，做好职业生涯规划，并脚踏实地去实践，是非常重要的！

一、职业生涯规划的作用

人的一生，职业生涯占据了大部分时光，这段时光是否规划得好，直接影响了一个人的生活品质与个人价值的实现。大学是进入职业生涯生活的前奏，在大学期间认识到职业生涯规划的重要作用，并做好相应的职业生涯规划，能让同学们少走弯路，同时能更好地帮助同学们获得成功。职业生涯规划的重要作用主要体现为以下几点。

1. 能帮助树立人生奋斗的目标

现今，许多人在走入职业生涯生活后过得不尽如人意，或过得浑浑噩噩，不是因为他们知识或技能水平不行，而往往是他们对自己的人生没有进行规划，没有明确自己的奋斗目标。走一步算一步、随波逐流的态度，消耗的只有宝贵的青春。而进行职业生涯规划，同学们可以根据自己的优势特长及爱好，树立一个适合自己的人生目标，这一目标也将指引你走向成功，使生命有价值。

2. 能帮助正确而合理地自我定位

一个人充分地认知自我是职业生涯制定的前提条件，因此职业生涯规划的过程必能引导同学们去正确地认识自身的优势与劣势,引导同学们对自身的价值进行合理的评估。对以往不合理的自我定位,进行职业生涯规划时能给予及时矫正;对合理的自我认识,能进一步得到加强,并能引导同学们戒骄戒躁,对自己的综合情况进行全面客观的评析。

3. 能帮助提升综合素质与能力

职业生涯规划在帮助树立目标与自我定位后,要求同学们运用科学的方法,采取可行的方式,在学习与实践中挖掘自我潜能,克服劣势,提高自己的能力,以力争目标的早日实现。在进行职业生涯规划时,对照要实现的梦想,发现现有能力与达成目标之间的差距,也能激励同学们努力提高自己的综合素质,提高就业竞争力。

4. 能帮助克服就业的不良心态

许多人在进入职业生涯生活后,常常受挫,感到沮丧,甚至自暴自弃。同时,部分人在从业时,好高骛远,片面追求待遇好、地域好,往往忽视自我能力,忽视个人发展,滋生出了相当悲观的就业思想及虚度光阴的就业行为。职业生涯规划建立在合理的自我定位上。设立合理的目标,并且有可行性的实施计划及阶段性小目标,能帮助同学们分阶段获得成就感,拥有积极健康的就业心态,即使遭受挫折,也能淡定从容。

二、职业生涯规划的过程

职业生涯规划的过程包括以下几个步骤。

1. 树立志向

一个人要想有所成就,必须树立一个志向,这是获得成功的前提条件。志向好比海上的指引灯,指引船只驶向彼岸。因此在制定职业生涯规划时,必须树立好志向,这是职业生涯规划的起点,也是最为关键的首要步骤,规划的后续阶段皆为你所树立的志向服务。

2. 客观分析自我

分析自我是进行职业生涯规划的基础条件。只有正确合理地分析自我,才能在实现自己志向的旅途中做出正确的选择。分析自我应当包括对自己的兴趣爱好、优点缺点、性格特长、知识技能、思维方式、道德标准、价值观等内容进行客观全面的分析。

3. 全面探索外界

在进行自我各方面客观分析之后,还需要对个人所处的外界环境进行全面探索与分析。小到分析你现在所处的寝室、班级、院系、学校等的情况,大到分析当前国家形式、社会就业形势的情况。在分析外界时,应当重点分析外界环境条件对自己提出的挑战及对自己有利与不利的地方。此外还应当清晰地知道,自己在所处的环境中地位是怎样的,有无资源可改善自己的处境等。只有全面了解外界因素,才能为实现自我理想做好铺垫。

4. 确定生涯路线

结合客观分析自我与全面探索外界环境,确定职业生涯路线是实现职业理想所要走的重要途径。确定好自己的职业生涯路线也可避免盲目。那么在确定路线时,应当着重明白自己想走什么样的道路,是管理道路还是技术道路,自己又适合哪条路,又能往哪条路上走,即对自我与环境进行综合分析后,勾勒自己的职业生涯路线。

5. 制定行动措施

行动是将目标转化为现实成果的关键。只有目标没有行动便是空目标,只有行动没有目标,行动也便没有意义。为实现最初设定的目标志向,必须制定一系列的具体措施,这些措施应当能从各方面各角度出发,为目标志向而服务。如果你想成为教师,就必须采取行动措施去学习教师所需的知识,掌握成为教师所需的实际技能,拿下关于成为教师所需的各类证书,了解并参加教师类的招聘考试等,这些都需要具体的计划与措施,当能一步一步落实完成好后,离成为一名教师也就不远了。

6. 适时评估调整

影响职业生涯规划的因素有许多,有些可提前知晓,有些却无法预测,因此为了确保自己的职业目标能顺利达成,在实现目标的旅途中必须提前做好因素影响评估,并及时调整修改自己的生涯规划。调整修改的内容可包括目标的调整、行动措施的变更、路线的重新选择等方面。

课堂活动

猜一猜他是谁?

活动目的:

通过活动,使学生意识到职业生涯规划对个人与社会发展起的作用,从而重视并学习如何规划自己的职业生涯。

材料准备:

教师准备好PPT,学生准备好笔、纸。

活动过程:

1. 教师问:"有外国人曾说'中国人口那么多,将引发粮食危机,引起全球动荡,谁来养中国人?'这时,一位老人回答道'中国完全能解决自己的吃饭问题,甚至还能帮助世界人民解决吃饭的问题!'请猜一猜这位老人是谁?"

2. 让学生抢答,在学生回答是袁隆平后,进一步问,袁隆平的职业生涯目标是什么呢?

3. 引导学生回答上一问题,袁隆平的职业生涯目标是为解决我国甚至是全世界人民的吃饭问题,这位老人曾计划用毕生心血研究粮食种植,而他也是那么做的,年轻时研究出杂交水稻,大幅度提高了粮食的产量,晚年找到解决在荒地种植水稻的问题,扩大了粮食种植面积,在帮助解决人们吃饭的问题时,也实现了自己的人生目标。

4. 教师进一步问,在袁隆平实现自己生涯目标的过程中,他的职业生涯规划对他有没有帮助?又有何帮助?

5. 学生分组讨论职业生涯规划对个人发展及社会发展的作用。让各组学生代表依次述说规划职业生涯的意义。

6. 教师对各组学生讨论结果进行点评,并为学生总结做好职业生涯规划对发展自我、适应社会等方面有重要的积极意义。

案例分析 1-2

小唐的职业生涯规划调整经历

小唐是毕业于某财经职业技术学院财务专业的学生。在大学期间,她自学掌握了许多关于职业生涯规划的理论知识,并制定了一份详细具体的职业生涯规划。她为自己设定了职业生涯理想,成为一名优秀的财务经理。在校期间,她也一直努力地为之奋斗。毕业时,她找到了自己的第一份工作,在一家外企从事财务工作。但是工作一段时间后,她发现财务工作枯燥无味,她也越来越不喜欢这份工作,她意识到这份工作并不是自己想要的。经过一段时间的慎重考虑后,她毅然辞去了财务工作。她重新对自己进行分析,认为自己的性格较为外向,喜欢做与人交流沟通的事,于是她把自己的职业重新定位。她重新定位的职业是既需要财务知识,又能经常与人交流沟通的审计师。在重新定位自己的职业方向后,她很快调整了自己职业生涯规划的其他部分,经过一段时间的学习准备后,她成功成了一家知名会计事务所的审计师,并且对自己的工作非常热爱。在此之后,她也更加充满活力地规划着往后的职业生活。

【分析】
职业生涯规划受到内外部条件变化的影响,这些影响可能会对职业目标的实现造成阻碍,也可能会对职业目标的实现带来机遇。为适应自身内部条件与外部环境条件的影响,必须及时根据现实情况对职业生涯规划进行修正和调整,从而才能更好地实现自我发展,实现自定目标。在本案例中,小唐在毕业前为自己设定了一个成为财务经理的目标,然后由于财务工作环境与其期望有较大的差异,在明确自己不适合财务工作后,毅然对自己进行了重新分析,及时调整了不恰当的目标,并设定了新的职业发展目标。新的目标促使她重新调整自己,重新激发了自己的工作潜能。可以说,小唐对自己职业生涯规划目标的重新调整,是一个非常及时的正确之举。

课后思考

1. 请用自己的感悟,谈谈职业生涯规划的作用。
2. 请尝试将你的职业生涯规划过程中难以解决的问题列出来。

延伸阅读

10年之后,你会怎样?

她是一名艺校的学生,因长相甜美,上学期间总有导演找她拍戏,无论是什么样的角色,她都很认真地去表演。直到有一天她的专业老师问她,是否对自己的未来有所规划。她未曾想过,一时不知道怎么回答老师。老师又问她,是否满意自己现在的生活,她马上摇头。接着老师问道:"那么你希望10年之后的自己是怎样的?"她回答道:"10年后,我希望成为一名好演员,同时能发行一张音乐方面的专辑。""好的,既然你确认了自己10年之后的目标,现在你18岁,那么28岁时你要完成自己设定的目标,27岁时除拍戏外就得有一个比较好的音乐作品,可以让唱片公司认可你。在25岁左右,你在演员生涯方面得有一定的成绩,且你的音乐作品要开始录制,演技与音乐技能都得不错。按这样推,23岁左右得接拍一定特点的角色,音乐方面得会作词作曲。20岁左右要接受做演员与音乐所需的各方面知识技能培训,现在你18岁……"这样推算下来,她应该为自己的目标做一些打算了,然而现在的她什么都不会,也没计划过什么,甚至还在为接到一些小角色而激动到忘我。老师继续说道:"你基础不错,但是对自己今后要走的路缺乏一定的规划。如果你希望能完成自己的目标,那么必须现在有所行动了。"听了老师的一席话,她忽然醒悟了,从此她始终谨记自己10年后的目标,一步步按照自己的计划来实施。10年期间,她拍摄了37部影视剧,其中有不少十分经典的角色,获得了45个影视与歌曲奖项,获得过百花奖、金鼎奖、金像奖、金马奖等奖项,拥有了自己的音乐专辑《夏天》,并深受大家的喜爱。这个女孩就是红遍海内外的影视歌三栖明星周迅。

毫无疑问,年纪轻轻的她能获得如此成绩,离不开老师跟她讲的一席话,离不开老师辅导她做的职业生涯规划。人生没有多少个10年,10年之后的你会怎样,一定与现在是否做好自己的职业生涯规划相关。因此,同学们,为了10年后能成为更好的自己,请及早规划好自己的职业生涯,及早行动,并为之付出努力,相信你也一定能实现自己的生涯目标!

第三节 职业生涯规划的影响因素

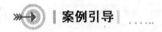
案例引导

进行职业生涯规划是一个人实现自己职业生涯成功的智慧表现,是一种未雨绸缪的行为,然而再好的职业生涯规划也会受到内外部、主客观等诸多因素直接或间接的影响。

有的人接手祖辈的职业,如吴桥杂技团作为杂技之乡代表,半数以上成员均从事杂技职业。当地孩子很小便被培养为杂技员,到国内外表演各类杂技,并将杂技这一职业作为文化,世代相传。

有的人从自己的兴趣、爱好、需求出发,选择自己所喜欢的职业。如日本企业家盛田昭夫是家族的长子,他的父亲期望他能继承家族300年的酿酒产业,但他热爱电子产品,立志要发展自己的新事业。于是,创立了后来鼎鼎有名的索尼公司,并一生都致力于电器事业的发展。

还有的人选择自己专业对口的职业。诸多例子表明,一个人的职业生涯规划受到诸多不同因素的影响,因此在规划自己的职业生涯时,务必要将这些影响因素考虑在内,才能使自己的职业生涯规划更合理、更可行!

一、职业生涯规划的影响因素

规划一个人的职业生涯是一个较为复杂的大系统工程,受到较多内外部因素的影响。

在进行职业生涯规划时,要充分考虑这些因素的影响。现将影响职业生涯规划的因素从内、外部角度归纳如下。

1. 内部因素

1) 个人性格

有人曾将人的性格分为不同种类型,每种类型具有相应的特征,而不同性格表现出的不同特征,影响着一个人对自己职业的适应性。也即,一定的性格有其适应的职业,一定的职业对人的性格有其要求。那么,不同性格的人在规划其职业生涯规划时,也自然会选择适合自己的职业,定下合适的职业目标。例如,外向性格的人具有善交际沟通的特征,通常选定销售职业作为自己的目标。

2) 个人能力

一个人的能力通常包含基本能力(如观察力、注意力、记忆力、思维力等能力)与专业能力(如人际交往、管理、协调等能力)。这些能力是一个人规划自己职业生涯的基础条件。如一个人的能力水平高,更倾向定下较高职业目标,在分析自我,探索环境方面也能更全面、更理性,在发展路途中遇到挫折时也更易度过。

3) 个人需求

每个人对人生需求是不同的,有的人希望得到较多物质上的满足,有的人希望职业带来更多精神上的满足。不同的需求影响着人们对自己职业发展的规划,在发展的过程中,也同样有着重要的影响。如需求职业能给自己带来精神上满足的人,往往在规划自己的职业时,常从自己兴趣、爱好出发,选择想从事的职业,而不会过多注重其是否带来较多的利益。在职业发展过程中,也常更有毅力坚持,更能为实现职业目标而奋斗。

2. 外部因素

1) 社会环境

人是处在社会之中的人,社会是一个人发挥才能、实现目标的大舞台,社会中存有的经济、政治、文化等因素都对人的职业生涯成长、成功有着重要的影响。如经济发展水平高,优秀企业也会较多,个人的职业选择机遇便会更多、职业待遇更好、职业环境更好,也就影响到一个人的职业认同及步入职场的发展。同样,社会政治因素与经济是相辅相成的,政治影响到经济,从而也就影响到一个人的职业发展规划。而社会文化环境能影响到一个行业的发展,也与社会经济与政治互相作用,从而直接或间接影响一个人的职业生涯规划。

2) 家庭背景

家是一个人生活的重要场所,对一个人的价值观、素质高低、行为举止等各方面的塑造有着十分深刻的影响。而这些对一个人选择自己的职业、从事职业的态度、职业中的行为表现及职业发展情况都有着较为重大的影响。如家庭对某种职业强烈的不认同,必然会影响自己对该职业的看法,从而不将该职业作为自己的职业选择。

3) 教育程度

教育是一个人成人成才的第二学堂,一个人的基本素养、个人能力、性格等方面的形成都与教育息息相关。教育程度不一样的人,其素养、专业、能力、观念等各方面必然存有差距,也就必然影响其职业生涯的规划。如通过教育习得了较强的专业技术,那么在选择职业时,也倾向于将自己的目标定位在自己较擅长的专业领域中。

二、职业生涯规划的误区矫正

一个人的职业生涯能否获得成功受到诸多因素影响,职业生涯的规划也便是一个涉及较多方面的复杂系统。当前,职业生涯规划常存在以下几点主要误区。

1. 认为职业生涯规划是为了找到工作

此误区在大学生中最为常见。职业生涯规划是为自己人生职业工作之路及最终目标做出的计划,而不仅仅只是为了找到一份工作。对于大学生来说,毕业找到工作也只是进行职业生涯规划的一部分,而非全部目的。职业生涯规划的出发点应是适合自己发展的人生职业轨迹,对于大学生而言,应当在校期间为自己的职业生涯做好相应的准备,找到适合自己的工作,能更好地促进职业生涯的发展,也更有利于个人成长,从而升华个人价值。

2. 认为职业生涯规划只是在需要时才面临的

有不少学生尤其是非毕业生认为自己现在还是大一,离找工作、进入职场还很遥远,做职业生涯规划的事等到毕业需要时再说。然而,这种观念显然是有误的。对于大学生来说,职业生涯规划应是越早越好,而非感觉需用时才开始。大学的整个过程,是为个人将来从事的职业做准备的,是一个人整个职业生涯规划的一部分。大学生从大一起应该知道职业生涯规划的重要性,应花时间、精力分析自我,探索所处的环境,设定自己的理想目标,并为之准备相应的职业素养与技能,从而能快速地适应社会、走入职场。

3. 认为职业生涯规划是人生不需要的

不少学生坚持计划赶不上变化,职业生涯不确定的因素太多,倒不如不计划,顺其自然的好。事实上,正是因为在职业生涯中有较多因素的影响,才使得我们必须建立好一个长期及短期的计划,尽管不可能完全按照规划的路线走,但规划的方向与目标非常重要。通过规划出大致的方向、路线、目标,我们才能有足够的动力要求自我养成各种能力、素养等。通过清晰地认识到自己的职业理想,才能合理地做出选择,在实现职业理想的过程中才会更好地应对影响成功的不良因素。

4. 认为职业生涯规划有速成的方式

有的学生希望借助几次课堂活动、学校讲座、教师授课等方式就能做出职业生涯规划,这种认为职业生涯规划能通过速成方式完成的,是十分不对的。通过理论学习或课堂讲授能帮助我们掌握职业生涯规划有效的方式方法,但其中涉及的不少因素还需要本人的亲身体验,需要通过实际的职业活动塑造职业技能、激活职业潜能,才能真正落实职业生涯的规划。想要通过速成的方式就完成好职业生涯的规划,是无法实现的。

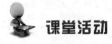

做个小调查

活动目的:

通过活动,使学生认识到影响职业生涯规划的重要因素,从而在规划自己的职业生涯时能做好应对调整措施。

材料准备：

教师准备好相关的调查问题，学生准备好纸与笔。

活动过程：

1. 教师将学生分成若干组并选定组长代表，告知调查的问题，回答应是自己真实的想法。

2. 调查的问题为：

(1)你现在所上的学校是自己的选择吗？（是或不是）

(2)你现在所读的专业是自己选择的吗？（是或不是）

(3)你对自己现在所读的专业了解吗？（不了解、了解一点、基本了解、非常了解）

(4)你对自己现在所读专业对应的职业了解吗？（不了解、了解一点、基本了解、非常了解）

(5)你计划毕业后从事自己的专业工作吗？（从事或不从事）

(6)你在校期间的目标是什么？毕业后的目标是什么？毕业五年后的目标又是什么？

3. 每位同学将自己的答案写在纸上，并在自己小组内，结合专业思考影响到自己职业生涯的因素是什么。

4. 每组组长对组员的职业生涯影响因素进行汇总归纳。

5. 每组代表在黑板上列出职业生涯的影响因素。

6. 教师对相同或相近因素进行消除，并引导学生一同对黑板上所列因素进行重新整理。

7. 最后邀请学生结合自身情况，分享此次活动的感受。

案例分析 1-3

有了职业生涯规划不等于拥有一切

小茗毕业后在一家单位从事销售工作，因为各种原因辞职了，半年了也没有找到合适的工作。于是他找到职业咨询公司进行职业生涯规划，通过职业测评，小茗还是非常适合销售岗位的，因此职业咨询公司为其定下销售经理的目标，结合其自身条件，并做出了相应的职业发展规划。小茗对职业咨询公司帮助他做的职业生涯规划也相当满意，但几个月过去后，同期进行规划的人都找到了工作并在工作中发展良好，而他仍旧未找到合适的工作。小茗很气愤地说道："职业生涯规划压根儿没有什么用！"

于是职业咨询公司的职业顾问找到他了解情况，发现他一直满意于自己有了一个非常完美的职业生涯规划，觉得日后找工作可以高枕无忧了。于是，整日幻想自己有一天可以梦想成真，为了找工作而找工作。当在找工作遇到挫折时，也不进行反思或学习提升自己，而是让规划中所定的措施与实际行动相脱节。在过去的几个月，小茗也曾应聘上一家不错的公司，但是上岗初期，觉得职业生涯规划已帮助自己找到工作，职业生涯规划也就没有多大价值了，等后期职位需要提升再去按规划中要求的做。于是在岗期间小茗不再执行之前的职业生涯规划，很快，因为他的不上进、欠缺岗位所需知识等原因，他再一次失去了工作。

【分析】

本案例中小茗之所以再一次失去工作，原因在于他对职业生涯规划存有错误的认识。在他拥有了一个比较合适的职业生涯规划后，尤其是有了具体明确的职业目标后，没有实施具体行动去实现它，反而错误地认为自己有工作可以高枕无忧了。职业生涯规划帮助人们设立合理的目标，并通过可行的具体行动去促进目标的实现。在这一过程中，对职业生涯规划正确的认识是前提，有了正确的认识后，真正一步步去落实规划中制定的目标实现的措施，才有可能到达成功的彼岸。拥有正确合适的职业生涯规划是人实现自己职业目标的重要保障，但不能就此认为可以完全懈怠。

课后思考

1. 探索一位名人的奋斗故事，列出影响其职业生涯成功的重要因素。
2. 联系自身或他人，谈谈在进行职业生涯规划时曾有过的误区及矫正措施。

延伸阅读

择己所爱，爱己所选

2008年北京奥运会（奥林匹克运动会）女子3米跳板跳水决赛在水立方举行。"跳水皇后"郭晶晶以高分成绩获得冠军，郭晶晶再一次一跳成名。她成功成名的背后是她一步步艰难走过来的职业生涯之路。

郭晶晶5岁开始跳水，15岁时第一次参加奥运会但一无所获。之后参加世界游泳锦标赛，但也仅获得亚军。之后的悉尼奥运会等比赛中，她也始终未能拿到冠军。残酷的现实带来了巨大的压力，然而这并没有打击到她，她的意志并没有消沉，她也没有想过放弃跳水这一职业，更没放弃自己的目标。因为从小对跳水的热爱，她继续用自己的坚持和努力，更加严格要求自己，一天天艰苦地锻炼着。2004年，雅典奥运会上，她终于拿到了女子双人3米板冠军。本可以光荣退休，但4年之后，她再一次向北京奥运会出发，并再次获得冠军。

那么郭晶晶的职业生涯能获得如此成功，是什么促进了她的成功呢？在她职业生涯的初期，并没有很顺利，又是什么因素对她最后走向成功起到了作用呢？

郭晶晶曾为了一个动作，不停地修正自己的姿势，反反复复地练习，直到动作完美。她曾说，因为她热爱自己选择的跳水职业，所以无论遇到什么困难、挫折、压力，她都一定会一步步坚持下去，且愿为之付出百分之百的努力。由此可见，她的职业生涯规划受到了自己兴趣爱好的巨大影响，对跳水职业的热爱使得她始终坚持自己的目标，并战胜种种困难，获得了成功。那么，同学们，在你规划自己职业生涯的时，也务必将对你职业生涯规划起到积极影响的因素进行深入思考，只有这样，你的职业生涯规划才能更合理，职业生涯获得成功的可能性才更大！

第四节 职业生涯规划的主要理论

案例引导

就读于某职业技术学院工程类专业的某一女生,颜值较高,身边许多同学都觉得她像某知名明星,这位女生自进校后就倍受大家的关注,在工科男生较多的院系里,也一直很受他人的喜欢。然而这位女生上课经常迟到、早退,甚至旷课,不爱学习,班主任与她沟通交流多次,了解到她不喜欢自己现在所学的工程类专业,但又不愿意违背家长给自己的选择,于是逃课、旷课。一年下来,大部分课程成绩都较差。后来,机缘巧合,这位女生接触到了职业生涯规划相关知识,开始对自己的兴趣爱好进行探索,尝试参加校内外的活动,积极加入社团,并兼职打零工,对自己的能力、职业及角色都开始有了新的认知。慢慢地,她开始探索和确定自己的职业倾向,通过自我努力学习,她拿到了教师资格证,通过全省教师统一招聘考试,成了一名高中英语老师。这与她之前学习的工程类专业完全不相干。

这位女生对职业探索的过程实际正与舒伯提出的职业生涯发展理论中第二阶段(探索阶段:15—24 岁)是相符的。对于在校的大学生而言,他们也正处在对职业进行探索的阶段,处在开始对职业进行遐想,对职业形成偏好的过程,因此,为更好地选择职业,规划职业,了解和掌握好职业生涯规划的相关理论也是十分必要和重要的。

一、职业选择理论

职业选择是一个人从自身实际出发,在多种类的职业中选择一个适合自己职业的过程。关于职业选择的理论,目前具有代表性的有以下几种。

1. 帕森斯的人职匹配理论

美国波士顿大学帕森斯教授于 1909 年最先提出了人职匹配理论。他在《选择一个职业》一书中指出:人职相匹配是职业选择的焦点。帕森斯还在书中具体说明了职业选择的要素与条件。

1)人职匹配理论核心观点

帕森斯教授的人职匹配理论核心观点主要包括四点:一是每个人要有自己特有的人格模式,每种人格模式都有相应适合的职业类型;二是在进行职业选择时,要先了解自己个人的能力、兴趣、优缺点等;三是要对职业选择成功所需的条件、要素进行了解,对各类岗位所具有的机会、薪酬、局限性等有所掌握;四是,职业指导的最终目标是促使个人与职业互相匹配。

2)人职匹配理论的类型

帕森斯教授将人职匹配理论分别两大类型。一是因素匹配,也称条件匹配。比如,某职业需要专门的知识与技能,那么与之匹配的就是掌握了该种技能与知识的求职者;同样,如某职业工作环境较差,需要吃苦耐劳、体格优异的人员,那么与之匹配的就应是与之相应的求职者。二是特性匹配,也称人格匹配。比如,具有敏感、个性强、灵活、完美主义等特征的人,就比较适合具有创造性、艺术性、审美性的职业。

3)职业选择的要素

帕森斯教授认为聪明的职业选择应该考虑三个要素:一是对自我的认识,即十分清楚自己的能力、兴趣、性格、缺点、价值观等内容;二是对职业的认识,即十分清楚职业选择成功的条件、所需的知识技能等;三是前两个要素要达到一定的平衡。

4)职业选择的步骤

帕森斯教授根据所提出的职业选择三要素,将职业选择分为了三步。

第一步,评价求职者的心理和生理特征。通过身心测量手段,获得求职人员的能力、兴趣、性格、气质及身体状况等方面的信息,同时采用调查、约谈等方式了解求职人员的学习经历、家庭状况、以往工作经验等,后对所获的资料信息进行具体评价。

第二步,分析各种职业对人的要求,向求职人员提供详细的有关的职业需求信息。这里重点对职业的前景、待遇、要求、环境、工作氛围、领导风格进行较为具体的描述。

第三步,进行人职匹配。在掌握了求职人员的各方面特征与职业的各项相关信息后,将二者进行比较,为求职人员匹配出一种既适合个人特征又能使其有望获得较大成功的职业。

2. 罗伊的职业选择理论

临床心理学家罗伊依据所从事的临床心理学经验及对各类杰出人物进行研究,在1960年提出了人格发展理论,对职业选择提出了自己的见解。她认为,一个人在儿童时期的成长经历对职业选择有着重要的影响。这也是最早提出儿时经历、亲子关系、心理需求会影响职业的选择。具体包括以下两个方面的内容。

1)亲子关系类型

罗伊从一个人需求是否被满足概括了三种基本的亲子关系,即依赖型、回避型、接纳型。依赖型亲子关系包括父母对孩子过度保护和过度要求。过度保护会使孩子学会迎合他人愿望以获得赞赏,渐渐变得依赖他人;过度要求则使孩子可能成为完美主义者,达不到要求不罢休。回避型亲子关系,指父母对孩子的身心需求不够重视,或是常常被忽视。接纳型亲子关系,则是父母用适度参与孩子成长或积极鼓励的方式使他们的身心需求得到满足,促使他们独立、自信。

罗伊根据一个人所选择的职业类型推测其亲子关系类型。如你的亲子关系是接纳型的,家庭氛围较为民主、温暖,那么可能会选择会服务、娱乐、文化、商业等与人打交道较多的职业。

2)主要职业类型

罗伊提出了8种类别的职业。第一种为服务类,即与服务、照顾他人需求、健康有关的职业。第二种为商业类,即与销售、投资等行为相关的职业。第三种为组织类,这类职业主要与企业、政府等部门管理、领导有关。第四种为技术类,包括与商品、水电气等的生产、运营、维护有关的职业。第五种为户外类,从事与农、林、渔、牧、矿相关的职业。第六种为科学类,主要指与科学理论、研究有关的职业。第七种为文化类,特指与文化遗产传播、继承、创新有关的职业。第八种为艺术与娱乐类,这里指的是与艺术、娱乐相关的职业。

罗伊根据亲子关系类型与主要职业类型提出了职业选择理论模型,具体如图1-1所示。

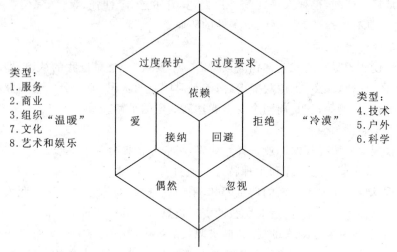

图1-1 罗伊的职业选择理论说明图

3. 霍兰德的职业兴趣理论

美国著名心理学家、职业指导专家霍兰德以所从事的职业咨询经验为基础,对自己和他人职业发展道路进行研究,于20世纪70年代提出了具有社会影响力的职业兴趣理论。1973年,他的专门著作《做出职业选择》出版。关于霍兰德的职业兴趣理论将在后续章节中陆续进行描述,本节不做赘述。

二、职业发展理论

职业发展理论先后受生理、心理、社会文化等的影响,形成了较为丰富的理论基础。

1. 舒伯的职业发展理论

美国著名学者舒伯从人一生的发展角度出发,参照学者布尔赫勒的生命周期理论,提出了职业生涯发展理论。他将职业生涯发展划分为5个阶段,并创造性地设计了著名的"职业生涯彩虹图"(见图1-2)。

1)职业生涯发展的5个阶段

舒伯根据一个人的年龄成长,将不同年龄阶段结合职业发展状态,划分为成长阶段、探索阶段、建立阶段、维持阶段、退出阶段。

第一,成长阶段:0—14岁。这一阶段为儿童期,儿童开始有自我概念、自我意识,开始用不同的方式方法表达自己的需要,并且通过对外界不断的尝试,来修正完善自己的角色。这一阶段的任务即为发展自己的形象,树立对工作的正确态度及了解工作的价值。这一阶段又分为:0—10岁的幻想期,"需要"为主要考虑因素;11—12岁的兴趣期,"兴趣"为主要考虑因素;13—14岁的能力期,"能力"为主要考虑因素。

第二,探索阶段:15—24岁。这一阶段为青少年期,青少年开始通过在校的各类活动、

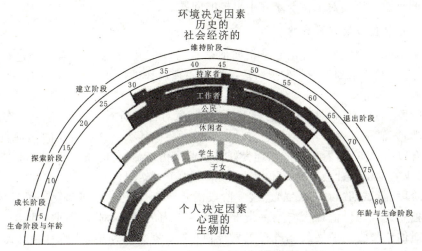

图 1-2 职业生涯彩虹图（舒伯，1980）

实践经历等，对自己的能力、角色、职业新的探索尝试，会对自己的职业有一定的设想，职业喜好出现了。这一阶段的任务是逐渐具体化自己的职业，并完成初次择业与就业。这一阶段又分为：15—17 岁的尝试期，开始对自己的兴趣、能力等进行综合考虑，初步尝试择业；18—21 岁的过渡期，正式进入社会职场，重视现实，试图实现自我价值，开始对职业进行特定选择；22—24 岁的实验期，开始从事某种职业，对职业发展目标可行性进行实验。

第三，建立阶段：25—44 岁。这一阶段为个人职业生涯发展的核心阶段，是个人实现自我价值的高峰期。经过前两个阶段后，大多数人能在自己的职业生涯中找到属于自己的"领域"，这一阶段的任务是稳固自己的领域，并进一步提升自我。这一阶段又分为：25—30 岁的稳定期，开始寻求安定、选择较为满意的职业；31—44 岁的建立期，个人致力于职业的稳固、上升，多数人创造性爆发，争创优良业绩。

第四，维持阶段：45—65 岁。这一阶段的任务是维持已取得的成绩、地位、荣誉等，多数人不再考虑更换职业领域。这一阶段也将面对来自新人的挑战。

第五，退出阶段：65 岁以上。这一阶段个人已有意退出工作岗位，并开始享受晚年休闲的时光，逐步退去职业角色，即为退休阶段。

2）职业生涯彩虹图

后期，舒伯为了综合阐述职业生涯发展阶段与个人职业角色之间的关系与影响，创造性地设计了表示不同角色职业生涯发展的综合图形：职业生涯彩虹图。

舒伯认为一个人一生中扮演了多种角色，就好比是一条彩虹上有多个色带。在职业生涯彩虹图中，舒伯将最外层面代表横跨一生的生活广度，包括成长阶段、探索阶段、建立阶段、维持阶段与衰退阶段，里面的各层面代表纵观上下的生活空间，包含一组角色与职务，如父母、子女、工作者等角色。职业生涯彩虹图的阴影部分是表示各个角色的相互替换、相互影响。从舒伯的职业生涯彩虹图阴影部分可以看出：0—14 岁最明显的角色是子女；15—20 岁最明显的角色是学生；21—30 岁是工作者和家庭维持者；31—45 岁工作者角色会退化，公民与休闲者的角色会相对明显。这一时期较容易出现"中年危机"，即暗示此年龄段需要加强学习及调整心态以面对工作与家庭中出现的问题。

2. 金斯伯格的发展阶段理论

美国著名职业生涯发展理论专家金斯伯格认为，职业发展是一个需要经过长时间发展的过程，他重点对儿童到青少年发展阶段的职业心理过程进行了研究，并就这一心理成熟过程提出了发展三阶段。

第一阶段：幻想期（4—11岁）。这一阶段的儿童对自己所看到、所接触到的各类职业都比较有兴趣，充满了好奇心，常常幻想自己以后长大要做什么。这一阶段的儿童职业心理发展的特征有以下几点：有着单纯的兴趣爱好与职业模仿；对自身的条件与能力不会进行较多的考虑；职业的动机与社会需要并不相适应，常常为个人幻想。

第二阶段：尝试期（11—17岁）。这一阶段的青少年生理与心理都发生了较大的变化，开始形成独立意识与价值观念，有了一定的知识与能力的增长，对职业问题开始进行积极的探索。金斯伯格将尝试期又具体进行了划分：11—12岁为兴趣期，开始对自己比较关注的职业有浓厚兴趣；12—14岁为能力期，开始注意自己的能力与自己感兴趣的职业之间的差距；14—16岁的价值期，开始了解不同职业的社会价值与个人价值的实现，运用这些价值审视自己的兴趣与能力并进行职业选择；16—17岁的综合期，开始对职业相关的信息、个人发展方向进行综合判断，逐步明确自己的职业发展方向。

第三阶段：现实期（17岁之后）。这一阶段的人逐渐步入社会，进入职场，能够客观理性地把个人能力、角色、主客观条件等与自己的职业理想相匹配，形成具体明确客观的职业规划目标。这一阶段职业心理发展最为显著的特征便是客观现实性。金斯伯格对这一阶段的职业心理发展也进行了三阶段划分：试探化阶段，即对初步确定的职业方向进行各类职业试探行为，如询问、考察、咨询等，以充分了解职业方向与就业机会；具体化阶段，即结合自己的实际情况进行深入分析，从而缩小自己的职业选择范围，使职业选择方向更加具体明确；专业化阶段，即进一步确认自己的职业发展专业化方向，努力使目标变为现实。

课堂活动

绘制我的职业生涯彩虹图

活动目的：

通过绘制职业生涯彩虹图活动，使学生了解舒伯的发展阶段理论，同时对自己的职业生涯有一定的意识。

材料准备：

彩色笔、白纸若干。

活动过程：

1. 教师提前画好自己的职业生涯彩虹图，同时讲解自己的职业生涯故事。
2. 要求每位同学自由发挥，绘制自己未来10年的生涯彩虹图。
3. 分组展示同学的职业生涯彩虹图，并对职业生涯彩虹图进行分析，看看哪些同学时间段空白较多，哪些时间段涂得较黑。
4. 小组代表分享所绘制职业生涯彩虹图背后的故事。
5. 根据自己所绘制的职业生涯彩虹图，各组同学对自己的大学生角色进行总结。
6. 最后教师对本次绘制职业生涯彩虹图活动做总结。

案例分析 1-4

万同学是某校2017年的毕业生,毕业一年以来一直较为困扰,因为他更换了多个单位却还没有把职业方向定下来。他毕业时希望能积累一点资金,于是到一家单位做高额提成的销售。对销售,他一直不喜欢也不讨厌。他想着自己最初的梦想是成为一名演员,虽然口才较好,但因外貌不够有优势,做了一段时间,在演艺道路上没有多大的收获,想着还是换个职业,成为一名主持人。主持了半年节目后,一直没有达到自己理想的效果。他很苦恼,一直不满意自己选择的职业。于是自暴自弃,甚至染上吸烟酗酒的恶习。在消沉了很长一段时间后,他开始对自己进行全面的反思与分析,同时将各类职业与自己的优势相匹配,最终确定了成为一名街访主持人。

【分析】
案例中该生从最初的频繁更换职业到最后确定自己的职业方向的过程,对比舒伯的发展阶段理论,可以得出该生正处在建立阶段中的尝试期,即对最初就业选定的职业不够满意,多次再选择、变换职业,后综合分析自身优劣势稳定自己的职业目标。案例中的万同学如能自我评判处在职业生涯发展的哪个阶段,清晰地意识到自己正处在个人高产的高峰期,那么便能较快调整自己苦恼的心态,不至于产生过度消沉的行为。由此,掌握一定的职业生涯发展规划的相关理论,并将理论结合实际,将有助于更好更长远地规划好一个人的职业生涯,同时能够积极应对职业生涯过程中出现的困难。

 课后思考

1. 简述你感兴趣或掌握的某种职业发展阶段理论。
2. 你对帕森斯的人职匹配理论是如何理解的?

 延伸阅读

预见更好的自己

人物:李同学,九江职业技术学院数控技术专业2017届毕业生,现就职于江铃汽车股份有限公司。

大一,迷茫摸索阶段。进入校园之初,我对学校的每一个地方、每样东西都充满了兴趣与好奇。自由自在的大学生活,没有了高中老师的管束,没有了家里父母的唠叨,一切都是那么的轻松,渐渐地我开始懒散,忘记了上大学的初衷,开始失去目标与方向。一学期过得飞快,我的成绩很一般,其他方面也表现平平。看看寝室的室友们,或成绩优异或在社团组织中得到提拔,此时我感到十分的失落。我意识到如果继续自我堕落,后果将十分严重。于是利用放假期间,我开始为自己制订计划,并要求自己严格实行。补习落下的课程,额外自学所学专业,开展课外阅读,强化身体锻炼,培养兴趣爱好等,这样的安排让我的假期过得充实而丰富。

大二，丰富在校生活阶段。经历了大一的迷茫与及时纠正后，大二时我有了十分清晰的目标与计划。通过应聘学校就业处勤工俭学工作，我开始了每天宿舍—教室—就业处—食堂的四点一线的生活，因表现勤奋成为就业处勤工俭学队伍的负责人。作为负责人，我经常组织队伍成员协助老师组织活动，通过这样的经历，我的组织能力、管理能力、协助能力都得到了较好的锻炼。暑假期间，我继续留任就业处度过了一个丰富充实的假期，也为毕业求职做了充足的准备。

大三，全方面提升能力阶段。大三生活开启后，我对自己进行了全面的分析，感觉到自己在实践经历上虽有所足，但个人的专业能力与水平还不够优异。为此，我决心在大三毕业前一定要强化自己的专业。我为自己制订了每周研读专业的计划，同时报名了几项专业相关的大型比赛。大三上半年，我经常为了一个竞赛花数十天，为一个专业难题熬夜解决。这半年我的专业成长很快，收获了不少含金量较高的荣誉。

因大学实践经历与专业提升准备较好，下半年的求职之路我走得比其他人要顺利得多，进入一家与我专业对口，且我本人十分喜欢的单位。也因综合能力突出，进入单位后，我很快成为部门项目负责人。现在我也找准了自己的定位，准备朝着设定的目标更加努力奋斗，相信在未来的道路上我一定会成为更好的自己！

第二章 大学生职业生涯规划与自我认知

世界上有两种人:一种人,虚度年华;另一种人,过着有意义的生活。在第一种人眼里,生活就是一场睡眠。这场睡眠在他看来,如果是睡在既柔和又温暖的床铺上,那他便十分心满意足;在第二种人眼里,可以说,生活就是建立丰功伟绩……人就在这个功绩中享受到自己的幸福。

——别林斯基

 内容提要

自我认知,也叫自我意识,是个体对自己存在的觉察,包括对自己的行为、心理,以及自己与周围环境关系的认识、体验和评价。大学时期是个体自我认知发展和完善的重要阶段,它的发展和完善对大学生职业生涯规划有着重要的影响。通过本章的学习,你能了解自我认知的内涵,以及如何准确地进行自我认知,并建立起自我认知与职业发展之间的对应关系,培养良好的职业生涯规划意识。

第一节 自我认知概述

> **案例引导**

刘明,自信、聪明、能干,就读于北京大学外国语学院,毕业后进入某国家机关从事外事工作,工作认真负责,再加上良好的文字能力和外语技能,发展前途可谓一片光明,自我感觉也不错。两年干下来,在管理方面得到了很多的锻炼,工作上已经可以独当一面了,只是由于资历不够,未能提拔起来担任副处长。但这时的他,已经觉得自己什么都行了,自视很高,看不起别人,连处长也不放在眼里,常在工作中与处长争吵。到了2013年,在机关已辛辛苦苦"熬"了5年的他,本以为这下职位终于可以得到提升了,可令他"意外"的事情还是发生了,在这一年国家机关的机构改革中,他因"不适合机关工作"而被分流,这使得一心想"做官"的他无法接受这一事实,他就想不通一个问题:"自己的能力比处长都强,可怎么会落得这么一个结果呢?"……从此以后,原来活泼开朗的他变得沉默寡言,对人充满了更多的不信任,甚至敌意……

择其善者而从之,其不善者而改之。自我认知是大学生职业生涯规划的重要步骤之一,大学生只有先对自己进行自我认知,才能制定出适合自己的职业生涯规划。

一、自我认知的概念

自我认知也叫自我意识,是个体对自己的身心状态以及自己与周围环境的关系的认知,即个体对自己的身心状况、他人与自己的关系、情感,以及由此产生的思想倾向和行为倾向的认知。自我认知通常包含自我认识、自我体验和自我调控三个内容。

自我认识是主观自我对客观自我的认识与评价,是自己对自己身心特征的认识,自我评价是在这个基础上对自己做出的某种判断。正确的自我评价,对个人的心理生活及其行为表现有较大的影响。如果个体对自身的估计与社会上其他人对自己的客观评价距离过于悬殊,就会使个体与周围人们之间的关系失去平衡,产生矛盾,长期以来,将会形成稳定的心理特征——自满或自卑,将不利于个体对自己未来职业生涯的规划。

自我体验是个体对自身的认识而引发的内心情感体验,是主观自我对客观自我所持有的一种态度,如自信、自卑、自尊、自满、内疚、羞耻等都是自我体验。自我体验往往与自我认知、自我评价有关,也和自己对社会的规范、价值标准的认识有关,良好的自我体验有助于自我调控的发展。

自我调控是自己对自身行为与思想言语的控制,具体表现为两个方面:一是发动作用,二是制止作用。也就是支配某一行为,抑制与该行为无关或有碍于该行为进行的行为。通过自我调控来调节自己的认识活动和行为,使行为符合群体规范,符合社会道德要求。

二、自我认知的内容

自我认知一般包括生理自我、社会自我和心理自我三个层次的认知。

1. 生理自我

生理自我是个体对自己身体、性别、年龄、外貌、健康状况等生理特征的认知,通常我们将个体对某些与身体密切联系的衣着、打扮和外部物质世界中与个体密切联系的人和物(如家属和财产等)的认识也纳入生理自我范畴。生理自我在情感体验上表现为自豪或自卑;在意向上表现为对身体健康、外表美的追求,物质欲望的满足,或对自己所有物的维护。

2. 社会自我

社会自我一般可分为宏观和微观两个层面来看,从宏观层面来看,是指个体对自我属于哪个时代、国家、民族、阶级等的认知;从微观层面来看,是指个体对自我在群体中的地位、名望,受人尊敬、被接纳的程度,拥有的家庭、亲友,以及政治经济地位的认知。社会自我在情感体验上也表现为自豪或自卑;在意向上表现为追求名誉地位,与人交往,获得他人的认同和好感。

3. 心理自我

心理自我是个体对自己的兴趣、性格、爱好、气质等心理特征方面的认识。在情感体验上表现为自豪、自尊或自卑、自贱;在意向上表现为追求智慧、能力的发展和追求理想、信仰,注意自己的行为符合社会规范等。

生理自我、社会自我和心理自我既相互区别又相互联系,都是个体自我认知的重要组成部分。

三、自我认知的常用方法

自我认知的过程可以是个体自我探索,或是参考他人的评价,也可以借助专业测评工具来认识了解自我。

1. 职业心理测评法

职业心理测评是借助已标准化的实验工具(如量表),运用现代测量学、心理学、社会学、统计学等来对个体的知识水平、能力倾向、内在动机、个性心理、发展潜能等方面进行测评,并根据职业岗位性质与特点进行匹配评价,从而实现对个体全面、准确、深入的了解,将最合适的人才用到最合适的工作岗位上,以实现最佳职业生涯规划。职业心理测评方法具有很强的科学性,并能对自我进行定量分析,是一种简便易行的自我认知方法。目前常用的职业心理测评包括个性测验、能力测验、职业倾向测验、职业兴趣测验等。在后面的章节中,我们将会具体介绍几类常用的职业心理测评方法。

2. 360 度主观评价法

360 度主观评价法也叫 360 度反馈法、多渠道评价法,是通过搜集与被测者有密切关系的、来自不同层面人员的评价信息,从而全方位地评价受评者。利用评价反馈,搜集受评者身边人员对受评者的客观评价信息,比较全面、客观地了解受评者的个性特征,为其进行职业生涯规划提供有效的参考。360 度主观评价法是学生最容易使用到的方法,如个体可以通过如家人、亲戚、朋友、同学、老师等身边人对自己进行客观的描述评价,从而达到自我认知。

3. 橱窗分析法

橱窗分析法是心理学家鲁夫特与英格汉提出的"心窗"模式,借助直角坐标系不同现象来表示人的不同部分的分析方法,以别人不知道或知道为横坐标,以自己知道或不知道为纵坐标,分为公开我、隐私我、潜在我和背脊我四个部分,具体如图 2-1 所示。

橱窗 1:公开我,自己知道、别人也知道的部分,是个体展现在外、无所隐藏的部分。如身高、年龄、学历等。

橱窗 2:隐私我,自己知道、别人不知道的部分,是个体私人秘密,不外露。如个体不愉快的经历,自私、嫉妒等缺点以及愿望、雄心等。我们可以通过写日记或撰写自传等方式来了解自我。

橱窗 3:潜在我,自己不知道、别人也不知道的部分,是指个体潜在的能力。我们可以通过人才测评来发现自己平时不注意的潜力,也可以在日常学习生活中多做尝试,不断挖掘探索,激发潜能。

橱窗 4:背脊我,也称盲目我,是自己不知道,别人知道的部分,个体自己看不到,别人却

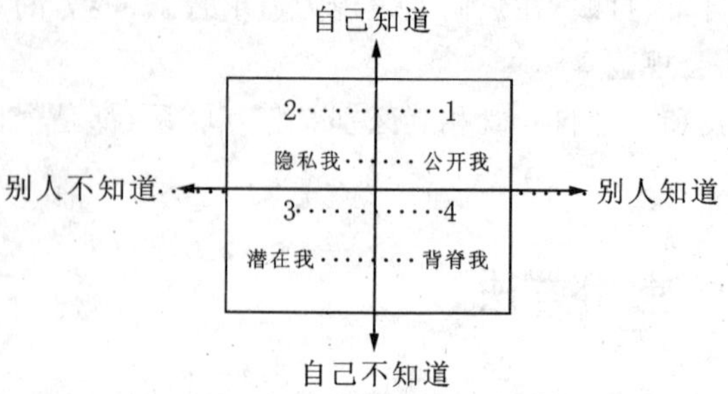

图 2-1 橱窗分析法

看得清楚的部分,比如行为习惯、说话方式等。我们可以采取与家人和朋友交流的方式,或是借助录音、录像设备等来了解自己这个部分。

潜在我和背脊我往往是我们在发现自我职业核心竞争力过程中务必重视的部分,通过橱窗模式,我们能更加全面地了解自我,发现自己不为人知、不为己知的优势。

四、自我认知过程中的注意事项

1. 用理智客观的眼光面对评价

自我认知不是满足自己的现有成绩,而是要善于发现自己的过失,勇于承认自己的不足,并敢于改善自己的错误。面对他人的评价,我们要用一颗平常心来对待,他人的评价往往是一面镜子,看到了我们自己忽略的部分,很多缺点和不足都是通过他人的指点才知道的,当然,他人的评价可能由于个人偏好或偏见存在一定的歪曲,因此,别人的评价我们要理智对待,作为自我认知的一种参考。我们要尽量客观地评价自己,理智地认识自己的优缺点,既不高估自己,也不贬低自己。

2. 用动态发展的眼光看待评价

自我认知应是动态的、发展的,不是一成不变的。面对过去做得不好的部分,我们不能就此断定未来的发展就不好,从而自暴自弃,而应该不断调整,激励自己,挖掘自我潜能,才能做得更好。我们要用动态、发展的眼光来看自己,才能减少盲目,从而建立对自我更客观、全面的认识。

课堂活动

天生我材必有用

活动目的:

通过活动,使学生了解自己的长处,珍惜自己的潜能,学会自我欣赏和自我肯定。

材料准备:

"天生我材"练习表(见表2-1)、笔。

每人一张"天生我材"练习表,以小组为单位,每组5~6人,请成员在表中写出自己的答案。

表 2-1 "天生我材"练习表

请完成下列句子：
1. 我最欣赏自己的外表是_____（例如，头发、身高等）。
2. 我最欣赏自己对朋友的态度是_____。
3. 我最欣赏自己对求学的态度是_____。
4. 我最欣赏自己的一次成功经历是_____。
5. 我最欣赏自己的性格是_____。
6. 我最欣赏自己对家人的态度是_____。
7. 我最欣赏自己对做事的态度是_____。

填写完表后，小组成员在组内分享，每人分享完后，其他小组成员都给予掌声鼓励。

 案例分析 2-1

斯芬克斯之谜

在古希腊有这样一个神话故事：有一个狮身人面的怪兽，名叫斯芬克斯，它有一个谜语，并询问每一个路过的人，如果回答不出，就会被它吃掉。这个谜语的谜面是：早晨用 4 只脚走路，中午用 2 只脚走路，傍晚用 3 只脚走路。腿最多的时候，却是他走路最慢的时候。据说，这便是当时天下最难解的"斯芬克斯之谜"。斯芬克斯吃掉了很多人，直到有一天英雄少年俄狄浦斯给出了正确的谜底——人。

【分析】
虽然这只是一个神话故事，但却告诉我们一个朴素的道理：人了解自己不容易。认识的过程是漫长的，认识的结果却是美好的。然而，最艰难的认识，却莫过于对自我的认识。一个人最美好的品质是能够认识自我，并纠正自己的错误，只有这样，人类才能发现生活的美好和他人的优点。

 课后思考

1. 什么是自我认知？自我认知的内容有哪些呢？
2. 运用橱窗分析法对自己进行评价，并找出至少一项自己不知道的特点或潜力。

 延伸阅读

罗森塔尔效应

哈佛大学心理学教授罗森塔尔曾经用小白鼠做过一个非常有趣的走迷宫实验。
实验之初，他把一群小白鼠分成 3 组，分别配给 A、B、C 三组实验人员，然后告诉 A 组："你们真是太幸运了，配给你们的小白鼠是经过几位教授特意挑选并精心训练的。它们血统高贵而且非常聪明,智力几乎接近人脑,所以你们一定要好好对待它们,努力使它们发挥出最棒的水平来。"

告诉B组:"你们的运气很一般,这些小白鼠只是很普通的一组。它们血统一般,智力也一般。你们用最常用的方法训练它们即可。"

告诉C组:"你们非常不幸,这组小白鼠简直糟糕透了。它们血统低劣,智力也很差,简直就是白痴。你们随便用什么方式训练它们都行,反正它们的本质已经注定了。"

3组实验人员按照"指示"各自训练了小白鼠1个月之后,教授分别对3组白鼠进行了测试,最终的结果表明:A组小白鼠果然最为聪明,不但都走出了迷宫,还缩短了专家们预计的时间;B组白鼠则表现一般,只有一半走出了迷宫,所用时间也比专家预计的稍长一些;而C组最为糟糕,只有两只成功走出迷宫,而且所用时间之长简直令人无法忍受。

实验完毕之后,罗森塔尔很平静地告诉各组实验人员:其实这些小白鼠根本没有什么血统以及智力的区别,它们都是普通的白鼠,是我把它们分成了3组而已。

实验人员在瞠目结舌的同时,不由得想起自己1个月以来对待白鼠的态度:A组人员非常珍爱自己的白鼠,他们不但很悉心地照顾它们,还用最积极、难度最大的方法训练这些"智力超常"的小家伙们,甚至会定期和它们进行"语言交流";B组人员则像对待普通动物那样对待自己的实验对象,按照普通的方式去训练它们;而C组人员呢?他们每个人都在叹息自己的运气不好,竟然摊上这么几只蠢笨的东西,恰巧训练过程中又有很多迹象表明这组白鼠的确"愚蠢无比",比如不听指挥、没有纪律性等,所以,他们常常打骂这些可怜的小家伙,有时还会以"忘记"喂食的方式来惩罚它们。

罗森塔尔教授从这个实验中得到了启发,他想这种效应会不会也发生在人的身上呢?他来到了一所普通中学,在一个班里随便地走了一趟,然后就在学生名单上圈了几个名字,告诉他们的老师说,这几个学生智商很高,很聪明。过了一段时间,教授又来到这所中学,奇迹又发生了,那几个被他选出的学生现在真的成了班上的佼佼者。

通过上述实验,我们体会到即便智力相差无几,被对待的方式不同,结果也会分出个优劣高低来。我们自身,乃至整个世界,往往会因为我们的努力而改变。所以,如果你想成为聪明人,就要以聪明人的标准来要求自己。

第二节　职业生涯规划与性格

案例引导

小江是一个性格内向的男孩,勤奋、踏实,本科学历,毕业后就职于国内一家大型知名企业做销售工作。小江的销售业绩不错,其踏实肯干的工作态度也受到了同事的肯定。然而今年公司面临市场激烈的竞争,小江所在的部门结构调整,销售模式也发生了相应的变化,小江突然觉得自己不符合工作的要求了。因为公司赋予了销售人员更多的权利,工作环境也更加复杂,性格比较内向的他发觉自己处理不了那么多不确定的事情。他的压力感愈来愈强,工作业绩也不太理想,小江开始怀疑自己的性格不适合这份工作了。

性格决定命运。卡耐基说:"一个人的成功 85% 归于性格,15% 归于知识。"不良性格不仅会导致心理疾病,还会影响到个人事业的成功。如果性格与工作相匹配,工作时更能得心应手、轻松愉快、富有成就感。反之,就会面临很大的心理压力,工作时效率不高,感到困难重重。大学生在选择职业时,不仅要考虑自己的职业性格特点,还要考虑职业对人的性格要求,根据自己的性格来选择最合适的职业。

一、性格概述

1. 性格的概念

在心理学中,性格被定义为一个人对现实的稳定的态度和与之相适应的习惯化了的行为方式,是具有核心意义的个性特征。

2. 性格的特征

性格是一种与社会关系最密切的人格特征,表现为人们对现实和周围环境的态度,具有复杂的结构,性格有如下特征:

(1)对现实和自己的态度的特征,如诚实或虚伪、谦逊或骄傲等。

(2)意志特征,如勇敢或怯懦、果断或优柔寡断等。

(3)情绪特征,如热情或冷漠、开朗或抑郁等。

(4)情绪的理智特征,如思维敏捷、深刻、逻辑性强或思维迟缓、浅薄、没有逻辑性等。

二、MBTI 性格理论

MBTI(Myers-Briggs Type Indicator)性格理论最早是由著名心理学家荣格提出的,后由美国心理学家凯瑟琳·库克·布里格斯和她的女儿伊莎贝尔·布里格斯·迈尔斯进一步研究并加以发展,经过了 50 多年的研究和发展,MBTI 已经成了当今全球最为著名和权威的性格测试,目前主要应用于职业发展、职业咨询、团队建设等方面,是目前国际上应用较为广泛的人才甄别工具。

性格体现了一个人的处事方式,了解自己的性格才能知道自己适合从事什么样的职业。迈尔斯-布里格斯类型指标(MBTI)表是通过鉴别个体在性格不同方面的偏好,找出适合个体所从事的职业。

1. MBTI 性格维度

MBTI 性格共有四个维度,每个维度有两个方向,共计八个方面,具体如下。

1)第一维度:外向型(E)与内向型(I)

性格的第一维度内向与外向是指个体与周围世界的互动有关,解释个体精力的支配、能量的获取方式,其特点描述见表 2-2。

表 2-2　第一维度:外向型(E)与内向型(I)

外向型(E)	内向型(I)
说的比听的多	听的比说的多
先行动,再思考	先思考,再行动
与他人在一起时感到振奋	独自一人时感到振奋
希望成为被注意的焦点	避免成为注意的焦点
喜欢边想边出声	在头脑中思考
易于被了解,愿意与人共享个人信息	注重隐私,只与少数人共享个人信息
热情地交流,精神抖擞	不把热情表现出来,显得矜持
反应迅速,喜欢快节奏	思考之后再反应,喜欢慢节奏
较之精深,更喜欢广博	较之广博,更喜欢精深

请根据上表的描述判断出你自己的偏好,看看你更偏向于哪种类型。

案例 2-1

周末你要怎么过?

工作学习忙了一周了,终于迎来了周末,你打算怎么度过这个周末呢?

外向型(E):当然是找朋友聚一聚啊,吃喝玩乐嗨起来。

内向型(I):噢,终于可以休息了,我要自己待在家里睡上一天一夜,哪儿也不去。

2)第二维度:感觉型(S)与直觉型(N)

性格的第二维度感觉与直觉与我们的注意力指向有关,反映个体平时留意的信息类型,有的人注重事实,有些人则注重愿望,其特点描述见表 2-3。

表 2-3　第二维度:感觉型(S)与直觉型(N)

感觉型(S)	直觉型(N)
相信确定的事物,相信看到、听到的	相信灵感和推理,相信第六感
喜欢具有实际意义的新主意	喜欢新主意和新概念,只是出于自己的意思
崇尚现实主义与常识	崇尚想象力和新事物
喜欢运用和琢磨已有的技能	喜欢学习新技能,但掌握之后容易厌倦
留心特殊的和具体的事物,关注细节	留心普遍和有象征性的事物,习惯使用隐喻和类比
循序渐进地给出信息	跳跃式地以一种绕圈的方式给出信息
着眼于现在	着眼于将来
只相信可以测量,能记录下来的	相信字面之外的信息

请根据上表的描述判断出你自己的偏好,看看你更偏向于哪种类型。

案例 2-2

看 图 说 话

看到以下这幅图(见图2-2),你首先想到的是什么?

图 2-2 看图说话

感觉型(S):是一幅手抄报,由雷锋和文字组成。
直觉型(N):3月份是学雷锋活动月,各地都涌现了许多好人好事。

3)第三维度:思维型(T)与情感型(F)

性格的第三个维度思维型与情感型反映我们做决策判断的方式,其特点描述见表2-4。

表 2-4 第三维度:思维型(T)与情感型(F)

思维型(T)	情感型(F)
后退一步,客观地分析问题	向前看,关心行动给他人带来的影响
崇尚逻辑,公平和公正,有统一的标准	注重感情与和谐,看到规则的例外性
自然地发现缺点,有吹毛求疵的倾向	自然地让别人快乐,易于理解别人
可能被视为无情、麻木、漠不关心	可能被视为过于感情化、无逻辑、脆弱
认为诚实比机敏更重要	认为诚实和机敏同样重要
认为只有符合逻辑的感情才是正确的	认为所有感情都是正确的,无论有意义与否
受获得成就欲望的驱使	受被人理解的驱使
按照逻辑做决定	按爱好和感受做决定

请根据上表的描述判断出你自己的偏好,看看你更偏向于哪种类型。

案例 2-3

你该怎么办？

按照校纪校规，学生旷课超过 60 节就要开除学籍。有一位学生已经旷课 50 节了，假如你是他的班主任，你和他谈话后告诉他，如果再旷课就要处分他。过了 2 个星期，他还是旷课了，现在他旷课已经超过了 60 节，而这名学生马上就要毕业了。你会怎么做？

思维型（T）：开除他。我已经和他谈过事情的严重性，可他一犯再犯，制度就是制度，一定要开除，否则再出现类似的事情就没法管了，这样对别的学生也是一种公平。

情感型（F）：我再找他谈谈，问问旷课原因，考虑到快毕业了，现在开除他有点可惜，我会再次强调问题的严重性，告诫不得再犯。

4) 第四维度：判断型（J）与知觉型（P）

性格的第四个维度判断型和知觉型讲到的是个体的生活方式、采取行动的方式，是喜欢做结构性强的工作还是更喜欢做自由随意的工作，其特点描述见表 2-5。

表 2-5 第四维度：判断型（J）与知觉型（P）

判断型（J）	知觉型（P）
做完决定后感到快乐	因保留选择的余地而快乐
具有工作原则，先工作再玩	具有玩的原则，先玩再工作
确定目标并按时完成任务	当发生新的情况时，便改变目标
想知道自己的处境	喜欢适应新环境
注重结果	注重过程
通过完成任务获得满足	通过着手新事物获得满足
把时间看成有限的资源，认真对待时间期限	把时间看成无限的资源，认为时间期限是活的
果断、顽固、独断、不知变通	随遇而安、拖拖拉拉
重条理性、计划性	重机动性、自由变通

请根据上表的描述判断出你自己的偏好，看看你更偏向于哪种类型。

 案例 2-4

去还是不去？

假如你下周要参加一场对你来说非常重要的考试，你准备周末好好复习。而正好一个好朋友从外地来，邀请你周末一起玩，你会去吗？

判断型（J）：不去，即使复习好了也不去，因为那样我就找不到考试的感觉了，朋友虽然重要，但以后肯定还有机会一起玩的。

知觉型（P）：当然去，好朋友难得一见，离考试毕竟有两天，周末两天，我去玩一天，留一天复习。

当个体与外界世界发生联系时,性格就会影响到个体的行为方式,了解自己的性格将有助于个体更好地面对变化、处理事情。经过上述四个维度的分析判断,同学们已经得到了自己的4个性格维度偏向,这4个性格维度偏向类型就反映了你的性格特征和职业偏好。

2. MBTI 性格类型

MBTI理论将个体的性格从能量获取、接受信息、处理信息和行为方式4个维度的8种倾向组合成了16种性格类型,这16种性格特征与可能的职业偏好见表2-6。

表2-6 MBTI的16种性格类型

性格类型	性格特征	适应工作	职业举例
ESTJ 外向+感觉+思维+判断	爱出风头,责任心强	组织,管理	银行经理、项目经理、厂长、督导
ESFJ 外向+感觉+情感+判断	合作,好交际,认真,果断,坚决	与人交往,参与决策,目标明确	销售代表、零售业主、餐饮业者、接待员
ESTP 外向+感觉+思维+知觉	乐天派,活泼,实在,随和	与人交流,冒险,乐趣	企业家、理财专家、促销商、新闻工作者、工程师、发起者、创造者
ESFP 外向+感觉+情感+知觉	爱玩,充满活力,适应性强,随和	实践中学习,与顾客打交道,与审美观有关的工作	公关专业人士、社会工作者、保险代理、经纪人、表演者、演示者
ENFJ 外向+直觉+情感+判断	有爱心,热情,明察,社交高手	人际关系,信赖,有创意,多姿多彩	小企业经理、生态旅游业专家、作家、记者、教师
ENFP 外向+直觉+情感+知觉	热情,乐观,自信,创造性,灵感,富于变化,自由,自主	创造性灵感	营销经理、宣传人员、广告撰写员、开发总裁、倡导者、激发者
ENTJ 外向+直觉+思维+判断	领导,决策,明察,发号施令	领导,发号施令	经理、顾问、环保、工程师、统帅、调度者
ENTP 外向+直觉+思维+知觉	激动,健谈,聪明,爱钻研,机敏善变	创业,投资,规划,营销,权威	投资经纪人、工业设计经理、营销策划人员、企业家、发明家
ISTP 内向+感觉+思维+知觉	实际,行动,不空谈,善分析,好奇,务实	有效利用资源,精通机械技能,活力	证券分析员、电子工程师、经济学家、软件开发、操作者、演奏者
ISTJ 内向+感觉+思维+判断	一丝不苟,明智豁达,非常务实,有条不紊	技术性,有条理,周详,独立	审计员、电脑编程员、会计、工程师、稽查员

续表

性格类型	性格特征	适应工作	职业举例
ISFP 内向＋感觉＋情感＋知觉	敏感,有耐心,随和,体贴	价值观,注重细节,不喜欢僵化	销售代表、行政人员、厨师、室内风景设计师、作曲家、艺术家
ISFJ 内向＋感觉＋情感＋判断	忠心,有同情心,有职业道德,喜欢助人	细心,精确性,寡言少语,讲感情	人事管理、电脑操作员、信贷顾问、室内装潢、保护者
INFP 内向＋直觉＋情感＋知觉	珍视内在和谐,敏感,理想化,忠心,镇静	价值观,灵活,独创性,有活力	团队建设顾问、艺术指导、治疗师、导师
INFJ 内向＋直觉＋情感＋判断	极富创意,感情强烈,讲原则,独立,坚定	创新,自豪,价值观,助人	事业发展顾问、营销人员、媒体规划师、艺术指导、咨询师
INTP 内向＋直觉＋思维＋知觉	抽象,睿智,目光挑剔,独立性极高	创造性流程,跳出常规,冒风险	研究开发专业人员、战略规划师、建筑师、设计师
INTJ 内向＋直觉＋思维＋判断	完美,自主,逻辑性强,严格,我行我素	创造,开发,责任,独立性	管理、经济学者、金融规划师、智多星、科学家

大多数人在20岁之后就会形成稳定的MBTI性格类型,并且基本固定。当然,随着年龄增加、经验丰富,MBTI性格类型还会继续发展完善。

三、性格与职业的关系

尽管职业与性格存在一定的匹配关系,但并没有证据表明16种性格类型中的任何一种不能从事或不适合任何一种职业。因此,上述性格类型不能作为选择职业的唯一标准。

根据MBTI理论,每种性格类型都有相应的优点和缺点,适合的工作环境和岗位特质也各不相同。选择职业时需要考虑自己的性格特征,尽可能选择与自己性格相适应的工作,因为不同类型的工作对从业者的性格都有特定的要求。例如,技术型工作要求严谨细致、精益求精的性格;服务型的工作要求热情开朗、体贴周到的性格类型。

当然,职业对于性格也有促进作用。很多时候人们从事的职业类型与自己的性格类型并不匹配,但为了能更好地做好这份工作,个体按照工作的要求不断改变调整修炼自己,最终也能适应职业。实际上,调查表明很多人在工作中都克服了自己的性格弱点。

因此,大学生在进行职业生涯规划时,不仅要根据自身性格特点,去选择适合自己性格特征的工作;还应在后天环境中培养、修炼、完善自己的性格,使之能适应职业领域更多、更广泛的职业类型。

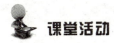 **课堂活动**

20 个"我是谁"

活动目的：

帮助学生探索自我，认识自我并接纳自我。

材料准备：

白纸、笔。

请同学们在纸上写下 20 句"我是……的人"，要求尽量反映个人的特征、风格。

我 _____ 。

我是 _____ 。

我是一个 _____ 。

……

案例分析 2-2

柳传志：是军营塑造了我

对于军营生涯，柳传志——当今这位中国企业界"教父"级人物从来也不讳言：是军营塑造了他。柳传志说："企业成功跟我有一定的关系，但不是全部；这一定的关系之中，跟我在军队里养成的性格又有一定的关系。"

柳传志曾在多个场合讲述："我在军事院校时的班主任讲的一些故事，对我有非常大的影响。在辽沈战役中，班主任所在的部队总觉得自己是战斗力很强的一个团，有一次到黄永胜的总队里去配合作战。黄永胜跟该团团长约定好占领某制高点的时间，到达目标时，全军发动总攻。但在真打起来时，该团却怎么也拿不下来，眼看时间快到了，再不行的话就要影响总攻了。黄永胜大怒，当场就把团长给撤了，换上了自己的精锐部队，结果快速拿下了这个制高点。他的那些战士根本不怕死，一个个往上冲，部队这种冲的劲头不得了，为达到目标不顾一切。我们联想在办企业的时候，也有这样的口号——'把5%的希望变成100%的现实'，就是说当你全心要做某件事的时候，就得一往无前，不顾一切。"

从创业开始联想就在不停地一往无前。从 1984 年中国科学院计算技术研究所投资 20 万元人民币创办开始，到 1992 年，面对国外品牌的纷纷进入，联想开始扯起了"民族工业"的大旗做自己品牌的机器，以及到后来的 1996 年正式提出"贸工技"路线。这种一往无前体现得淋漓尽致。

【分析】

红色背景、军校出身注定了柳传志的爱国底色，产业报国成为他毕生的追求以及联想难以撼动的企业愿景。联想在柳传志的带领下不断突破自己，创造奇迹，终成为民族品牌的领导者。员工就是战士，这为联想的成功奠定了基石。

课后思考

1. 写下自己的5个特质,然后分别请老师、同学、家人、朋友等熟悉自己的人也写下5个你的特质。看看他人对你的认识与你自己的认识是否一致。
2. 尝试探索自己的性格类型与未来职业选择的关系。

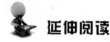 **延伸阅读**

个 性 新 说

当一个内向的人试图变得外向的时候,他可能失去了自我内心的安宁,也失去了命运的眷顾!

经验上人们判断一个人的内向性格或者外向性格是从行为与情绪类型来判断的。这个判断不太可靠,因为人的行为可以在后天通过学习与强化得到,人的情绪也可以因为经验和年龄变得和谐。在心理学含义上内向、外向主要指人的精神指向,比较关注内心的是偏内向,比较关注外部世界的是偏外向。关注内心的人着力发展自我感,首要面对的是如何喜欢自己;关注外在的人着力发展能力,首要面对的是被人喜欢与被环境认同。两种力量对每个人都必不可少。

经常遇到内向的人为自己的个性烦恼,其实这样的人应该感谢上帝让他获得如此重要的个性倾向。仔细想想,没有内在肯定和自我认同的人不可能有持续的力量去发展朝外的进取与奋斗,一个只关注外界从不自省内心的人也不可能获得成功。我们的文化对个性的描述一直存在着一种无意识的割裂,以为这两种个性是恰好相反的,二者只能择其一。其实这可能是人类非此即彼的观念得出的最荒诞的偏见。内向的力量是树根与树干,外向的力量是枝叶、花蕾与果实。这两种心理力量恰好是并存相依的。

文化习惯上把外向的人想象为乐观、开朗、热情、自信、进取,把内向者"联想"为保守、压抑、退缩、不安、胆怯、不合群。差不多会识字的人都会说外向是社会欢迎的,内向却不那么好。当然,内向的人很自我、内省、另类,不按常规出牌。外向的人不坚持己见,从众、随同,喜欢分享,依赖规则,服从环境,追求社会认同,自然容易成为文化价值导向下的可爱一族。

区别内向与外向的一个简单可信的依据是问问自己的快乐从哪里来。内向把心理能量指向自己,因此快乐也主要由心而生,不那么依靠外部世界的认同与赞许;外向把心理能量指向外部世界,喜欢人际接触,好奇,富于冒险精神,对主流文化比较认同。内向为主的人比较有意志、理想,追求个性、特色的美感、兴趣、爱学习,没事偷着乐,外界不管有多大的变化、干扰,甚至打击都妨碍不了其生活的目的与信念。为了一个梦想或观点常常会独自坚持,不达目的誓不罢休。外向为主的人比较灵活、顺从,不跟别人或自己找麻烦,审时度势,喜欢顺水推舟,不好逆水行船。

很多人陷入社交的烦恼,害怕人际关系,胆怯,退缩,自认为是内向的。其实他正好缺少内在的精神指向,内心根本就没有快乐,期待被别人喜欢、认同来快乐,这样的人恰好是外向的,也恰好缺乏内向的心理能力。

人的一生两种个性力量是同时存在的,不夸张地说内向的个性能力是获得外向个性能力的前提。正如埃里克森在《同一性:青少年与危机》中说的,自我认同是一种精神朝内的关注。其实,人的个性是复杂的,不可能像文化标定那样是单一的。社会是个舞台,只要喜欢,人可以表演出不同的个性色彩。

被文化描述的个性其实是人的社会性格,而非人内心本质的心理性格。要让偏内向的人喜欢自己,就要思考我们的文化定义给内向人带来的观念困境。如果社会把内向与外向等同起来看,并给不同性格的人相同的笑脸,那么内向的人可能更容易找到适合自己存在的方式。强迫内向的人按照文化导向的外向模式去生活会让他们产生很大的不适应。

人只有发展好内向的力量,让心灵成为快乐的源泉,外向的个性才能慢慢有根基,既能沉静得下来,也能放得开去。不喜欢自己,不接纳自己,你的灵魂会远离你,终身漂泊。自己爱自己,从内心世界去找到存在的意义,这样的快乐是随时可以自给自足的。

(文/李子勋)

第三节 职业生涯规划与兴趣

> **案例引导**
>
> 小李是某职业院校的一名学生,今年大一,因高考分数较低,没有录取到小李想上的专业,而是被电子信息工程专业录取了。在上了大一的专业课后,发现自己对这个专业一点也不感兴趣,了解了电子信息工程专业的就业方向,他更是失望。如果毕业后去从事专业工作,那么自己将要一辈子忍受下去。如果不是从事专业工作,那么自己到底要去做什么工作呢?在剩下的两年时间里,自己不知道是该顺其自然还是应该做其他准备?

知之者不如好之者,好之者不如乐之者。爱因斯坦说:"兴趣是最好的老师。"兴趣对个体未来的职业选择、职业满意度以及职业成就感有重要的影响,因此,重视个人兴趣是个体职业生涯规划中自我认知的一项重要内容。

一、兴趣概述

1. 兴趣的概念

兴趣是个体认识某种事物或从事某种活动的心理倾向,它是以认识和探索外界事物的需要为基础的,是推动个体认识事物、从事活动的内在动力。

兴趣是职业选择的重要影响因素,是职业成功的重要保证。所谓"干一行,爱一行;爱一行,钻一行",培养对所从事专业、行业的兴趣,热爱本职工作,才能在职业岗位上取得成功。

2. 兴趣的特性

兴趣具有如下重要特性。

第一,兴趣的倾向性,是指兴趣的内容。兴趣可以是指向物质的,如衣、食、住、行等方面;兴趣也可以是指向精神方面的,如对学习、知识、文学、艺术等的兴趣和追求。

第二，兴趣的广泛性，是指兴趣的范围大小。有的人兴趣广泛，对什么都乐于探索；有的人兴趣狭窄，比较单一。兴趣广泛的人能获得广博的知识。

第三，兴趣的稳定性，是指兴趣持久地保持在某一或某些对象上。只有具备了稳定性，个体才能在广泛的兴趣中形成中心兴趣，使兴趣获得深度。例如，一个人对自己所从事的工作或研究的问题有稳定持久的兴趣，那么面对困难和阻碍往往就能克服，在事业上就容易取得成功。

第四，兴趣的效能性，是兴趣对活动发生作用的大小。一般来说，对个体起积极推动作用，并能产生明显效果的兴趣，其效能作用就大，反之，发生作用小的兴趣，其效能作用也就小。

3. 兴趣的作用

兴趣对个体的个性形成和发展以及其生活都有巨大的作用，主要表现在如下几个方面。

第一，对未来活动的准备作用。例如，一名大学生对电子信息感兴趣，就可以激励他去学习、钻研各类关于电子信息方面的相关知识，为其未来研究和从事电子信息工程方面的工作奠定基础，做好准备。

第二，对正在进行的活动起推动作用。兴趣是一种具有浓厚情感的志趣活动，它可以使人集中精力去获得知识，并创造性地完成当前的活动。美国著名华人学者丁肇中教授就曾经深有感触地说："任何科学研究，最重要的是要看对自己所从事的工作有没有兴趣，换句话说，也就是有没有事业心，这不能有任何强迫……比如搞物理实验，因为我有兴趣，我可以两天两夜甚至三天三夜在实验室里，守在仪器旁，我急切地希望发现我所要探索的东西。"正是兴趣和事业心推动了丁教授所从事的科研工作，并使他获得巨大的成功。

第三，对活动的创造性态度的促进作用。兴趣会促使人深入钻研创造性的工作和学习。就大学生来说，对一门课程或专业感兴趣，会促使他乐于钻研，并且进行创造性研究，这样不仅会提高其学习成绩，还可以帮助他改善学习方法，促进专业创新。

二、职业兴趣概述

1. 职业兴趣的概念

职业兴趣是兴趣在职业方面的表现，是指个体对某种职业活动具有的比较稳定而持久的心理倾向。职业兴趣使得个体对某种职业予以优先关注，并愿意选择从事该职业。

2. 职业兴趣对大学生职业生涯规划的影响

第一，职业兴趣是大学生职业选择的重要依据。一般来说，当选择自由时，个体都倾向于选择与个人职业兴趣相匹配的职业，因此，对个体的职业兴趣进行正确的探索和评估，将有助于个体进行职业选择。

第二，职业兴趣是大学生职业适应的润滑剂。职业兴趣能激发个体的工作动机，帮助个体更快、更好地适应职业，促进个体能力的更好发挥，并极大地提升工作效率。研究表明，如果怀着职业兴趣从事某种工作，能发挥其全部才能的80%以上；而对缺乏职业兴趣的工作，个体则只能发挥全部才能的30%以下。

第三,职业兴趣是影响大学生取得职业生涯成功的重要因素之一。从事自己感兴趣的职业有利于个体达到心理满足,体会职业成就感。大学生在进行职业生涯规划时,不能只考虑薪酬、福利等因素,还应将个人职业兴趣纳入考量范畴。

三、职业兴趣探索

大学生如何探索自己的职业兴趣呢?又如何在众多职业中找到与自己兴趣相匹配的职业呢?业内专家对职业兴趣进行了大量的研究和探索,其中认可度最高、影响最大的就是约翰·霍普金斯大学心理学教授,美国著名的职业指导专家约翰·霍兰德提出的职业兴趣理论。

1. 霍兰德职业兴趣理论

霍兰德职业兴趣理论认为人的人格类型、兴趣与职业密切相关,兴趣是人们活动的巨大动力,凡是从事感兴趣的职业,都可以在一定程度上提高人们的积极性,促使人们积极地、愉快地从事该职业,且职业兴趣与人格之间存在很高的相关性。霍兰德在其著作《如何选择你的职业》中将美国当时的职业划分为六种基本类型,并认为这六种基本职业与六种人格是相互对应匹配的,即实用型、研究型、艺术型、社会型、企业型和常规型六种类型。霍兰德人格类型的六角模型如图 2-3 所示。

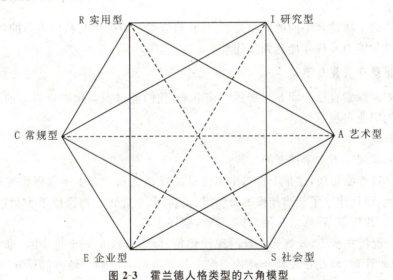

图 2-3 霍兰德人格类型的六角模型

霍兰德人格类型的六角模型的六个角代表人格的六种类型,六种类型直接有一定的关联,按照彼此相似程度定位,相邻的两种类型在特征表现上最为相似。距离越近,相关程度越高;距离越远,相关程度越低。

(1) R 实用型(realistic):又称现实型。喜欢使用工具、机器,需要基本操作技能的工作。对要求具备机械方面才能、体力或从事与物件、机器、工具、运动器材、植物、动物相关的职业有兴趣,并具备相应能力。典型职业如技术性职业(计算机硬件人员、摄影师、制图员、机械装配工)和技能性职业(木匠、厨师、技工、修理工、农民、一般劳动)。

(2)I 研究型(investigative)：又称探索型。喜欢智力的、抽象的、分析的、独立的定向任务。要求具备智力或分析才能，并将其用于观察、估测、衡量、形成理论、最终解决问题的工作，具备相应的能力。典型职业如科学研究人员、教师、工程师、电脑编程人员、医生、系统分析员。

(3)A 艺术型(artistic)：喜欢的工作要求具备艺术修养、创造力、表达能力和直觉，并将其用于语言、行为、声音、颜色和形式的审美、思索和感受，具备相应的能力。不善于事务性工作。典型职业如艺术方面(演员、导演、艺术设计师、雕刻家、建筑师、摄影家、广告制作人)，音乐方面(歌唱家、作曲家、乐队指挥)，文学方面(小说家、诗人、剧作家)。

(4)S 社会型(social)：喜欢要求与人打交道的工作，能够不断结交新的朋友，从事提供信息、启迪、帮助、培训、开发或治疗等事务，并具备相应的能力。典型职业如教育工作者(教师、教育行政人员)和社会工作者(咨询人员、公关人员)。

(5)E 企业型(enterprising)：又称事业型。喜欢要求具备经营、管理、劝服、监督和领导才能，以实现机构、政治、社会及经济目标的工作，并具备相应的能力。典型职业如项目经理、销售人员、营销管理人员、政府官员、企业领导、法官、律师。

(6)C 常规型(conventional)：又称传统型。喜欢要求注意细节、精确度、有系统有条理，具有记录、归档、据特定要求或程序组织数据和文字信息的职业，并具备相应能力。典型职业如秘书、办公室人员、记事员、会计、行政助理、图书馆管理员、出纳员、打字员、投资分析员。

不同类型的个体适合不同的职业类型，只有相应类型的个体与相应类型的职业相匹配，个体的积极性和能力发挥才能达到最佳水平。

2. 霍兰德职业兴趣岛测验

大学生如何探索自己的职业兴趣呢？接下来，我们通过霍兰德职业兴趣的测验来初步探索大学生的职业兴趣所在。

1)测验题目

我们先来参观一下六个神奇的岛屿：

R 岛——自然原始岛，这是个自然生态优良的绿色之岛。岛上不仅保留有热带雨林等原始生态系统，而且建立了相当规模的植物园、动物园、水族馆。岛民以手工制造见长，他们自己种植花果，栽培蔬菜，修缮房屋，打造器物，制作工具。

C 岛——现代井然岛，处处耸立着的现代建筑，标志着这是一个进步的、都市形态的岛屿，岛上的户政管理、地政管理及金融管理都十分完善。岛民们个性冷静保守，处事有条不紊，善于组织规划。

A 岛——美丽浪漫岛，这个岛上到处是美术馆、音乐厅，弥漫着浓厚的艺术文化气息。岛民们保留着传统的舞蹈、音乐与绘画。许多文艺界人士都喜欢来到这里开沙龙派对寻求灵感。

S 岛——温暖友善岛，这个岛的岛民们都性情温和，乐于助人，人际关系十分友善。大家互助合作，重视教育后代。每个社区都能自成一个密切互动的服务网络，处处充满着人文关怀气息。

E 岛——显赫富庶岛，该岛经济高度发展，到处是高级饭店、俱乐部、高尔夫球场。岛民性格热情豪爽,善于经营企业和贸易活动。岛上往来者多是企业家、经理人、政治家、律师,等等。这些商界名流与上等阶层人士在岛上享受着高品质的生活。

I岛——深思冥想岛,这个岛绿野平畴,人少僻静,适合夜观星象。岛上有很多天文馆、科技博物馆、科学图书馆。岛民们最喜欢猫在自己的小房子里,天天钻研学问,沉思冥想,探究真知。哲学家、科学家和心理学家们在这里约会,讨论学术,交流思想。

接下来,你总共有15秒钟的时间回答以下问题:

1. 如果你乘坐的飞机飞到太平洋上空,没油了,要迫降,你可以降落在以上的6个岛之中的一个岛上,而且可能要在岛上待比较长的时间,甚至生活一辈子,你第一会选择哪一个岛?
2. 你第二会选择哪一个岛?
3. 你第三会选择哪一个岛?
4. 你打死都不愿意选择哪一个岛?

选好之后,依次在下面表格2-7中记下四个问题的答案。

表2-7 霍兰德职业兴趣岛测验记录表

第一选择的岛屿 (写出对应字母)	第二选择的岛屿 (写出对应字母)	第三选择的岛屿 (写出对应字母)	最不愿意选择的岛屿 (写出对应字母)

2) 结果分析

RIASEC这六个岛事实上分别代表了六种职业类型,它们的描述以及矛盾关系如下:

A岛——艺术型 VS C岛——常规型
E岛——企业型 VS I岛——研究型
R岛——实用型 VS S岛——社会型

问题1的答案体现了你最显著的职业性格特征、最喜欢的活动类型以及最喜欢(很可能是最适合)的大致职业范围,问题4的答案则是体现了你最不喜欢的活动。

为了更进一步分析,将问题1、2、3的答案依次排列,可形成一个不同岛屿的字母代码组合(如:问题1、2、3的答案分别是A岛、C岛、I岛,组合起来就是ACI),对照表2-8的"兴趣组合"一项,相应找出与自己的答案最接近的排列组合,即可能会找到自己真正感兴趣的职业。问题4的答案将作为排除某些组合时所用的参考标准。

表2-8 霍兰德职业兴趣测试结果与职业匹配对照表

兴趣组合	职业名称	职业类别	领域	职位层级
ACI	图书馆管理员	管理员	教育	技术员工
AER	艺术指导	艺术指导	戏剧表演	艺术指导
	设计师 (服装/平面/室内)	设计师	艺术设计	设计师
	平面设计师	设计师	艺术设计	设计师
	室内设计师	设计师	艺术设计	设计师

续表

兴趣组合	职业名称	职业类别	领域	职位层级
AES	广告经理	经理	市场营销	管理人员
	表演歌手	歌手	戏剧表演	歌手
	作曲家	艺术家	戏剧表演	艺术家
	演员	演员	戏剧表演	演员
	制片人	制片人	戏剧表演	制片人
	导演	导演	制造加工	高级技术员工
	广告文案	广告人员	市场营销	广告人员
	漫画家	艺术家	艺术设计	艺术家
AIE	新闻记者	记者	媒体	记者
AIS	技术性作家	作家	媒体	作家
ARE	陈列设计师	设计师	艺术设计	设计师
	专业摄影师	摄影师	戏剧表演	摄影师
	摄影师	摄影师	媒体	摄影师
ARI	画家	艺术家	艺术设计	艺术家
	场景设计师	设计师	戏剧表演	设计师
	科学摄影师	摄影师	媒体	摄影师
ARS	产品设计师	设计师	艺术设计	设计师
	素描画家	艺术家	艺术设计	艺术家
ASE	广播电视播音员	播音员	媒体	播音员
	音乐指挥	艺术家	戏剧表演	艺术家
	编辑	编辑	媒体	编辑
ASI	艺术教师	大学教师	教育	教师
	语言教师	大学教师	教育	教师
	翻译	翻译	媒体	翻译
ASR	舞蹈演员	演员	戏剧表演	演员
CEI	预算分析师	顾问	财务	顾问
	审计师	顾问	咨询	顾问
	精算师	精算师	保险	顾问
	会计	会计	财务	员工
CRE	仓库管理员	管理员	物流	员工
	机场控制中心主管	主管	交通运输	管理人员

续表

兴趣组合	职业名称	职业类别	领域	职位层级
CRI	工程测量人员	测量人员	建筑工程	技术人员
	建筑监理	监理	建筑工程	管理人员
CRS	邮递员	邮递员	邮电服务	员工
	电话总机接线员	接线员	行政后勤	员工
CSR	设备工程师	工程师	制造加工	技术人员
EAS	公关顾问	顾问	咨询	顾问
ECR	经理（物流/仓储）	经理	物流	管理人员
	生产经理	经理	制造加工	管理人员
	HR主管（福利/培训/招聘）	经理	人力资源	管理人员
	旅游代理人	代理人	旅游休闲	代理人
	保险销售员	销售员	保险	销售人员
EIC	工业工程师	工程师	制造加工	技术员工
EIS	保险理赔人员	保险人员	保险	普通员工
ERC	生产线线长	主管	制造加工	基层管理人员
	建筑项目经理	经理	建筑工程	管理人员
	司机管理员	主管	交通运输	基层管理人员
	维修主管	主管	客户服务	管理人员
ERI	销售工程师	工程师	市场营销	技术员工
ERS	教练	教练	体育	教练
	产品演示人员	销售员	市场营销	销售人员
	精密设备销售人员	销售员	市场营销	销售人员
ESA	经纪人	经纪人	个人服务	经纪人
ESC	HR经理	经理	人力资源	管理人员
ESI	法官	法官	法律	法官
ESR	警察	警察	社会安全	警察
	医疗设备销售员	销售员	市场营销	销售人员
	零售人员	销售员	市场营销	销售人员
	官员	官员	行政	管理人员
	首席执行官	执行官	管理运营	高层管理人员
	经理（销售/市场/客户服务）	经理	市场营销	管理人员

续表

兴趣组合	职业名称	职业类别	领域	职位层级
ESR	经理（行政）	经理	行政后勤	管理人员
	经理（财务）	经理	财务	销售人员
	会务人员	会务人员	行政后勤	员工
	电话销售员	销售员	市场营销	销售人员
ICA	数学家	科学家	科学研究	科学家
ICE	HR顾问	顾问	管理	顾问
	财务分析师	顾问	财务	技术人员
ICR	技术支持工程师	工程师	IT技术/设计	技术员工
	统计学家	科学家	科学研究	科学家
	系统分析师	顾问	IT技术/设计	顾问
	工业工程技术人员	技术员	制造加工	技术员工
	药剂师	医务人员	医疗	医务人员
IEC	管理顾问	顾问	咨询	顾问
	计算机安全工程师	工程师	IT技术/设计	技术员工
IES	营养专家	顾问	服务	顾问
IRA	材料工程师	工程师	材料科学	高级技术员工
	生物工程师	工程师	生命科学	高级技术员工
IRC	计算机程序员	工程师	IT技术/设计	技术员工
	IT实施工程师	工程师	IT技术/设计	技术员工
	计算机安全专家	顾问	IT技术/设计	顾问
	化学工程师	工程师	能源/化工	技术员工
	电子工程师	工程师	电子电器	技术员工
IRE	网络工程师	工程师	IT技术/设计	技术员工
IRS	外科医生	医生	医疗	高级医务人员
	牙医	医生	医疗	高级医务人员
ISA	临床助理	医生助理	医疗	技术员工
	生命科学教师	大学教师	教育	教师
	保健教师	教师	教育	教师
RAC	建筑制图员	技术人员	建筑工程	基层员工
	玻璃雕刻师	工艺员工	艺术设计	技术员工
	装订员	操作人员	印刷/包装	基层员工

续表

兴趣组合	职业名称	职业类别	领域	职位层级
RAI	建筑师	工程师	建筑工程	高级技术员工
	音响师	操作人员	媒体/娱乐	高级技术员工
RCE	制版员	操作人员	印刷包装	基层员工
	食品加工工人	操作人员	食品	基层员工
	通信设备安装人员	技术员	信息通信	技术员工
	商业设备安装人员	技术员	IT技术/技术	技术员工
	裁判	裁判	体育	体育人员
RCI	制图工程师(电子)	工程师	电子电器	技术员工
	制图工程师(机械)	工程师	机械自动化	技术员工
	机械测量人员	技术员	机械自动化	技术员工
	精密制造(加工)操作员	操作人员	制造加工	技术员工
	制造系统维护员	操作人员	制造加工	技术员工
	数控设备程序员	工程师	制造加工	高级技术员工
	机械设备(含汽车)维修人员	技术员	机械自动化	技术员工
	电子电器(含计算机)维修人员	技术员	电子电器	技术员工
REC	轮船工程师	工程师	交通运输	技术员工
	船长	船长	交通运输	管理层
	列车长	列车长	交通运输	管理层
REI	客机飞行员	技术人员	交通运输	技术员工
RIC	计算机硬件工程师	工程师	IT技术/设计	技术员工
	电气工程师	工程师	工程类	技术员工
	海洋工程师	工程师	工程类	技术员工
	机械工程师	工程师	工程类	技术员工
	电子电器技工	技术工人	工程类/生产类	技术员工
	机械装配员	生产人员	制造	基层技术员工
	机械技师	技师	制造	技术员工
	飞机维护员	技师	交通	技术员工
	系统软件工程师	工程师	IT技术/设计	高级技术员工
	土木工程师	工程师	建筑工程	技术员工
RSE	消防员	公共安全人员	公共事务	基层员工

续表

兴趣组合	职业名称	职业类别	领　域	职 位 层 级
SAE	职业咨询师	顾问	个人服务	顾问
	商业教师	大学教师	教育	教师
	播音员	播音员	媒体	播音员
SAI	幼儿教师	幼儿教师	教育	教师
SEA	学校辅导员	顾问	个人服务	顾问
SEC	个人理财顾问	顾问	个人服务	顾问
	培训发展顾问	顾问	企业服务	顾问
SEI	中小学校长	校长	教育	校长
	职业健康专家	顾问	企业服务	顾问
SIA	心理咨询师	顾问	个人服务	顾问
	小学教师	小学教师	教育	教师
	经济学教师	大学教师	教育	教师
SIC	助教	大学老师	教育	教师
SIR	护士	护士	医疗	医务人员
SRI	体能教练	教练	体育	教练
	理疗医生	医生	医疗	高级医务人员
	食疗专家	顾问	个人服务	顾问

课堂活动

兴趣探索练习

活动目的：

帮助学生自我分析,探索自我的兴趣。

材料准备：

白纸、笔。

请具体、详细地回答下列问题。如有可能,请与一位同伴相互讲述自己对问题的思考和回答。同伴可以提问、帮助讲述的人发掘细节和原因。这个练习的目的是帮助你回忆并梳理日常生活中有关个人兴趣的一些代表性事件,增进自我觉察,因此仔细思考和讲述的过程非常重要。

(1)我的白日梦:请列举出三种你非常感兴趣的职业(摒除所有实现的考虑)。这些工作中的哪些特征吸引着你?

(2)请回忆三个从事某件事情时令你感到快乐(满足)的经历。请详细地描述这三个画面,是什么令你感到如此快乐(满足)?

(3)从小到大你担任过哪些职务?你喜欢的是哪些职务?不喜欢的是哪些?请具体说

明为什么。

(4)你最崇拜(敬佩)的人是谁？他对你产生了什么影响？你最像他的是什么地方？最不像他的是什么地方？

(5)你最喜欢看哪种杂志？这些杂志中的哪些部分吸引着你？或者，如果你到书店看书，你通常会停留在哪类书架前(不是仅仅因为学习需要的情况下)？

(6)除了单纯的娱乐放松以外，你最喜欢看哪几类电视节目？节目中有什么吸引着你？

(7)你喜欢浏览哪类网站？你喜欢看网站的哪部分内容？它们属于哪个专业？

(8)休闲的时候，如果只是出于兴趣的考虑，你最想做什么或学什么？这里面又是什么吸引着你？

(9)你最喜欢的科目是什么？为什么喜欢？

(10)我们生活中都有过某些时刻，因为全神贯注于做某件事情而忘了时间。什么样的事会让你如此专注？

(11)你的答案里面有什么共同点吗？是否可以归纳为什么主题或者归纳为哪些关键词？这些主题或关键词可能和霍兰德的哪些类型相对应？你如何能够让这样的主题在你今后的生活中得到更充分的彰显？

说明：对最后一个问题的回答将有助于你总结和归纳前面所有的问题，并将你在日常生活中的一些表现与本单元所讲的职业兴趣类型挂起钩来。所归纳出的主题或关键词是你今后在选择职业时需要尽可能纳入的一些关键因素。

 案例分析 2-3

困惑：职业 VS 兴趣

小徐考大学时，家人让她选择了会计系。毕业后她曾在多家企事业单位从事会计职业和人事管理工作。尽管工作认真努力，小徐却感到自己从事的职业很无趣，她发现也许正是所谓的坚持"专业对口"让自己长期陷于职业困惑之中。小徐最大的兴趣爱好是欣赏古典音乐，品味文学作品，这些爱好是她生活中最大的享受与乐趣。她急切地渴望能够职业转型，迈向新高度。

【分析】
小徐的困惑深刻地体现了职业选择过程中专业与兴趣带来的影响。大学毕业后按照专业对口来选择职业，看似顺其自然，也是很多人在现实中采用的方法，然而却带来了更多的困惑。这是因为在选择过程中，没有充分重视兴趣的重要性。

 课后思考

1. 职业兴趣对大学生职业生涯规划有什么影响？
2. 根据霍兰德职业兴趣理论，寻找自己的职业兴趣，并根据测试结果寻找出适合自己的职业类型。

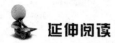 延伸阅读

迷上"舌尖创意设计"

沈韵是一个80后美女,出生在上海一个知识分子家庭,从小喜欢画画,积累了深厚的美术功底。在大学里,她特意选修了环境艺术专业。毕业后,她曾做过电视广告美术指导等职业。

沈韵还有一个爱好,就是烹饪。妈妈烧得一手好菜。有时,妈妈还会手把手教沈韵做几道民间特色菜。每一道菜烹调出来,沈韵都会认真做下记录:色泽、味道、香气、感受……然后再进行另样的尝试。久而久之,她练就了一手烹饪绝活。

2000年,朋友在地铁站附近一个大型商业中心里开了一家饭店。这里大大小小的餐厅有二三十家,饭菜质量和价格都差不多,竞争很激烈。沈韵仅用一张小小的菜谱,就使朋友的餐馆门庭若市。这家人气最旺的餐厅,赢在"舌尖创意设计",其中食品造型很有奥妙之处。

沈韵知道,客人落座后总要先看菜单,很多人都是看菜谱上的照片点菜,而经她的手摆弄出来的菜就颇有艺术感。比如,最简单的白菜炒肉丝,别家炒出来的大多是烂糊一片,而她不是将肉丝一股脑儿盛进盘子,而是用尖头筷子,将其一根一根地放进盘中。若觉得整盘菜的色泽还不够诱人,她会在肉丝上放几丝红辣椒,整道菜马上出彩。

沈韵在为菜谱做设计时,会从源头开始。她苛求厨师的刀功,比如白菜和肉丝一定要切得粗细均匀、长短相近,而配料的香菇、竹笋等也要切成丝状,与白菜、肉丝的"身材"统一。装盘时,要分清主角和配角,香菇、竹笋这些配角不能抢了主角的风头。盘子的中央,恰似舞台的中心,是观众视觉的聚焦点,一定要留给主角——肉丝,虽然不多,但肯定当主角。

由于职业关系,沈韵经常接触到很多拍摄食品的广告片子。她从网上了解到,其实国外前几年就有食物造型师这个新兴职业了,也就是给食品进行美化和造型的专业人员。他们用双手为食品打造出尽可能自然完美的状态,激发摄影师的灵感,拍出理想的照片。与厨师不同的是,厨师推崇美味第一,食品造型师则是视觉效果第一,让菜品看起来更美味,让人有食欲,感觉到饿了。

欧美专业人士认为,好看的食物不亚于一件高级定制的时装,每一样食物都可以是艺术品。因为视觉认知是大多数人对食物的首选认知方式,所以,食物造型师对食品生产商来说非常重要,在市场推广中起着举足轻重的作用。一个好的创意造型,很快就会带来滚滚财富。

2001年年初,当进入这个行当时,沈韵最早接触的客户是"康师傅",对方要求她为福满多牛肉面"操刀"。为了做好这个造型,她需要研究怎样将牛肉颜色做得够红够漂亮,怎样通过装置做出面泡好后的热气和小气泡等。

"在这期间,光是测试就做了将近两周。"沈韵口中的"测试",是指拍摄用的这一碗面整个制作过程。"我要不停地研究面和肉怎样看起来最好吃,要把肉煮得比较有光泽,有筋有肉、肥瘦相间,而且还要看上去有一点儿热气腾腾的感觉。"

首先,她把牛肉切块,胡萝卜切丁,放入沸水中翻滚。牛肉块要立即取出,可以充分显出

自身的纹理,但又不显老;胡萝卜丁必须等有些变色后才能捞起,和牛肉块一起放进酱汁中,浸泡着色——生的胡萝卜颜色太艳,容易抢主角的风头,所以要多煮一会儿。第二步,将一束面条整齐地放入沸水中,只需稍微浸一下就捞出,在碗中摆造型,不断调整直至满意为止。紧接着,用酱汁、凉水、食用色素等调出汤底,并切好葱段。调好的汤汁,用壶从四边慢慢注入碗内。"这个过程,动作必须要慢,以免汤汁溅到不需要的地方。"接下来是最关键的一步,取出已着色完毕的牛肉块和胡萝卜丁,一块一块地堆放在面条上。"胡萝卜和牛肉的前后关系要掌握好,包括胡萝卜丁露出多少都要仔细观察、调整。最后的画龙点睛之处是摆上葱段,要让人看着既不觉得呆板又没有松散之感,一定要注意葱段的量及其在画面中的视觉重心和色彩的比例。"

这样,一碗好看又"好吃"的红烧牛肉面就新鲜"出锅"了。该广告在电视上播出后,给亿万人留下了深刻的印象。有朋友开玩笑,问沈韵是不是借机吃了很多色香味俱全的"康师傅"。沈韵大笑着说:"当你连续一个月天天对着方便面做各种研究的时候,你肯定是打死也不想吃了。"

很多人以为,食品造型师只是在录制广告片的时候忙一下,其他时间很空闲。其实,沈韵每天的工作时间长达12~16小时,有时候甚至要熬夜拍摄。有一次,片子拍了整整2天2夜才结束,因为每个产品的需求不同,每次手法也要创新。比如拍一个汉堡,肉的厚度、皮和肉的比例或者黄瓜摆放的位置,客户都有自己的考量。沈韵调侃道:"要想成为一名合格的食品造型师,除专业技能外,还应该加上能熬夜、体力好。"

日常生活中,沈韵还要随时随地地研究各种原料。比如,为冰激凌做造型的难度非常高,因为无论是多高级的冰激凌,都不能在摄影棚的灯光下拍摄——还没等摆好造型,它就已经融化了。为鼓捣出不会融化的冰激凌,沈韵在家研究了2个多月的配方。哈根达斯老板看了拍摄的广告后,觉得非常逼真,表示满意,称沈韵是"天才创意大师"。

沈韵透露,一些欧美食品造型师常用土豆泥做冰激凌。不过,不能细看,因为土豆泥的质感与真正的冰激凌有很大差距,给人一种很假的感觉。沈韵喜欢挑战,所以才研制出了冰激凌的代用食品,解决了摄影师们的难题。她的成功,是经过反复试验、用汗水换来的。

沈韵也常为一些烹饪、美食及时尚类杂志推介的菜品做造型。曾有粉丝请教:"做食品造型,跟厨师对菜肴进行装盘有什么异同?"她说:"制作菜肴,同一道菜必须有统一的造型,只有在开发新菜时才需要构思新的摆盘式样;做食品造型,要的就是别致的装盘。"此外,两者的生熟程度也有区别。考虑到拍摄时需要相对鲜亮的色彩,诸如彩椒、芦笋、西兰花等烧熟后容易变色的蔬菜,在做造型之用时,只能煮至七八成熟。不过,像番茄牛腩这样的菜式,则可以完全烧熟。

"最好的美食造型,是要摆出食欲,但要遵循一条原则:食品本身是什么样,就让它呈现出什么样。"沈韵说,为一道菜做造型,根据难度系数的不同,耗时也有很大的差别。"有时候,一个小时足够。但有时候,需要耗上一整天。"

实际上,食品造型师往往比其他造型师的工作难度更高,因为不仅需要对物体的美感有敏锐的洞察力,还必须了解食物的品性,并且具备一定的烹饪技能。这些综合素质包括美术基础、摄影基础、色彩学、几何学、厨艺、食材知识、食品价格、成本控制、道具搭配、动手能力、创造思维。

2012年,沈韵应邀参加湖南卫视《天天向上》节目。有趣的是,她把林林总总的制作工具在镜头前一亮相,把众人惊得目瞪口呆。原来,除了厨师的常用工具外,她最常用的竟然是外科手术或者是牙医用的医疗器械:手术刀、手术剪、尖头筷子,等等。虽然使用这些器械不存在什么危险性,但特别考验工作的耐心,干这行一定要坐得住。

沈韵说,正因为做食品造型如此"复杂",这方面的人才在全世界都堪称珍稀。以北欧国家瑞典为例,全国不过6人;在中国,干这行的不到10人。沈韵的薪水是相当可观的,每12小时的收入就高达5位数。干一单大活,挣10万、20万元,小菜一碟。

对于成功,沈韵总是谦虚地说:"我只是在做自己感兴趣的事情!"确实,兴趣是最好的志向,兴趣能保持最长久的激情,是最大的推动力,在自己最有兴趣的方向选择去开创自己的事业,是一种最朴实的智慧!

第四节 职业生涯规划与能力

案例引导

刘晓是一所职业院校机电一体化专业的大三学生,成绩中等,性格较为内向,少言寡语。和其他同学相比,他的语言表达能力和人际交往能力比较弱。临近毕业,班上同学都陆续找到了工作,他也参加了不少单位的应聘,但结果却不理想,班主任和同学都为他着急。

张强是一所职业院校物流管理专业的学生,三年前因高考发挥失利,与理想中的本科大学失之交臂。大学在校期间,他一直努力学习,扎实进取,专业成绩优秀,在大三参加了自考本科的自学考试,并顺利通过了考试,最终进入了自己梦想中的本科大学。

古人云:"不患人之不己知,患其不能也。"如果说性格和兴趣能影响个体的职业选择方向,以及在该职业方面所付出努力的程度,那么能力则可以决定一个人在该职业方面能否胜任,以及能否取得成功的可能性。

一、能力概述

1. 能力的概念

能力是指完成一项目标或一定任务、活动的综合素质,是直接影响活动效率,并使活动顺利完成的个性心理特征。能力主要包含两个内容:一是指已表现出来的实际能力,即已经达到的某种熟练程度;二是指潜在能力,即尚未表现出来的潜力,通过后天的学习和训练可以发展起来的能力与未来可能达到的某种熟练程度。

2. 能力的分类

1)一般能力与特殊能力

从能力表现活动的领域来看,可将其分为一般能力与特殊能力。

一般能力是指在进行各种活动中必须具备的基本能力,它保证人们有效地认识世界,也称智力,如感知能力(观察力)、记忆力、想象力、思维能力、注意力等,其中抽象思维能力是核心,因为抽象思维能力支配着智力的诸多因素,并制约着能力发展的水平。

特殊能力又称专门能力,是顺利完成某种专门活动所必备的能力,适用于特别的活动领域,如音乐能力、绘画能力、数学能力、运动能力等。

2)职业能力与非职业能力

从能力与职业的相关性角度,可将其分为职业能力与非职业能力。

职业能力是指顺利完成某种职业活动所必需的,并直接影响活动效率的个性心理特征。它是个体将所学的知识、技能和态度在特定的职业活动或情境中进行类化迁移与整合所形成的能完成一定职业任务的能力。职业能力是多种能力的综合,例如教师的职业能力除了语言表达能力之外,还应具备对教学的组织和管理能力,对教材的理解和使用能力,对教学效果和教学问题的判断、分析和总结能力等。

非职业能力是指并非从事某项职业活动所必须具备的能力。

二、能力与职业生涯发展的关系

心理学家戴维斯与罗圭斯特对个体的工作适应问题研究了多年,提出了明尼苏达工作适应论。该理论认为:只有当工作环境能满足个人的需求(内在满意),个人也能满足工作的技能要求(外在满意)时,个人在该工作领域才能够得到持久的发展。

能力与职业生涯发展有着密切的关系,不同职业对个体的能力有不同的要求,能力制约着个体从事活动的领域和职业选择的范围。当个体的能力与职业的要求相匹配时,个体最容易发挥自己的潜能,并能获得职业的成就感。当个体从事力所不及的工作时,个体容易感到焦虑,容易出现挫败感。

因此,大学生在职业选择时,应当寻求个人能力与职业技能的匹配,并需要清楚知道自己具备什么样的能力。

三、能力探索

1. 自我能力探索的方法

自我能力探索的方法有STAR法则、技能问卷、参考他人认可与反馈等方式,在此我们主要介绍STAR法则这种常用的能力探索方法。

1)STAR法则

STAR法则是最常用的能力探索方法之一,即让个体讲述自己的成就故事,清晰列出自己所具有的能力,从而发现自己的能力,具体内容如下。

S(situation):事情是在什么情况下发生(当时的情境)?

T(task):你是如何明确你的任务的(面临的任务)?

A(action):针对这样的情况分析,你采用了什么行动方式(采取的行动)?

R(result):结果怎样,在这样的情况下你学习到了什么(取得的结果)?

简而言之,STAR法则就是一种讲述自己故事的方式,或者说,是一个清晰、条理的作文模板。合理熟练运用此法则,可以轻松地解决过程中的各种难题,表现出自己分析阐述问题的清晰性、条理性和逻辑性。用 STAR 法则做出的个人简历也备受人力资源专业人士的推崇。

2) STAR 法则应用

我们以"大一辩论比赛获得冠军"事件为例,将这件事情用 STAR 法则来分析,将重要的事情做成表格(见表 2-9),具体如下:

表 2-9 STAR 法则应用

S:院系共有五支队伍参加辩论赛,每支队伍都是经过初赛选出的,实力都不容小觑,我们小组只参加过一场辩论赛,成员相互间并不十分默契	T:熟悉辩论流程,掌握辩论技巧,获得系冠军
A:自己主动整理资料,组织小组学习流程,编制训练题,小组训练,根据每个人的特点,分配任务	R:获得系辩论赛冠军

在 STAR 法则中事件情境(S)和行为(A)是最为重要的,其描述过程尽量详细,包括当中遇到的困难以及自己是如何解决的。在这些事件模块中找出你所体现的这些能力,比如以上案例就体现了个体的沟通能力、领导能力、协作能力以及主动解决问题的能力。

2. 大学生应具备的就业能力

综合分析近年来我国经济的发展、社会环境的变化,以及用人单位在选拔人才中的要求,大学生除了具备扎实的专业技能之外,还应在日常的学习生活中培养多方面的就业能力。

1) 自我决策能力

自我决策能力是一个人能否独立思考、果断处事和独立完成某项工作的能力。对于即将毕业走向社会的大学生来说,面临求职择业,别人的意见和忠告各种各样,最终要靠自己决定,这就是对自我决策能力的一次检验。在未来的工作中,每一件事情每一个问题以及它们的变化、进展都不可能像在学校那样有老师给你做指导,而必须靠自己迅速做出决定,及时予以处理。因此,具有良好的自我决策能力对大学生就业是十分重要的。

2) 社会适应能力

社会适应能力是根据客观情况的变化,适时调节行为方式的能力。现实生活常常不尽如人意,五彩纷呈的现实生活使刚刚步入社会的大学毕业生眼花缭乱,很不适应。大学生如果社会适应能力强,则能够很快适应新的环境,即使在很难的情况下,也能变不利因素为有利因素,取得成功。对社会、对环境的适应,是主动的、积极的适应,不是消极的等待和对困难的反映,更不是对消极现象的认同,大学生只有具备较强的社会适应能力,走向社会后才能尽可能地缩短自己的适应期,充分地发挥自己的聪明才智。因此,刚刚走进社会的毕业生就要根据工作的需要及时调整自己的知识和能力结构,培养自己适应社会的能力。

3) 实践操作能力

实践操作能力是个体将知识转化为物质力量的重要保证,是专业工作者必须具备的一种能力。在现实生活中,尤其是教学、科研、生产第一线,大学生实践操作能力的强弱,将直接影响到其作用的发挥。比如,作为一名教师,只有丰富的知识还是不够的,还要有把自己的知识传授给学生的能力。因此,大学生应注意只注重理论学习,而轻视实践操作。一个大学毕业生如果在实践操作上有过硬的本领,一定会受到用人单位的青睐。因此,大学生在校期间,不仅要积累理论知识,还要通过参加实训实践等活动不断提升自己的动手操作能力。

4) 表达能力

表达能力是指个体运用语言阐明自己的观点、意见或抒发感情的能力,主要包括口头表达能力和书面表达能力。一个人要想让别人了解你,重视你,更好地发挥你自己的才能,其前提就是要有表现自己的能力。要准确表现自己,就离不开出色的表达能力。不仅在参加工作走向社会后,会立即强烈地意识到这一点,而且,在求职择业的时候就会有深切的感受。比如撰写求职信、自荐信、个人材料,回答招聘人员的提问,接受用人单位的面试等,第一个环节都需要较强的表达能力。因此,大学生在大学期间要加强表达能力的锻炼:一方面要敢说、敢交流,让自己敢于表达;另一方面要多读书,让自己有话可说。

5) 人际交往能力

人际交往能力是指个体以社会认可的方式妥善处理人与人之间的关系,并与他人和谐共处、共同发展的能力。大学生步入社会后,要与各种各样的人发生这样那样的关系。能否正确、有效地处理、协调好工作生活中人与人的各种关系,不仅影响着一个人对环境的适应状况,而且影响着他的工作效能、心理健康、心情和事业的成就。因此,大学生要自觉地培养自己良好的人际交往能力,大学期间要积极主动参加各类交流、交往活动,培养自己与他人在心理方面的相容、交往的诚实守信等品质。

6) 组织管理能力

组织管理能力包括计划能力、组织实践能力、决断能力、指导能力和平衡能力等多方面的能力。虽然不是每个大学毕业生都会从事管理工作,但是在实际工作中每个从业者都会不同程度地需要组织管理才能,现代社会职业表明,不仅领导干部、管理人员应当具备组织管理才能,其他专业人员也应当具备。随着时代的发展,纯"书生型"的人才已不能适应社会的需要。近年来,许多用人单位在挑选录用大学毕业生时,在同等条件下,往往会优先考虑那些曾担任过学生干部,具有一定组织管理能力的毕业生。因此,大学生在校期间,应尽量多参加社团活动、社会活动等,不断增强自己的组织管理能力。

7) 团队协作能力

团队协作能力是指建立在团队的基础上,发挥团队精神、互补互助以达到团队最大工作效率的能力。步入社会后,我们不可能单兵作战,更多时候我们都是团队作战。大学生未来走向工作岗位后,不仅需要个人的能力,更需要在自己岗位上与其他成员协调合作的能力。因此,大学生在日常的学习生活中,应积极参加各类团体、团辅活动,不断提升自己的团队协作能力。

 课堂活动

夸夸我自己

活动目的:

通过活动,让学生自主探索发现自己的能力。

材料准备：

白纸、笔。

请同学们五分钟内在纸上尽可能多地写下自己拥有的技能、能力。写完之后，与自己同组成员分享，看看谁写得多？大家写的是一样的吗？有什么不一样？

 案例分析 2-4

乌鸦学老鹰

鹰从高岩上飞下来，以非常美丽的姿势俯冲而下，把一只羊羔抓走了。一只乌鸦看见了，非常羡慕，心想：要是我也能这样去抓一只羊，就不用天天吃腐烂的食物了，那该多好呀！于是乌鸦凭借着对鹰的记忆，反复练习俯冲的姿势，也希望像鹰一样去抓一只羊。

一天，乌鸦觉得练习得差不多了，呼啦啦地从山崖上俯冲而下，猛扑到一只公羊身上，狠命地想把山羊带走，然而乌鸦的爪子却被羊毛缠住了，拔也拔不出来。尽管乌鸦不断地使劲拍打翅膀，但仍飞不起来。牧羊人看到后，跑过去将乌鸦一把抓住，剪去了它翅膀上的羽毛。傍晚，牧羊人带着乌鸦回家，交给了他的孩子们。孩子们问是什么鸟，牧羊人回答说："这确确实实是一只乌鸦，可是自己却要充当老鹰。"

【分析】
乌鸦的错误在于它并不具备老鹰的能力，却简单地认为自己只要用老鹰的姿势就可以抓住羊。这种脱离自己实际能力水平而贪求不可企及的目标的做法，必然导致惨败的命运。

 课后思考

1. 用STAR法则撰写自己的成就故事，写出至少两个故事，并分析看看自己在这些成就故事中使用了哪些能力。

2. 观看影片《杜拉拉升职记》，并分析杜拉拉在职称中展现出的哪些能力成就了她的职场人生。

 延伸阅读

执行是能力

1997年，微软公司在日本东京的帝国饭店进行一个新产品的全球首发仪式，唐骏作为主设计师，参与了接待比尔·盖茨的整个过程。在首发式上，比尔·盖茨要做一个演讲。可能大多数人都会想：做演讲那就做吧，反正他经常做演讲，演讲对他来说是很容易的一件事情。何况，自己身为一个设计师，完全不用管比尔·盖茨演讲的效果如何，因为那不是自己的工作职责。可是，唐骏的想法却与众不同，他首先想到的是如何让比尔·盖茨的演讲达到最佳效果。为此，唐骏特意研究了美国总统演讲的方式，包括他们上台之前是怎么走的，哪一种方式最好。之后，他画了一排脚印，只要比尔·盖茨沿着脚印就可以走到一个非常合适的位置，距离观众非常合适，让观众感到更亲近，演讲效果也会更好。

不仅如此,在比尔·盖茨为演讲做准备的时候,在外面等着的唐骏并没有像其他同事一样,趁着空当到走廊里抽根烟放松一下,而是一直在门口守着。因为他想,比尔·盖茨不懂日语,万一有什么事,一定需要帮助。果然,过了一会儿,比尔·盖茨想去洗手间,但因为服务生不懂英语,他没法问清楚洗手间的位置。这时,唐骏立即过去用日语向服务生问清楚洗手间的位置,然后亲自为盖茨带路。同时,考虑到洗手间离会议室比较远,他怕比尔·盖茨迷路,特意在洗手间外面等比尔·盖茨出来再带他回去。不要说比尔·盖茨,换了任何人有这样的下属,都愿意把机会交给这样的人。想一想,比尔·盖茨做过那么多次演讲,为什么为了让他的演讲效果达到最佳而在舞台上画脚印的却只有唐骏一个人?真的是唐骏就比别人都聪明吗?未必。只是别人缺少他那种精神!

第五节 职业生涯规划与价值观

案例引导

有一个美国商人在一个小渔村的码头上漫步,看着一个渔夫划着一艘小船靠岸。船上有几条大海鱼。商人问渔夫要多少时间才能抓到这么多?渔夫回答说才一会儿的工夫就抓到了。商人接着问道,你为什么不在海上待久一点,捕更多的鱼?渔夫不以为然,这些鱼已经足够我一家人生活所需啦!商人又问:那你其他时间都在做什么?渔夫解释:我呀?每天睡到自然醒,出海抓几条鱼,回来后跟孩子们玩,再睡个午觉,黄昏时晃到村子里喝点小酒,跟哥儿们玩玩吉他。我的日子过得充实又忙碌。商人不以为然,帮他出主意,他说:我是美国哈佛大学的企管硕士,我倒是可以帮你忙!你应该花更多时间捕鱼,接着买一艘大一点的船,然后买几艘船,最后拥有捕鱼船队。直接把鱼卖给加工厂,到最后,拥有自己的罐头工厂。你可以搬离这个沿海小村庄到大城市,在那里发展自己的事业。

渔夫问:这要花多久的时间呢?商人回答:十五年至二十年。渔夫问:"然后呢?"商人大笑着说:然后你可以在家当皇帝啦!时机一到,你可以宣布股票上市,把公司股票卖给大众,成为有钱人。你就可以几亿几亿地赚啦!渔夫又问:"然后呢?"

商人说:"到那个时候你就可以退休啦!你可以搬到海边的小渔村去住,每天睡到自然醒,出海抓几条鱼,跟孩子们玩一玩,睡个午觉,每晚溜达到村里喝点酒,跟朋友们玩玩吉他。"

渔夫疑惑地说:我现在不就是这样了吗?

古人云:"鱼,我所欲也;熊掌,亦我所欲也。二者不可得兼,舍鱼而取熊掌者也。生,亦我所欲也;义,亦我所欲也。二者不可得兼,舍生而取义者也。"价值观是我们在生活和工作中所看重的原则、标准和品质,它是我们一生中最重要的东西,是个体背后的深层动机,对个体的职业选择和发展起到重要的激励、影响作用。

一、价值观概述

1. 价值观的概念

价值观是基于个体一定的感官思维之上做出的认知、理解、判断或抉择,也就是人认定事物、辨别是非的一种准则和价值取向。一方面表现为价值尺度和准则,是个体判断事物有无价值和价值大小的评价标准;另一方面表现为价值取向和价值追求。

2. 价值观的作用

价值观对动机有导向的作用,人们行为的动机受价值观的支配和制约,价值观对动机模式有重要的影响。在同样的客观条件下,具有不同价值观的人,其动机模式不同,产生的行为也不相同,动机的目的方向受价值观的支配,只有那些经过价值判断被认为是可取的,才能转换为行为的动机,并以此为目标引导人们的行为。

二、职业价值观

1. 职业价值观的概念

职业价值观是指个体人生目标和人生态度在职业选择方面的具体表现,也就是一个人对职业的认识和态度,以及他对职业目标的追求和向往。个体的理想、信念、世界观对职业的影响,集中体现在职业价值观上。哪个职业好?哪个岗位适合自己?从事某一项具体工作的目的是什么?这些问题都是职业价值观的具体表现。

2. 职业价值观的类型

心理学家马丁·凯茨将职业价值观划分成了十类,具体见表2-10。

表2-10 马丁·凯茨的十类职业价值观

序号	类 型	具 体 解 释
1	高收入	除了足够生活的费用之外还有可以随意支配的钱
2	社会声望	是否受到人们的尊重
3	独立性	可以在职业中有更多的自己做决定的自由
4	帮助别人	愿意把助人作为职业的重要部分,帮助他人改善其健康、教育与福利
5	稳定性	在一定时间内始终有工作,不会被轻易解雇,收入稳定
6	多样性	所从事的职业要参与不同的活动,解决不同的问题;不断变化工作场所,结识新人
7	领导工作	在工作中可以控制事情的发展,愿意影响别人,承担责任
8	兴趣	在工作中所从事的职业必须是自己感兴趣的领域
9	休闲	把休闲看得很重要,不愿意让工作影响休闲
10	自我成长	工作能够给予受培训和锻炼的机会,使自己的经验与阅历能够在一定时间内得以丰富和提高

3. 职业价值观与职业发展的关系

1）影响个体的职业目标和择业动机

俗话说："人各有志。"这个"志"表现在职业选择上就是职业价值观，它是一种具有明确的目的性、自觉性和坚定性的职业选择的态度和行为，对一个人职业目标和择业动机起着决定性的作用。

2）影响个体的就业方向和职业岗位

由于每个人的身心条件、年龄阅历、教育状况、家庭影响、兴趣爱好等方面的不同，人们对各种职业有着不同的主观评价。从社会来讲，由于社会分工的发展和生产力水平的相对落后，各种职业在劳动性质的内容上，在劳动难度和强度上，在劳动条件和待遇上，在所有制形式和稳定性等诸多问题上，都存在着差别。再加上传统的思想观念等的影响，各类职业在人们心目中的声望地位便也有好坏高低之见，这些评价都形成了人的职业价值观，并影响着人们对就业方向和具体职业岗位的选择。

每种职业都有各自的特性，不同的人对职业意义的认识，对职业好坏有不同的评价和取向，这就是职业价值观。职业价值观决定了人们的职业期望，影响着人们对职业方向和职业目标的选择，决定着人们就业后的工作态度和劳动绩效水平，从而决定了人们的职业发展情况。

三、自我价值观探索

对个体职业价值观的测评会有助于个体的职业决策和提高工作满意度。

1. 价值澄清理论

价值澄清理论产生于20世纪60年代的美国，是一种价值教育、道德教育的新方法。价值澄清理论认为在人的价值观形成的过程中，通过分析和评价的手段，帮助人们减少价值混乱，促进同一价值观的形成，并在这一过程中有效地发展学生思考和理解人类价值观的能力。它主张价值观的形成不是灌输，而是通过澄清的方法，在评价过程中实现的，是通过选择、珍视和行动过程来增进富于理智的价值选择的。

价值澄清理论的代表人物路易斯·拉斯提出了价值澄清过程的"三个阶段七个步骤"，该模式认为价值观由选择（自由选择、从多种选择项中进行选择、在考虑后果后进行选择）、珍视（珍视与爱惜、公开地证实）、行动（根据选择行动、重复行动）三个阶段、七个步骤组成，学生可以通过一个价值观过程来获得自己的价值观。

1）阶段一：选择

（1）自由选择：只有在自由的选择中，才能根据自己的价值观行事，被迫的选择是无法使这种价值整合到他的价值体系中的。

（2）从多种可能中选择：提供多种可能让学生选择，是有利还是有弊，学生对选择的分析和思考。

（3）在考虑后果后进行选择：即对各种选择都做出理论的因果分析、反复衡量利弊后的选择，在此过程中，个人在意志、情感以及社会责任等方面都受到考验。

2)阶段二:珍视

(1)珍视与爱护:珍惜自己的选择,并为自己能有这种理性选择而感到自豪,看作是自己内在能力的表现和自己生活的一部分。

(2)公开地证实:即以充分的理由再次肯定这种选择,并乐意公开与别人分享,而不会因这种选择而感到羞愧。

3)阶段三:行动

(1)根据选择行动:即鼓励学生把信奉的价值观付诸行动,指导行动,使行动反映出所选择的价值取向。

(2)重复行动:即鼓励学生反复坚定地把价值观付诸行动,使之成为某种生活方式或行为模式。

2. 舒伯职业价值观自测量表

职业价值观自测量表(work value inventory,简写"WVI")是由美国著名的生涯辅导大师唐纳德·E. 舒伯于1970年编制的,用来衡量工作中和工作以外的价值观以及激励人们的工作目标。职业价值观自测量表(WVI)将职业价值分为三个维度:一是内在价值观,即与职业本身性质有关的因素;二是外在价值观,即与职业性质有关的外部因素;三是外在报酬,共计十五个因素(利他主义、美的追求、创造发明、智力激发、独立自主、成就满足、声望地位、管理权力、经济报酬、安全稳定、工作环境、上司关系、同事关系、多样变化以及生活方式)。职业价值观自测量表(WVI)使用具体过程如下。

第一步:测试。

表2-11中有60道题目,每个题目都有5个备选答案,请根据自己的实际情况或想法,在题目后面选出相应的字母,每题只能选择一个答案。通过测验,你可以大致了解自己的职业价值观念倾向。A. 非常重要;B. 比较重要;C. 一般;D. 较不重要;E. 很不重要。

表2-11 测试表

题 目	选 项				
	A	B	C	D	E
1.能参与救灾济贫工作					
2.能经常欣赏完美的工艺作品					
3.能经常尝试新的构想					
4.必须花精力去深入思考					
5.在职责范围内有充分的自由					
6.可以经常看到自己的工作成果					
7.能在社会扮演更重要的角色					
8.能知道别人如何处理事务					
9.收入能比相同条件的人高					
10.能有稳定的收入					

续表

题 目	选 项				
	A	B	C	D	E
11.能有清静的工作场所					
12.主管善解人意					
13.能经常和同事一起休闲					
14.能经常变换职务					
15.能成为你想成为的人					
16.能帮助贫困和不幸的人					
17.能增添社会的文化气息					
18.可以自由地提出新颖的想法					
19.必须不断学习才能胜任					
20.工作不受他人干涉					
21.我觉得自己的辛苦没有白费					
22.能使你更有社会地位					
23.能够分配调整他人的工作					
24.能常常加薪					
25.生病时能被妥善照顾					
26.工作地点光线好、通风好					
27.有一个公正的主管					
28.能与同事建立深厚的友谊					
29.工作性质常会变化					
30.能实现自己的理想					
31.能够减少别人的苦难					
32.能运用自己的鉴赏力					
33.常需要构思新的解决方法					
34.必须不断地解决新的难题					
35.能自行决定工作方式					
36.能知道自己的工作绩效					
37.能让你觉得出人头地					
38.可以发挥自己的领导能力					
39.可使你存下许多钱					

续表

题　目	选　项				
	A	B	C	D	E
40.好的保险和福利制度					
41.工作场所有现代化的设备					
42.主管能采取民主领导的方式					
43.不必和同事有利益冲突					
44.可以经常变换工作场所					
45.常让你觉得如鱼得水					
46.能常常帮助他人解决困难					
47.能创作优美的作品					
48.常需要提出不同的处理方案					
49.需要对事情深入分析和研究					
50.可以自行调整工作进度					
51.工作结果受到他人的肯定					
52.能自豪地介绍自己的工作					
53.能为团体拟订工作计划					
54.收入高于其他行业					
55.不会轻易地被解雇或被裁员					
56.工作场所整洁卫生					
57.主管的学识和品德让你钦佩					
58.能够认识很多风趣的伙伴					
59.工作内容随时间变化而变化					
60.能充分地发挥自己的专长					

第二步：计分。

计分方法：A——5分，B——4分，C——3分，D——2分，E——1分，将得分填入表2-12中。

表2-12　计分表

职业价值观	对应题目	我的选项	得分
利他主义	1、16、31、46		
美的追求	2、17、32、47		
创造发明	3、18、33、48		
智力激发	4、19、34、49		

续表

职业价值观	对应题目	我的选项	得分
独立自主	5、20、35、50		
成就满足	6、21、36、51		
声望地位	7、22、37、52		
管理权力	8、23、38、53		
经济报酬	9、24、39、54		
安全稳定	10、25、40、55		
工作环境	11、26、41、56		
上司关系	12、27、42、57		
同事关系	13、28、43、58		
多样变化	14、29、44、59		
生活方式	15、30、45、60		

第三步:澄清价值观。

如果你有好多个高分项,这表示你对工作的期待值很高,有时候想要的太多可能带来困扰。为了将来求职不困扰,我们接下来要进一步澄清一下:什么对你来说最重要?这个可以帮助你抓大放小,找到你的核心价值观,你可以把它作为将来求职的指南针。请你从高分项中,认真地选择三项你最为看重的,并且做一个排序,填入表2-13中你会如何取舍?

请好好思考,这是一个发现自己的过程。

表2-13 澄清价值观表

重要程度	职业价值观	说说选择的理由
1.最重要		
2.其次		
3.再次		

课堂活动

自我价值观澄清

在你的生命历程中,影响最深的事情有哪些?你最想做的事情是什么?请完成下面十二个句子,你便可以找到一些答案。

如果我有500万,我会_____。

我最欣赏的一个理念是_____。

在这个世界上,我最想改变的是_____。

我一生中最想要的是_____。

我在下面这种情况下表现最好_____。

我最关心的是_____。
我幻想最多的是_____。
我的父母最希望我能_____。
我生命中最大的喜悦是_____。
我认为我自己是_____。
熟知我的人认为我是_____。
我相信_____。

案例分析 2-5

小米是国内某著名大学的毕业生。她的条件非常优秀，外形气质很好，而且能说一口流利的英语，所学的专业也是当下的热门，而且成绩非常好。按照老师和家长的判断，她的整体素质非常适合到外企发展。

但是，她说了一段出乎人意料的话："我并不想进外企，我希望能去国企工作。相对来说，外企竞争太激烈，而且工作不稳定。我希望压力小点儿，稳定点儿，希望工作之余有更多的时间和精力去经营自己的爱情、婚姻和家庭。"

【分析】

这个学生并不像当下很多年轻人那样把高薪和外企的名声看得那么重，相反，她更看重生活的稳定性和家庭要素。在一个鼓吹成功学的年代里，人们提起生涯规划想到的就是"怎样做个成功人士"。其实，职业生涯规划的目的从来都不是让每个人都去做伟人和精英，它只是按照人们各自不同的需求和条件，帮助其设计出适合的职业道路而已。

 课后思考

1. 说说你的职业价值观是什么？
2. 运用以上两种方法对自己的价值观进行探索。

 延伸阅读

舒伯的十五种职业价值观

同学们是否在某天上学途中突然有为什么要去学校读书的疑问？这个问题其实就关系到对价值观的思考。为了什么，想要什么，对同学们来说什么才是最重要的？这些问题的答案，便折射出同学们的价值观。

每个人在学业和职业上，都有各自不同的价值追求，舒伯总结了十五种最为普遍的职业价值观，代表着不同群体在工作中所重视和追求的十五个方面。

美的追求——使你能够制作美丽的物品，并将美带给世界的职业。

安全稳定——不太可能失业，即使在经济困难的时候也有工作。

工作环境——在怡人的环境里工作（不太冷也不太热，不吵闹也不脏乱），环境或工作的物质条件对某些工作者来说是很重要的,他们对相应的工作条件比工作本身更加感兴趣。

智力激发——能让你独立思考、了解事物怎样运行和作用的工作。

独立自主——能让你以自己的方式去做事,或快或慢随你所愿地工作。

多样变化——在同一份工作中有机会尝试不同种类的职能。

经济报酬——报酬高、使你能拥有想要的事物的工作。

管理权力——允许你计划并给别人安排任务的工作。

利他主义——让你能为了他人的福利做贡献的职业,社会服务方面的兴趣。

生活方式——工作能让你按照自己所选择的生活方式生活,并成为自己所希望成为的人。

创造发明——能使你发明新事物、设计新产品或产生新思想的工作。

上司关系——在一个公平并且能与之融洽相处的管理者手下工作,和老板相处融洽。

同事关系——能与你喜欢的人接触并共事。对某些人来说,工作中的社交生活比工作本身要重要得多。

成就满足——能让你有一种做好工作的成就感。重视成就的人喜欢能给人现实可见的结果的工作。

声望地位——让你在别人的眼里有地位、受尊敬、能引发敬意的工作。

以上就是舒伯总结的十五种最普遍的职业价值观,请同学们认真阅读之后,列出以下名人的第一职业价值观:阿里巴巴集团主要创始人马云;世界著名的天主教慈善工作者特蕾莎修女;中国舞蹈艺术家,以孔雀舞闻名的杨丽萍;《荒野求生》节目主持人贝尔。

第三章 职业生涯规划及评估调整

选择职业是人生的大事,因为职业决定了一个人的未来,只有有了明确的目标,才会激励人们努力奋斗,并积极创造条件实现目标。

——卢梭

内容提要

大学生职业生涯规划是指学生在大学期间进行系统的职业生涯规划的过程。它包括大学期间的学习规划、职业规划。职业生涯规划有无的好坏直接影响到大学期间的学习生活的质量,更直接影响到求职就业,甚至未来职业生涯的成败。通过本章的学习,了解职业生涯规划设计的具体方法,以及如何制定职业生涯规划,并及时评估调整,以期能够帮助大学生理性地面对纷繁复杂的职场,规划好自己的职业生涯。

第一节 职业生涯规划设计方法

案例引导

小Z,女,22岁,学历本科。

基本情况:西北农林科技大学毕业,国际会计系,应届毕业生。

同学评价:刻苦、有上进心,性格坚强,学习能力强。

个人职业目标:高级财务经理。

面临问题:

收到英国某大学的录取通知,学行政管理专业,同时收到四大会计事务所之一的普华永道的录用信,做审计师,小Z必须做出选择,先留学还是先就业?

小Z在是就业还是出国深造之间面临着选择。无论是就业还是出国深造,最终的目的都应该是选择更好的职业发展前景。作为刚刚毕业的大学生,选择合适的职业发展方向尤为重要,人生精力有限,必须选准方向,强化发展,职业方向的确定必须结合个人特长、兴趣所在,并综合考察行业前景。

因此,大学生在制定职业生涯规划时,有很多的方法可以运用,个人可以根据自己的喜好和认知来选择性地运用,以便准确确定职业发展的方向。接下来,介绍几种常用的方法,以供参考。

一、SWOT 分析法在职业生涯规划中的运用

SWOT 分析法对个人职业生涯设计是一种有用的工具。运用 SWOT 分析法,系统地对自己进行优势和劣势的剖析,结合外部环境存在的机会与威胁,做好个人职业生涯规划,充分发挥自身优势,消除和最小化劣势,抓住机会,避免威胁,对个人以后的职业生涯发展具有重要的战略指导意义。

SWOT 分析法是非常行之有效的一个战略分析工具。SWOT 分别代表 strength(优势)、weakness(劣势)、opportunity(机会)、threat(威胁)。SWOT 分析是检查个人的技能、能力、职业、喜好和职业机会的有用工具,利用这种方法可以找出对自己有利的、值得发扬的优势和机会,以及对自己不利的、要避开的劣势和威胁,发现存在的问题,找出解决办法,并明确以后的发展方向。通过 SWOT 分析法,可以帮助大学生进行自我分析,准确职业定位,做到科学规划职业生涯。

SWOT 分析法主要是用来分析组织内部的优势与劣势,以及外部环境的机会与威胁的方法,其中 SWOT 矩阵提供了四种可供选择的战略(见图 3-1)。

环境因素 外部因素 内部因素	优势(S)	劣势(W)
机会(O)	SO:(极大-极大战略)尽可能地增加内部优势,并利用外界机会	WO:(极小-极大战略)尽可能地减少劣势,并最大限度地增加机会
威胁(T)	ST:(极大-极小战略)最大限度地增加优势,并尽可能地减少威胁	WT:(极小-极小战略)尽可能地减少劣势和威胁

图 3-1　SWOT 矩阵

SWOT 矩阵提供了四种组织发展战略备选,即 SO 战略、ST 战略、WO 战略和 WT 战略。SO 战略(优势机会战略)是最理想的战略,既抓住了外部机会,又利用了自身内部的优势。面对自身的劣势,要努力克服,面对外部的威胁要泰然处之,以便能够将精力集中在机会上。ST 战略(优势威胁战略)是利用扩大自身的优势来减少外部带来威胁的可能性。根据自身优势,合理安排资源,以对付外部环境所带来的威胁,目的是将组织优势扩大到最大限度,把威胁减少到最低限度。WO 战略(劣势机会战略)是一种内外取向兼顾的战略,该战略力图使自身的劣势降到最低,同时使外部的环境机会增加到最大,克服自身的弱点以寻求发展的机会。WT 战略(劣势威胁战略)是一种应付危机及威胁的战略,通过制订调整计划来克服内在劣势,同时回避外在的威胁。

一般来说,设计职业生涯在使用 SWOT 分析法时,应遵循以下四个步骤。

1. 评估优势和劣势

1) 优势分析

在职业生涯设计中,如果你能根据自身长处选择职业并顺势而为地将优势发挥得淋漓尽致,就会事半功倍,如鱼得水;如果你像兔子学游泳那样选择了与自身爱好、兴趣、特长背道而驰的职业,那么,即使再勤奋也是事倍功半,难以补拙。职业生涯设计的前提是:知道自身优势是什么,并将自己的生活、工作和事业发展都建立在这个优势之上。

具体来说,了解自身的优势要知道以下三点。

(1)你学了什么。在几年的学习生活中,你从学校开设的课程中学到了什么有价值的东西,社会实践活动提高和升华了你哪方面的知识和能力,在为人处事中又学到了哪些做人做事的道理。

(2)你曾经做过什么。在校期间是否担任过学生干部职务,参加过什么社团,开展过什么社会实践活动,工作经验的积累程度如何等。要提高自己经历的丰富性和突出性,有针对性地选择与职业目标相一致的工作项目,坚持不懈地努力,这样才会使自己的经历有说服力。

(3)你最成功的是什么。你做过的事情中,最成功的是什么?如何成功的?通过分析,可以发现自身的长处,譬如"坚强的意志、团队精神和合作意识、创新精神等",以此作为个人深层次挖掘的动力之源,形成职业生涯设计的有力支撑。

2) 劣势分析

同样,你要知道你的劣势和你最不喜欢做的事情。不知道自己的劣势在哪里,就会盲目自大,觉得天生能做好许多事情,从而沉浸在自我优势的圈子里,像井底之蛙。找到自己的短处,可以努力去改正不足,提高技能,放弃那些不擅长的职业。具体来说,了解自身的劣势要知道以下三点。

(1)性格的弱点。人天生都有弱点,这是我们与生俱来且无法避免的。跟别人好好聊聊,看看别人眼中的你是什么样子的,与你的自我看法是否一样,分析其中的偏差并借鉴,这将有助于自我提高。

(2)经验或经历中所欠缺的方面。欠缺并不可怕,怕的是自己还没有认识到或认识到了而不及时弥补。正确的态度是,认真对待,善于发现,努力克服和提高。

(3)最失败的是什么。你做过事情中最失败的是什么?如何失败的?通过分析原因,避免在以后的职业中再次失败,防止在跌倒的地方再次跌倒。

自我认识一定要全面、客观、深刻,绝不能规避缺点和短处。"当局者迷,旁观者清",尽量多参考父母、同学、朋友、师长、专业咨询机构等的意见,力争对自我有一个全面的认识。

2. 找出你的职业机遇和威胁

1) 机遇分析

环境为每个人提供了活动的空间、发展的条件和成功的机遇,特别是近年来,社会的快速变化、科技的高速发展、市场的竞争加剧,对个人的发展产生了很大的影响。在这种情况下,如果能很好地利用外部环境,就会有助于个人发展的成功,否则,就会处处碰壁、寸步难行。

同时,我们也面临着各种各样的机遇。比如:经济快速发展为我们提供了发展空间;网络技术的发展使我们能了解更多的信息;出国深造的途径多了;择业的双向选择给了我们自主选择权等。在机会面前有五种人:第一种人创造机会;第二种人寻找机会;第三种人等待机会;第四种人错过机会;第五种人漠视机会。我们至少要主动去寻找机会,如果不善于创造机会,那我们一定要善于抓住身边的机会。

2)挑战(威胁)分析

除了机遇,在这个社会中,我们也会面对各种各样的挑战和威胁,这是我们无法控制的外部因素,但是我们却可以弱化它们的影响。这些因素包括:就业还处于买方市场形势,所学专业过时或不符合社会的需要,来自同学的竞争,面对有更优技能和更丰富知识及更多实践经验的竞争者,公司不雇用你这个专业的人等。

对这些挑战,我们不能采取一味回避的态度,或者自怨自艾,因为我们不能让社会适应你,只能改变自己,提高自己适应社会的能力,通过努力把挑战转化为一种内在的动力。这样,我们才能避免不利的影响,在困境中脱颖而出,寻求发展和成功。

3. 提纲式地列出今后你的职业目标

仔细地对一自己做一个"SWOT分析"评估,列出你毕业后最想实现的四至五个职业目标。这些目标可以包括:你想从事哪一种职业,你将管理多少人,或者你希望的薪资级别。请时刻记住:你必须竭尽所能地发挥出自己的优势,使之与工作机会完满匹配。

4. 提纲式地列出一份今后的职业行动计划

这一步主要涉及一些具体的内容,请你拟出一份实现上述第三步列出每一目标的行动计划,并且详细地制订为了实现每一目标,你要做的每一件事、何时完成的计划。如果你觉得需要外界的帮助,请说明你需要何种帮助以及你将如何获取。

举个例子,你的个人SWOT分析可能表明,为了实现你理想中的职业目标,你需要进修更多的管理课程,那么,你的职业行动计划应说明你何时进修这些课程。你拟订的详尽的行动计划将帮助你做决策,就像公司事先制订的计划是职业经理们的行动指南一样。

诚然,做此类个人SWOT分析会占用你的时间,还需要认真地对待,但是,详尽的个人SWOT分析却是值得的,因为当你做完详尽的SWOT分析后,你将有一个连贯的、实际可行的个人职业策略供参考。在当今竞争白热化的市场经济社会里,拥有一份挑战和乐趣并存、薪酬丰厚的职业是每个人的梦想,但并非每个人都能实现。因此,为了使你的求职和个人职业发展更具有竞争性,请花一些时间界定你的个人优势和弱势,然后制订一份策略性的行动计划,并务必保证有效地完成它,那么,你的前景将光辉灿烂!

案例分析 3-1

下面,我将简单介绍某大学毕业生的情况,然后运用SWOT分析法分析其自身的优势和劣势、外界环境的机会和威胁,制定个人的职业生涯规划。

谢玉钦,男,1986年10月生,汉族,入党积极分子,广西玉林人。学校:广西师范大学。学院:生命科学学院。专业:2007级生物科学。学校背景:就读学校为广西优秀高校,在广西具有一定的知名度,在全国高校综合实力排行中名次居百名之后,在面向全国大学生招聘并且注重学校背景、实力的用人单位而言,本校学生就业不具有优势。目前学历:本科。

【分析】

一、确定个人职业生涯目标

由于在广西师范大学就读师范类专业——生物科学,职业前景已经可以预见。尽管现在考研已经成为热潮,条件待遇好的用人单位也要求高学历的人才前来应聘,但由于其家庭条件不是很理想,故而暂不考虑考研,大学毕业以后先找工作或报考公务员,等条件成熟后再考虑考研。

二、分析个人的能力和兴趣,剖析自身的优势和劣势

此人性格随和,容易与人相处,谈吐儒雅,行为举止得体。在平时的学习中,注重思考,学习能力突出,能独立工作,具有较强的解决问题的能力;在科研学习探究中,常作为小组长,带领小组成员开展工作,工作过程中能主动地与老师沟通,具有较强的沟通能力和协调能力,在团队合作中注重团队精神,维护团队利益;在生活中,与同学、老师相处愉快,给师生留下了很好的印象;最重要的是他一旦认定某件事值得做,就会不遗余力地做好它,直到完成为止。更难能可贵的是,他时刻保持清醒的头脑,清楚地知道自己在何时何刻应该做什么,不会玩物丧志,迷失自我。

(一)优势及其利用

1.优势

(1)学习能力:获得了英语CET-4、CET-6证书;获得广西区一级、广西区二级、国家计算机二级证书;大二学年个人综合考评成绩居班级前列;2008—2009学年获校级单项奖学金;专业知识比较扎实,无不及格的现象。

(2)社会实践:2009—2011年任班级学习委员;第二届校园DV视频大赛获优秀奖;参加2009年生命科学学院"迎双新"晚会节目表演;2007—2008年在广西师范大学万众爱心学校义务支教。

(3)个人荣誉:2009年"五四"评优中获校级优秀学干;2008—2009学年获校级单项奖学金。

(4)科研能力:2008—2009学年参加的创新杯《桂林蕨类植物原色图谱》获生命科学学院一等奖,校级三等奖。

(5)个人能力:性格随和,容易相处,交际能力较好;语言表达能力优秀,说话流畅,发音准确;口语水平较高;有多次社会实践经历,实践能力强。

2.优势的利用

(1)身为师范类专业的学生,在同等学力的情况下,在应聘教师工作时,较之非师范类大学生更具优势。

(2)在用人单位眼里,大学生的综合能力对其最具吸引力,而大学生的综合能力在很大程度上是通过学习方面的成绩来体现的,故学习能力突出者,在用人单位面前,更易获得用人单位的青睐;另外,对于注重科研探究能力的理科领域来说,对于要求能带领学生进行科研探究的教师领域来说,具备一定的科研创新能力,并在竞赛中获得一定成绩的大学生无疑会增加其就业的筹码。

(3)个人荣誉代表着个人的努力和被认可的程度,获得证书越多,在与同等学力的本科生竞争同一岗位时,更具吸引力;个人计算机、英语能力方面突出,"人无我有,人有我优",往往容易获得用人单位的青睐。

(二)劣势及其弥补

1. 劣势

(1)部分教师技能尚未达标:普通话等级是三级甲等,部分字词发音不够准确,吐字不够清晰,未达到教师毕业要求;粉笔字技能尚需加强锻炼。

(2)大学一年级的一些基础性课程成绩一般,在班级综合排名中,成绩处于中上等水平。

(3)行为表现有时候比较焦躁,不能很好地控制自己的脾气;自己还不够自信,胆量不够大。

2. 劣势的弥补

(1)尽量将心态放平和,告诫自己不要患得患失;其次增强自信心,在一些自身以前尚未涉及的领域敢于尝试,不断提高自身的胆量。

(2)继续加强普通话的练习,纠正错误字词的发音,争取达到二级甲等水平;在粉笔字技能方面要多加训练,争取粉笔书写规范、版面美观。

(3)自身还不够优秀,尤其是学习方面,故而在学习方面要多下功夫;其次要多参加一些竞赛类实践活动,不断提高自身的实践能力,增强教师技能。

三、分析外部环境:机会和威胁

随着高校扩招后,入学的大学生陆续毕业和国家经济体制、用人制度改革的不断深入,用人单位对人才的学历要求越来越高,大学生就业形势变得越来越严峻,现在又恰逢全球金融危机,更加雪上加霜,"毕业即失业"似乎成了一句真理。尽管外部就业形势严峻,但只要做好职业准备,还是可以就业的。

(一)机会及把握

1. 机会

(1)由于教育制度改革的不断深入,从今年起,广西各高中一年级也增设了生物学课程,生物教师岗位有所增加。

(2)本次寒假已经联系好相关学校,我可以在那里进行教育见习,训练教师技能,为将来从事教师职业打好基础;大三下学期暑假进行教育实习,为我提供了一个很好的熟悉和掌握教学方法、提高自身教学技能的机会。

(3)毕业前在学校和其他高校举行的专场招聘会。

(4)身为广西人,在广西高校读书,较外省的本科生就业,具有一定的区域优势。

(5)每年国家都举行国家公务员考试,为我们提供一定的就业岗位。

2. 机会的把握

(1)紧紧抓住教育见习和教育实习的宝贵机会,提高自身的教学技能。

(2)认真对待每一次招聘,做好充分的准备,展现自己的优势与强势。

(3)在大三下学期购买公务员相关书籍,准备报考国家公务员考试。

(4)空余时间多关注就业信息和用人单位就业要求,争取在大学本科学习空闲的时间里不断充电和提高自身的能力。

(二)挑战及应对之策

1. 挑战

(1)随着国家对教师行业的扶持力度的加强,教师待遇水平现阶段逐步提高,教师职业越来越吃香,不少大学生转向师范类专业学习,而教师行业日益饱和,师范类大学生就业形势严峻。

(2)原来广西区域只有广西师范大学设置了生物类专业,如今玉林师范学院也开设了同类专业,同行竞争压力加大。虽然说玉林师范学院的综合实力不如广西师范大学,但其毕业生较能吃苦耐劳,教师技能过硬,且能踏实专注工作于本职岗位,"跳槽"的现象较本科生少,故而受到不少教育部门的青睐。

(3)随着高校扩招后,入学的大学生陆续毕业和用人制度改革的不断深入,用人单位对人才的学历要求越来越高,不少高中、初中对聘任教师的要求越来越高,招聘条件越来越"苛刻",招聘时更倾向于拥有更高学历的应聘者,如硕士、博士,尤其是重点学校、教师待遇好的学校更是明显。

(4)国家公务员考试竞争激烈,录取机会渺小。

(5)面试时的各种意外和挑战。

2. 挑战的应对之策

(1)在计算机方面做出超越,现阶段报考国家计算机三级,争取多拿一些职业技能证书,使自身突出"人无我有、人有我优"的优势。

(2)在教育见习和教育实习的过程中,积极主动地和具丰富教学经验的教师们交流和学习,抓住每一个提高自身教育技能的机会,为提高自己的教学水平开辟蹊径。

(3)面试前准备好材料和应对策略,努力做到处变不惊,展现自己表达能力强、感染力强的特点。

(4)尽管现阶段国家公务考试竞争激烈,但只要有多一分的就业机会,自身也要争取,为自身成功就业增加一份筹码。

四、提纲式地列出今后5年内自身的职业目标

(1)大三、大四期间,积极提高自身的教师技能,争取大学毕业后找到一份好工作,然后在2年工作时间内筹集资金,准备考研,不断提高自身的学识水平。

(2)大学毕业前参加国家公务员考试,尽自身最大的努力考取国家公务员,若考取国家公务员后,在工作2年后考研。

(3)若由于各种原因不能参加考研,则在教学生涯5年内获得中等教师职称。

五、今后5年的职业行动计划

(一)在教师生涯中实现再考研计划

(1)大三、大四期间积极主动地了解有关教师招聘的职业信息,然后对照自身的不足和缺点,针对性地提高自身的素质,提高教师技能。

(2)在2年工作时间内,在兼顾职业工作的同时,不放弃考研相关专业知识的学习。在寒暑假以及周末,抽时间看考研相关的书籍,为再深造做好准备。

(3)在平时的生活中,要注意省吃俭用,积蓄足够的资金,作为考研的费用。

（二）国家公务员考试及再深造计划

（1）大三下学期购买考国家公务员相关的书籍，全身心地投入备考阶段中，为考取国家公务员尽最大的努力。

（2）在寒暑假及周末的时间里，抽时间为公务员考试做准备；在闲暇的时间里关注有关公务员考试的相关信息，及时调整公务员考试的策略。

（3）若考取国家公务员后，在未来2年时间内省吃俭用，积蓄资金，作为考研的费用。

（三）5年获中等教师职称计划

（1）参加教师工作1~5年里，积极主动地参加班级管理，不断提高自身的管理水平，提高组织、指导、管理与沟通学生的能力。

（2）参与教研活动，参加教师技能比赛，不断反思自身教学的不足，学习和借鉴其他优秀教师的教学经验，发掘自己的教学潜能，不断形成自身独有的教学风格。

（3）承担教学工作，深入课堂进行教学实践，了解和研究学生的能力，提高教学设计能力，巩固组织和管理课堂的能力，增强教学媒体和创设教学情境的能力。

（4）开展教学反思和案例培训。以自己教学活动的全过程为思考对象，对自己的教学理念、教学行为、教学决策进行审视和分析，撰写教学后记，反思课堂教学实录。另外，参加案例培训，激发自身的学习兴趣和思维的积极性，提高解决教学实际问题的能力，增长解决问题的智慧和经验。

以上是运用SWOT分析法，从自身的实际出发，通过剖析自身的优势与劣势，结合社会存在的机遇与挑战，为自身所做的职业生涯规划。当然进行职业生涯规划的过程中，不可能事事都如规划那样顺利，这就需要我们根据形势的发展，及时地调整自身的努力方向，以实现既定的职业生涯规划。

二、5W分析法在职业生涯规划中的运用

为自己设计职业生涯规划，可使用一些简便易行的方法。这里介绍一种"5W法"——用5个W归零思考。这是一种被许多人士成功应用的方法，依托的是归零式的模式，从问自己是谁开始，如果能够成功回答完5个问题，你就有最后的答案了。

5个"W"是——

(1)Who am I？（我是谁？）

(2)What will I do？（我想做什么？）

(3)What can I do？（我会做什么？）

(4)What does the situation allow me to do？（环境支持或允许我做什么？）

(5)What is the plan of my career and life？（我的职业与生活规划是什么？）

回答了这5个问题，找到它们的最高共同点，你就有了自己的职业生涯规划，如果你有兴趣，现在就可以试一试。

先取出5张白纸、1支铅笔、1块橡皮。在每张纸的最上边分别写上上述5个问题。然后，静下心来，排除干扰，按照顺序，独立地仔细思考每一个问题。

第1个问题"我是谁?",回答的要点是:面对自己,真实地写出每一个想到的答案;写完了再想想有没有遗漏的,认为确实没有了,按重要性进行排序。

第2个问题"我想做什么?",可将思绪回溯到孩童时代,从人生初次萌生第一个想干什么的念头开始,然后随年龄的增长,回忆自己真心向往过、想干的事,一一记录下来,写完后再想想有无遗漏的,确实没有了,就认真地进行排序。

第3个问题"我能做什么?",则要把确实已证明的能力和自认为还可以开发出来的潜能都一一列出来,认为没有遗漏了,就认真地进行排序。

第4个问题"环境支持或允许我做什么?",回答则要稍做分析:环境,有本单位、本市、本省、本国和其他国家,自小向大,认为自己有可能借助的环境,都应在考虑的范畴之内。在这些环境中,认真想想自己可能获得的支持,一一写下来,按重要性排列。

如果能够成功回答第5个问题"我的职业与生活规划是什么?",你就有了最后的答案。

做法是:把前4张纸和第5张纸一字排开,然后认真比较第1~4张纸上的答案,将内容相同或相近的答案用1条横线连起来,你会得到几条连线,而不与连线相交的,又处于最上面的线,就是你最应该去做的事情,你的职业生涯就应该以此为方向。你要在此方向上以3年为周期,提出近期、中期与远期的目标。然后在近期的目标中提出今年的目标,将今年的目标分解为每季度目标、每月目标、每周目标、每天目标。这样,你每天睡前就可以对照自己的目标进行反省,总结当日成就与失误、经验与教训,修正明天的目标与方法,第二天醒过来温习后就可以投入行动了。这样日积月累,没有不能实现的规划。

 课堂活动

请同学们从自身的角度出发,运用SWOT分析法,分析个人的能力和兴趣,剖析自身的优势和劣势。

 案例分析 3-2

Tony,27岁,弟弟在美国为他办好了某名校的MBA入学通知书。他在"出国与留下"的犹豫中,使用以上方法对自己进行了职业生涯规划。经过整理顺序的各组答案如下:

1. 我是谁?

(1)一家管理咨询公司的经理(任职1年多,同事关系不错,业绩和收入让人满意)。

(2)做经理前先做了1年多的业务员(开发了多项业务,曾连续6个月业绩名列第1)。

(3)来这家公司以前,曾在一家保险公司做过1年多的人寿保险顾问,挣了些钱,但觉得在保险业工作容易被人误会和蔑视,有点受不了,所以遇到管理咨询公司招人就来了。现在越来越感到这一行的人如果工作尽责,又有一定的水平,会受到客户很高的尊重,比较适合自己的性情,也能赚到一些钱。

(4)愿意做一个富裕、正派的人。

(5)很爱我的父亲(退休的公务员)和母亲(普通退休职工),很担心他们患有慢性病的身体,每年几乎都要回老家去看望他们。

(6)不要求很多的钱,但需要体面而丰富的生活。过去不太注意储蓄,现在只存了10多万元,不知道是先买汽车还是先买住房。

(7)弟弟去年大学毕业就直接出国留学了,我有点羡慕他。

(8)我很爱我的女朋友,我们准备结婚,但时机尚未成熟。

(9)大学毕业5年,身体健康,心理正常;性格较外向,情绪较乐观;好奇心较强,学习能力不错;喜欢唱歌,有时会幻想。

2. 我想做什么?

(1)做职业经理人。

(2)管理咨询顾问。

(3)先去国外读MBA,再回国来干管理咨询,甚至开自己的咨询公司。

(4)和妻子共同坐在属于自己的舒适的住房里,每天开着自己的汽车去工作。

(5)在父母有生之年能够多尽一点孝心,可能的话把他们接到家里来住。

(6)有时想与人合伙开咨询公司,自己负责业务开发,别人负责咨询专案,但现在的老板如果能吸收我做股东,并提供更大的事业空间似乎更好些。

(7)爱好唱歌,大学期间多次获得过全校歌咏比赛男子冠军,做过当明星的梦。

3. 我能做什么?

(1)可管理公司更多的业务,并能协调公司各部门的关系。

(2)是推广公司咨询业务的能手和指导下属开发客户的老师。

(3)会讲业务开发的课程和一些较容易的管理课程。

(4)会开汽车。

(5)唱卡拉OK很迷人。

(6)相信还可以学会很多东西。

4. 环境支持或允许我做什么?

(1)在现在公司会获得升职的机会,有可能获得一定的股份(公司计划明年扩大为集团,投资多个专业管理咨询与管理软件公司)。

(2)市内有多家同类公司挖我去当业务总监或副总,薪酬比现在高一两倍(现在我1年大约收入8万元),有的还说不用我投资就送我股份,但我不知道他们能否办好公司,而我去后,他们能否兑现承诺也是个问题。

(3)有的实业公司老板也拉我去做营销部门的负责人,许以高薪、股权等,但我觉得在其他行业得到的尊重不如咨询业。

(4)可以去大学深造。

(5)也可以读在职MBA,只要有好的课程与教师。

(6)弟弟可以帮助我联系国外的大学去读书,但以后可能还要回来从头开始。

(7)去练唱歌,甚至去酒吧唱,但专业成就很渺茫。

5. 我的职业与生活规划是什么?

(1)继续在现在的公司里好好干,不远的将来能晋升,并获得合伙创业的机会。

(2)同时进修在职的MBA。

(3)买房、结婚、买汽车。

(4)经常去看父母,以后接他们来家中住。

(5)有时间去唱歌。

(6)去其他公司做合伙创业者。

(7)出国读书。

Tony对自己提出的6年和10年目标,他不愿意明示他人,而3年的目标是:任所在公司的副总经理;攻读在职MBA;年收入10万元;成为公司的正式股东;拥有自己的住房与汽车,结婚并将父母接到家中来住。

不到3年,除其父母不久前来住了一段时间,后因嫌城市节奏太快、熟人太少、待不习惯等原因而返回老家之外,他的其他愿望都已经实现了。

【分析】

Tony在迷茫、纠结之时从自身实际出发,通过剖析自身的优势与劣势,结合社会存在的机遇与挑战,为自己做了3年的职业生涯规划,最后都顺利实现了。这说明切实做好职业生涯规划有助于个人在职场、家庭、生活各方面获得平衡,能早日实现自己的愿望。

课后思考

利用本节两种职业生涯规划的其中一种方法对自己的职业生涯进行规划。

第二节　高职学生职业生涯规划与评估调整

案例引导

张三,就读于某高职高专院校,经过2年的学习,现在面临了一个问题——毕业,意味着他将离开求学知识的殿堂,开始步入社会寻求职业。他大一的一年里了解了专业知识,熟悉了环境,明确了目标,适应了大学生活,拿到了一次国家励志助学金,获得了学院优秀团员的称号,大一的目标实现了。他大二应坚持自己的目标,为以后能快速地找到适合自己的工作而努力。现在,张三应该如何对自己大一的职业生涯规划做一下评估与调整呢?

在大二阶段,规划好今后的发展目标尤为重要,职业生涯设计是一种人生的设计,也是命运的设计。大学生及时对自己的职业生涯规划进行评估与调整显得尤为重要。

近年来,高职毕业生的高就业率一直是社会关注的热点,但其就业的稳定性、就业质量不高也是不争的事实。究其原因,主要是高职生在专业选择、就业定位和未来发展等方面普遍存在着较大的盲目性,很多学生对自己的未来职业缺少规划,不知道将来该做什么,要做什么。由此可见,做好职业生涯规划是十分重要的。

那么,高职毕业生该如何做好自己的职业生涯规划呢?应该把握以下几个方面的要点。

一、全面自我剖析

在职业生涯规划的过程中,高职学生应该从职业需要的角度去分析自我,明确自己适合做什么,能做什么,只有在认识了自我个性、自身条件的情况下,才能对自己有一个准确的定位。就如个子矮的人不能成为杰出的跳高运动员,即使弹跳力再好也于事无补,而个子太高的人当举重运动员一定会吃亏。

在分析自我的过程中,既不可高估自己,觉得自己有多么了不起,又不能妄自菲薄,觉得自己样样都不如人。要客观地认识自身的条件,了解自己的优势和不足,这样才能使自己理性地面对纷繁复杂的职场,规划好自己的职业生涯。

在了解自身条件的基础上,高职生还应该了解自己所处的环境和变化的趋势。个人所处的家庭以及所生活的地区,提供个人发展的机会是不同的。例如:有的学生家庭经济条件好,自己毕业后想继续深造,他可以按照自己的想法去做;有的学生家庭经济比较困难,可自己又想毕业后继续升学,但条件又不允许,那么在规划职业时,可以先选择就业,后再去学习,也可以一边就业,一边求学,完成自己继续学习的愿望。

总之,充分认识自己,对将来的职业选择和倾向起着至关重要的作用。

二、确定职业目标

高职生在完成了认识自我后,接下来的任务就是给自己一个合理的定位——确定职业目标。只有确定了职业目标,你才能理性地去选择职业。

当前高职生中存在着这样一些心理,他们认为找工作是学校和家长的事,觉得高职生找不到什么好工作,因而,学校推荐的工作即使不满意也只能接受。在这种心态的支配下,职业目标怎么去确定呢?

那么怎样确定自己的职业目标呢?职业目标的确定,既不能定得太高(太高了,工作找不到),也不能定得太低(太低,又觉得无法展现自己的能力)。

确定职业目标要看社会经济发展的实际需要,个人所处的就业环境,看这个职业对从业者素质的要求。因此,中职生要知道国家经济发展的大趋势,了解本地区的经济特色和未来的发展趋势,尽可能利用区域的经济发展机遇,了解市场需要什么人才,当地有什么资源可以利用,哪些人际关系资源有助于实现职业理想等,必须做好准备,相机而动。

只有"知己"——全面了解自我,"知彼"——了解就业环境和职业需求,才能选择目标,确定目标。

三、规划发展目标

职业理想既应该有远期的目标,也应该有近期的具体目标。列宁说过:"要向大的目标走去,就得从小的目标开始。"远期的目标,不可能一挥而就,需要努力攀登一个个的阶梯,才能到达理想的顶峰。因此,职业生涯规划中要有一个个具体的阶段目标。

对于高职生来说，除了科学合理地规划职业生涯发展的远期目标外，更应该关注阶段性目标。古人说："千里之行，始于足下。"只有从具体的一个个阶段目标出发，才能一步一个脚印地前进。因此，制定阶段目标时需要注意以下几点。

1. 目标必须是"跳一跳"才能获得的

"跳一跳"，即必须为之付出努力、必须为之拼搏，不是轻而易举能达到的。

高职生在制定阶段目标时，不能把目标定得太高，太高了，经过努力拼搏完成不了，就会有挫败感，容易产生悲观情绪，失去信心，从而放弃目标。阶段目标也不能定得太低，太低了，目标是容易达到，可太容易得到的东西就不会珍惜，也不知道珍惜。因此，中职生在制定阶段目标时，要从"跳一跳"就能达到目标开始。

2. 目标要切合实际

阶段目标通过努力能达到，可望又可及，不能脱离自身条件，不能脱离社会现实。

天上的彩虹很美，如果让我们把它摘下来，这是不可能实现的。制定阶段目标，不能把某种不切实际的欲望当作要付诸行动的目标。否则，这样的目标必定指向失败。

高职生在制定阶段目标时，要根据阶段目标对职业能力、思想品质、日常行为习惯等方面的要求，制定与自身兴趣、性格、能力等个性特点相匹配的目标。脱离自身条件，脱离社会现实的目标是不可能达到的。

3. 目标要具体、明确

阶段目标要十分具体，不仅要表明需要完成的任务、所能达到的状态，还要列出措施，并保证措施明确、得当、有可操作性，切忌空洞、不着边际。

高职生在制定阶段目标时，要有比较明确的时限，或者3~5年，或者1~2年，如果没有具体明确的要求，就等于没有目标。只有具体、明确并有时限的目标才具有行动指导作用，才会有激励的价值。

阶段目标是实现职业理想的重要保证，而各阶段目标之间的关系应该是阶梯形的，前一个目标是后一个目标的基础，后一个目标是前一个目标的方向，所有的阶段目标都指向远期目标。

四、及时不断评估和调整目标

要使职业生涯规划行之有效，就应该对职业生涯规划的具体内容和计划的实施情况进行定期检查，及时发现各种情况的变化，不断地进行自我反省，从而修正职业生涯目标，改进职业生涯策略，更好地实现自己的职业理想。

高职生要实现自己的职业理想，在进行职业生涯规划时，必须与时俱进，在不断学习提高的同时，还要根据职业发展的动态，适当调整职业发展方向。三百六十行，行行出状元，只要有科学合理、合身的职业生涯规划，相信中职生也一定能获得成功。

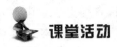 **课堂活动**

请告诉我,你是谁?

1. 自我画像

1)测试报告内容

我的兴趣类型:(喜欢做什么? ——职业动机)。

我的性格特征:(适合做什么? ——职业定向)。

我的能力素质:(能够做什么? ——职业目标)。

2)"职业锚"报告结果

我的职业动机:_____。

我的职业价值观:_____。

对我"职业锚"影响最大的人:_____。

2. 写一篇自我介绍

经过全面的自我剖析,请同学们课后写一篇800~1000字的自我介绍,可作为未来面试时的素材。

案例分析 3-3

某高职院校电气自动化专业大学生个人职业生涯规划与评估调整

在如此激烈的就业竞争形势下,大学生面对着繁重的就业压力,他们需要好好规划他们的职业生涯规划,让他们人生的每一个脚步都留下学习的痕迹,在工作中学习,提高自己的能力,使自己在就业形势下立于不败之地。李文浩是一名电气自动化专业的大学生,他对自身的职业生涯进行了详细的规划,并及时进行了评估与调整。

一、自我剖析

我比较敏感,崇尚内心的平和与安宁,并且理想化。一旦做出选择,就会不顾一切地去做。我外表看起来沉默而冷静,但内心对他人的情感十分在意。我很善良,有同情心,善解人意。我重视与他人有深度、真实的人际关系,希望参与有助于自己及他人的进步和内在发展的工作,欣赏并愿意与那些能够理解你价值的人相处。我有独创性、积极性,好奇心强,思路开阔,有容忍力。我乐于探索事物的真理性,致力于自己的梦想。我很喜欢探索事物的理性。我对人、事和思想信仰负责,一般能够忠实履行自己的义务,但是,对意义不大的日常工作,我会觉得单调乏味,缺乏持久的耐力。我有时非常执着,经常局限在自己的想法里,对外界的客观具体事物没有兴趣。有时又很偏激……沉浸于自己的梦想中。有时做一件事,当意识到自己的理想与现实之间的差距,就容易灰心丧气。表达能力欠缺,经常难以用适当的方式来表达自己,有时不愿去表达……

我喜欢一个人静静地看书,去思考人生、价值、情感,去回忆过去——对与错,得与失,生活的点点滴滴。不过我也喜爱运动,比如打乒乓,跑步……喜欢挥汗淋漓,喜欢驰骋绿茵,喜欢抛开一切烦恼投入其中。因为筋疲力尽过后的欢欣,是全身的放松与心的宁静。

我想去过平静的生活,有时也想着一举成名,获得众人的欣赏与祝福,当然生活并非一帆风顺,也无平静可言。所以我们要为之而努力,去追寻初衷,做好自己,坚持原则,帮助他人,不断完善自己。我有自己的优势和劣势,具体分析如下。

优势:

具有一定的人脉关系,勇于坚持的精神和肯于钻研的精神。目前具有中等水平的学习能力和较多的社会经验,谨慎而沉稳,重视稳定性、合理性。善于聆听并喜欢将事情清晰而有条理地安排好。喜欢先充分收集各种信息,然后根据信息去综合考虑解决问题的方法,而不是运用理论去解决。

劣势:

自己做事情的时候没有坚强的决心,有时候优柔寡断,没有太好的独立性,自制能力不太强,缺乏上台演讲的能力。需要把大量的精力倾注到工作中,并希望其他人也是如此。看问题有很强的批判性,通常持怀疑态度。

针对我的缺点与不足,我应该采取一定的措施来弥补我的缺陷:

(1)避免墨守成规,需要尝试新的东西;要有开放的态度,敢于尝试探索新的可能性。

(2)考虑问题要更全面周到,需要考虑别人的因素,不单单只考虑自己的利益和感受。

(3)对那些与我观点不同的人有足够的耐心。

(4)适合的时候,主动承担一些工作。

(5)正确看待失败,碰到困难不随意放弃。

(6)增强做事的灵活性,学会变通地看待和接受新事物。

二、社会环境分析

我学的是电气自动化专业,电气自动化专业培养适应我国社会主义建设需要的德、智、体全面发展的,能够从事与电气工程有关的系统运行、自动控制、电力电子技术、信息处理、试验分析、研制开发、经济管理以及电子与计算机技术应用等领域工作的宽口径"复合型"高级工程技术人才。自动化专业培养的学生应具备电工技术、电子技术、控制理论、自动检测与仪表、信息处理、计算机技术与应用、系统工程、网络技术等较宽领域的工程技术基础。

自动化专业的学生应获得以下知识和能力:

(1)具有扎实的自然科学基础,较好的人文社会科学基础和外语综合能力。

(2)掌握本专业领域必需的较宽的技术基础理论知识,主要包括电路理论、电子技术、控制理论、信息处理、计算机软硬件基础及应用等内容。

(3)较好地掌握电力电子技术与运动控制、自动化仪表与工业过程控制、信息处理等方面的知识,具有本专业领域的专业知识和技能,了解本专学科前沿和发展趋势。

(4)获得较好的系统分析、系统设计及系统开发方面的工程实践训练。

(5)在自动化专业领域内具备一定的科学研究、科技开发和组织管理能力,具有较强的工作适应能力。

电气自动化专业的主要课程:

电路基础、数字电子技术基础、模拟电子技术基础、电机与拖动、电力电子技术、计算机技术(语言、软件基础、硬件基础、单片机等)、信号与系统、自动控制理论。

就业前景:

主要从事与电气工程有关的系统运行、自动控制、电力电子技术、信息处理、试验分析、研制开发、经济管理以及电子与计算机技术应用等领域的工作。

对职业方向的探索:

(1)初步确定自己的职业方向:培训和发展专家/培训专员、电气工程师、电气设备维修工、电气设备制图人员、电气设计人员等。

(2)了解自己所选择的职业方向所需的专业技能、应具备的经验、素质:

专业技能:

①系统地掌握电气工程及其自动化专业领域必需的较宽的技术基础理论知识。

②获得较好的电气工程及其自动化专业工程实践训练,具有较熟练的计算机应用能力。

应具备的经验:

①较扎实的数学、物理、化学等自然科学的基础知识。

②较好的人文社会科学、管理科学基础和外语综合能力素质;专业知识,以及涉及的各类知识;具备良好的生理和心理素质;职场礼仪,高尚的职业道德素质;较高的人才素质和综合素质。

三、职业倾向分析

适合的岗位性质:

(1)工作环境稳定,不要有太大的冒险和变动,最好依照经验和规律解决事情。

(2)有较多的独立工作时间,可以专心地完成整个项目或任务。

(3)较多使用事实、细节和运用实际经验的技术性工作,能够充分发挥自己精细、准确、逻辑性强的才能。

(4)工作对象是具体的产品或服务,工作成果要有形并且可以衡量。

(5)要有明确的工作目标和清晰的组织结构层次。

(6)工作有足够的准备和实施时间,在交付成果之前能够进行自我成就评估。

(7)在社会中工作十年左右,积累足够的经验和资金,可以创办公司。

四、职业目标选择

适合的职业:

根据我的个人兴趣和适合我的岗位性质,我初步确定有如下几项适合我的职业:

(1)工程电气设备安装与调试工:技术型工作,我所读的专业是电气自动化,应该朝自己的专业方向发展。

(2)维修电工:在专业课里最喜欢的就是电机与拖动,还有工程电气控制。

(3)PLC与单片机,学得还算可以,能做技术性不强的工作。

目前我报考了大学英语四级考试,正在学习驾驶和备考普通话水平测试,本学年末拿到驾驶证。在我的职业目标之内,对自己还是比较有信心的。

五、未来职业规划

1. 未来五年规划、学习生活规划

在这个高科技的社会,计算机已成为日常生活中不可缺少的一部分,因此,在大学的学习规划上,我将这门学科作为学习的一部分。在学习的同时,还努力提高自己各方面的能力。

1)近期目标

(1)着重知识的学习,打好基本功。

(2)学好课内和专业知识,出色地完成部门的各项工作;学好职场礼仪和面试技巧。

2)中期目标

(1)着重知识的学习与能力的提高,完善自我。

(2)博览课外和各类专业知识;建立完善的人际关系网;利用课余时间和假期到社会中工作,了解市场,进行具体的实践;增强各种能力。

(3)适合职业的要求。

3)长期目标

(1)着重创新思维的发展。

(2)博专多长,用知识与能力武装自我,为我所用;具备完善的人才素质和综合素质,成为复合型人才;灵活运用知识与能力分析和解决实际问题,具备创新思维的能力。

4)制订具体计划

大学三年基本规划:

大一:通过计算机一级考试,了解电气工程及其自动化的基础知识。

大二:通过大学英语四级考试,了解自动化专业基础知识,了解电气自动化及其自动化就业状况和就业方向。

大三:加强电气工程及其自动化专业知识的学习和专业实践,进入实习阶段,进一步完善自己对电气工程及其自动化专业的要求。

5)相应的保障措施以及应对各种变化的调整措施

(1)严格遵守校纪校规。

(2)保持积极、乐观向上、不断进取的心态,保持健康的体魄。

(3)认清目前的就业环境,给自己增加压力。

(4)保持毅力与意志,增强自信心。经常用名言警醒自我。

(5)适当寻找在学习或工作上的竞争对手,与其进行和平良性竞争。

2.未来十年的目标

2010—2013年:通过不断的学习,用三年左右的时间,来完成自己的学业和掌握技术能力。

2013—2015年:储备资金,积累经验。

2016—2020年:进入理想的工作环境中工作,与此同时,了解市场行情,在条件允许的情况下筹划资金,进一步办理相关的手续,准备建立公司。

六、评估与调整

到目前为止,根据自己制定的职业方向的探索与职业倾向分析,回顾自己近两年来的学习与实践训练,收获与计划总有些许的差距和不足,故进行细微的调整。

目前,对电气自动化专业的相关知识掌握得不够多,实践训练不够充足,缺乏一定的专业训练和素质训练。职业素质有些欠缺,职场礼仪素质还需要学习和进步。

对此,在今后还需要大量的努力去弥补自己的不足,并完善各方面的经验和素质,加强自身综合素质和职业工作能力。在校期间,把各学科的知识一定要学到手里,为自己的大脑

"充电",并合理利用自己的课余时间去丰富自己的头脑,获得一些在课堂上不能收获到的知识和社会检验,为今后的发展奠定基础。

在长假期间,利用宝贵的时间去锻炼或者学习其他方面的本领,为以后的事业增强信心,以便更快更好地立足于社会,为国家的发展做贡献。

【分析】
案例中的李文浩对自己进行了全面的分析,不管是自己的性格特点,还是自己所处的社会环境、专业方向、所学专业在社会中的位置等,都进行了详细的了解和剖析,并且结合自己的性格特点和职业倾向、职业目标,确定了自己的未来职业规划。根据自己的优缺点,对自己的现状进行了评估与调整。这是一篇全面细致、内容详细的职业生涯规划与评估调整书。

课后思考

请同学认真制定现阶段的职业生涯规划,并根据自己制定的职业方向探索与职业分析,及时进行评估与调整。

延伸阅读

大学生职业生涯规划范文

个人职业生涯目标规划书(1)

1. 个人的基本情况

孙倩倩,女,23岁,本科,师范类中文专业。朋友对她的评价是性格文静,善文字不善口头表达,不善与人沟通。上学时,几乎没做过什么班委成员,但同学需要帮助的时候她还是很热心的。成绩一般,喜欢看小说,有时自己还在网络上发表一些文章,能得到一部分网友的支持。曾做过中学语文教师,有两年的工作经历。

2. 职业目标

能够发挥自己文字特长的工作。

3. 面临的威胁

在两年的教学过程中发现自己并不适合做老师,虽具备相应的学历,但不具备老师应有的管理学生的能力,课堂上调动学生积极性的能力亦不够,所带班级成绩并不理想,学校对其工作表现不是很满意,孙倩倩自己也很苦恼。但学校工作环境稳定,福利优厚。再者转其他行业的可行性有多大?应该转其他什么行业?

4. 目标规划

短期目标:重新择业,建议尝试广告公司文案,多媒体行业文字编辑类工作。长期目标:在广告公司有几件自己创作的有影响力的作品,在广告界有一定的声誉,争取有更大的发展空间。

5. 规划理由

从孙倩倩的性格特点分析,孙倩倩的确不适合教师行业。教师不仅需要相应所教学科的学科知识,更需要懂得如何管理学生,调动学生的积极性。文静,不善表达的孙倩倩虽具备专业的学历资质,但显然不具备教师应有的教学技巧。

从孙倩倩的职业兴趣分析,孙倩倩希望能够发挥自己的文字特长,而中学语文教师一职缺少创意,显然不是孙倩倩兴趣所在。做教师的不成功更导致孙倩倩很是苦恼,很沮丧。教师一职不仅没有满足孙倩倩的兴趣,反而由于工作不顺利严重打击了孙倩倩的自信心。

孙倩倩应该转行,但应该转什么行业?转行的成功概率有多少?通过分析,我们认为:孙倩倩虽然不善管理学生,口头表达能力差,但孙倩倩文笔优美,文字能力强,其内心职业倾向也是希望发挥自身的文字能力。故我们推荐孙倩倩从事广告行业文案职务或媒体文字编辑类工作,这些岗位对工作人员管理能力、口头表达能力要求不高,相对重视个人的文字创作能力,无须过多地与人打交道,对于孙倩倩来说正好扬长避短,发挥优势,转行成功的概率也较大。

6. 专家评点

师范类大学生毕业之后做中学教师似乎是顺理成章的事,然而实践中有太多例子发现,一个师范类毕业生并不一定就是一个称职的教师。据可锐咨询公司研究表明:职业成功必须全面具备专业技能、学历资质、良好的综合素质三个方面的因素。根据这个标准,孙倩倩在教师岗位上可以说很难成功。眼前教师工作的确能给孙倩倩带来稳定的收入和不错的福利,但凭孙倩倩的表现,这个"稳定"还能维持多长?所以,孙倩倩必须果断做出选择,重新择业,找一份真正适合自己发展的工作。

7. 案例总结

工作经验在两至三年这个阶段的职业者,往往会发现刚走出校门时懵懵懂懂选的工作并不适合自己,于是就面临一个重新择业的问题。专家认为:这一问题表面上看是择业的问题,实质上是发展的问题。正是因为当初选的工作不适合自己,所以才须重新择业,重新找寻自己的发展方向,所以,必须果断转行,不能犹豫。而且,重新择业也不再是简单地再找一份工作,必须按照自身的性格能力特点,个人的价值倾向,结合职场情况,准确定位适合自己长远发展的工作。

个人职业生涯目标规划书(2)

1. 个人基本情况

小米是高职高专院校大二的学生,学习机械设计的他一度非常的萎靡不振,不爱学习、不爱说话、不爱娱乐,在同学和老师的眼里他似乎成了问题学生。在大家真诚地劝说和帮助下,小米主动找到了学校负责职业生涯规划的专家,经过专家的耐心引导,小米敞开了关闭已久的心扉,对自己做了一番深刻的内省后,并在教师的指导下,为自己做了合适的职业规划。以下是咨询实录。

2. 自我分析

优势:

能够很好地集中精力、关注焦点;工作认真、负责、努力;有良好的协作技巧,能和别人建立起和谐友好的关系。

弱势：

(1)学习方面：学习态度不端正，英语基础差，缺乏认真学习的态度，没有坚持的信念和恒心、毅力。英语水平跟同学有太大的差距。对很多科目缺乏兴趣，上课经常睡觉，作业不会做。

(2)生活方面：课余时间多，但是经常沉迷于上网和打游戏，课外的活动很少参加。

(3)感情方面：与其他宿舍的同学交流比较少。

(4)经济方面：经济状况不好，压力大。

威胁：

难以坚决地维护自己的需要和利益；不愿意尝试、接受新的和未经考验的观点和想法；大多数情况下只关注细节和眼前之事，对整体和将来不够重视。

3. 人格类型

经测评得出小米的人格类型是：

(1)内向：关注外部环境的变化对自己的影响；将心理能量和注意力聚集于内部世界，注重自己的内心体验。例如：独立思考，看书，避免成为注意的中心，听的比说的多。

(2)感觉：关注由感觉器官获取的具体信息。例如：关注细节、喜欢描述、喜欢使用和琢磨已知的技能。

(3)情感：以自己和他人的感受为重，将价值观作为判定标准。例如：有同情心、善良、善解人意，考虑行为对他人情感的影响。

(4)判断：喜欢做计划和决定，愿意进行管理和控制，希望生活井然有序。例如：重视结果(重点在于完成任务)、按部就班、有条理、尊重时间期限、喜欢做决定。

4. 别人对小米的评价

(1)老师：肯钻研思考，详细周密，稳重沉着；不喜交际，懒惰，不积极，不愿挑战新的东西，是个慢性子。

(2)社团成员：有实干精神，能吃苦耐劳，为人厚道老实，容易相处，平时比较注重找机会进行自我锻炼，做事主动但缺乏一定的主见。

(3)朋友：善良诚实，待人诚恳，应多与人沟通，扩大交际圈，增强社交能力。

(4)同学：勤奋肯吃苦，有坚强的意志和执行力，对朋友真诚讲义气，但比较小气。

5. 社会环境分析

我国目前政治稳定，经济持续发展，在全球经济一体化环境中扮演着重要的角色。中国加入WTO后，使我国汽车产业面对战略的选择。此时，封闭式发展中国汽车产业的历史条件已经不复存在，但任何一个国家都不会有全方位的比较优势，在现阶段，制造业恰恰是中国的优势所在，并有无比巨大的潜力。

6. 目标规划

1)短期目标

大学二年级下学期围绕职业目标选择提高自身的基本素质，打好各项专业知识基础；大学三年级要提高全面素质和能力，通过大学英语四级考试和计算机一级考试。

尽量找一些实习的机会，从实习中获取经验；大学四年级要提高求职技巧并进行职业技能的培养,要充分了解社会及用人单位的需求,为求职就业做好充分的准备。

2)长期目标

2009—2012年,熟悉适应期:利用三年左右的时间,经过不断的尝试努力,初步找到适合自身发展的工作环境、岗位。如在大公司做汽车技术人员。

2013—2015年,去小的公司做技术总监,吸取经验。

2016—2025年,进一步学习各种知识和提高各种技能,到大公司做技术总监。

7. 职业生涯规划调整

在职业生涯发展变化与社会需求的变化中,与时俱进,灵活调整,不断修正、优化职业生涯规划,主动适应各种变化,积极发展职业生涯规划。职业生涯规划是一个动态的过程,必须根据实施结果的情况以及因变化进行及时的评估与修正。

8. 励志语

计划固然好,但更重要的在于具体实践并取得成效。任何目标,只说不做到头来都是一场空。然而,现实是未知多变的,定出的目标计划随时有可能遭遇问题,要有清醒的头脑。其实,每个人心中都有一座山峰,雕刻着理想、信念、追求、抱负;每个人心中都有一片森林,承载着收获、芬芳、失意、磨砺。一个人,若要获得成功,必须拿出勇气,付出努力。成功,不相信眼泪;成功不相信幻影,未来,要靠自己去打拼。

第四章　就业能力提升

工作是一个施展自己才能的舞台。我们寒窗苦读来的知识，我们的应变能力，我们的决断力，我们的适应力以及我们的协调力都将在这样一个舞台上得到展示。除了工作，没有哪项活动能提供如此高度的充实自我、表达自我的机会，以及如此强的个人使命感和一种活着的理由。

——约翰·洛克菲勒

内容提要

就业能力，通常可以理解为"可雇用性"，是指可获得和保持工作的能力。它不仅包括狭义上理解的找工作的能力，还包括持续完成工作、实现良好职业生涯发展的能力。大学期间有针对性地对就业能力的获取和提升进行科学的规划和训练，对毕业时获取工作、毕业后适应工作都有极大的帮助。通过本章的学习，你能了解就业能力的基本内容和基本要求，如何获取就业能力，以及提升就业能力的途径和方法。

第一节　就业专业能力培养

案例引导

蓄势待发学技能　一技之长受欢迎

陈波，江西某职业技术学院机械设计与制造专业2014级学生。在校期间对本专业有着浓厚的学习兴趣和学习热情，平时认真学习专业课知识，遇到问题会追着任课老师请教。书本知识学懂弄通后，他又想在实践过程中验证和掌握。在学校安排的实训课程中，他扎实的理论水平和优秀的实践能力，被老师看中，吸纳进入技能大赛的备战行列。经过两年的学习和训练，陈波在指导老师的带领下，先后参加江西省大学生科技创新与职业技能竞赛、全国职业院校技能大赛，并分别获得了机械设计与制造技能（普通铣工）赛项专科组一等奖和高职组机械装配技术赛项二等奖的好成绩。课余期间还考取了制图员、车工、铣工的职业技能等级证书。

2016年10月，学校迎来了校园招聘季。武汉某研究所来校招聘，开出年薪10万、录用入编的优厚待遇，吸引了大批的毕业生。但同时，该岗位招聘的要求非常严苛，只有一个名额，要求在校成绩优异，排名靠前，无挂科记录，并在省级以上的技能竞赛中获过奖，这些要求又吓退了那些慕名而来的求职者。而陈波，凭着优异的学习成绩和曾获过的奖项，在指导老师的推荐下，最终成功被该研究所录用。

专业能力是指从事职业和创业活动所必需的知识和技能，以及运用已掌握的知识和技能解决职业工作中实际问题的能力。专业能力是就业能力中的核心能力，掌握本专业的专业技能，对就业会有极大的帮助。近年来，随着市场经济的不断完善和市场竞争的日趋激烈，企业对人才的要求已经由原来的注重文凭学历向注重实际操作能力转变。高文凭，但是缺乏实际操作经验的人并不受市场的青睐，而技术水平高超的"高级蓝领"则身价大涨。国家提倡"大国工匠"和工匠精神，正是对专业技能人才的支持和肯定，也是市场需求导向的体现。高职院校的学生应当抓住这一机会，努力学习专业技能，为自己的职业生涯开拓出一片新天地。

一、专业能力的基本内容

专业能力的提升，是适应社会、回报社会的必备素质。通常情况下，大学生就业后能快速适应工作需求、得到用人单位的认可，很大程度上取决于其精通专业知识和技能、并将其合理运用于工作之中。专业知识和技能的水平越高，就越能胜任工作和发展工作，越有利于处理工作中的各种问题，越有利于形成良好的职业发展素养。

高职学生的专业能力包含以下几个方面。

1. 专业知识

专业知识是指一定范围内相对稳定的系统化的知识，它包括理论知识学习和知识结构的合理规划。李政道博士说："我是学物理的，不过我不专看物理书，还喜欢看杂七杂八的书。人们认为：在年轻的时候，杂七杂八的书多看一些，头脑就能比较灵活。"大学生学习理论知识、建立知识结构的时候，一定要防止知识面过窄的问题发生。只有具备广博的知识储备和又精又专的专业知识，才能在实际工作中做到驾轻就熟。

然而，高职学生的基础理论知识相对薄弱，学制又短，很难做到遵从科学体系下的教学安排。同时，用人单位对高职学生的要求也多停留在对专业技能的掌握程度上，而并不特别看重理论知识的学习。在这种情况下，就需要高职院校合理设置专业学习内容和知识结构，保留诸如高数、英语、思政等必要的基础学科，强化专业技能学习和实践部分，压缩与专业无关，或关联度较小的学科设置，或把基于兴趣的专业学习作为选修课程。学生本人也应加强专业技能学习，把其他知识的积累放在课余时间。

2. 专业技能

专业技能包括智力技能和操作技能，体现的是一种实际的工作能力和岗位能力。其中，智力技能是借助内部语言在头脑中实现的认识活动方式,它以抽象思维为主要特征。比如,掌握了四则运算法则,就能触类旁通计算出类似的其他数学题;掌握了写作技能,就能运用写作方法,按照构思的顺序,叙写出不同类型的文章。智力技能的形成,对解决工作中遇到的问题,创新和改造技术技巧和形成职业人的专业品质,具有很大的作用。

操作技能是通过学习而形成的合法则的操作活动方式,以具体运用为主要特征。例如,汽车检修专业的学生模仿老师的手法拆装发动机,计算机专业的学生练习用C语言编程,等等。操作技能是一种实际的动手能力和运用专业知识解决问题的实践能力,是决定高职学生能否找到工作、适应岗位需求的关键所在。

3. 专业外语和计算机知识

专业外语和计算机水平的高低也是用人单位在招聘时考虑的一个重要指标。随着科技的发展与经济全球化,企业在对外交往和信息互通方面逐年增长,生产技术、办公自动化程度也在逐步提高。因此,专业外语和计算机水平已成为职业人必备的专业能力之一。例如,很多高端的加工仪器都是国外生产,配备专业的英文说明书,如果英语水平很低,或者专业英语掌握得较差,会阻碍操作人员理解和学习仪器操作技术。

高职学生存在英语学习普遍较差的情况,计算机水平也大多停留在会简单运用办公软件的水平,如果能利用大学时间掌握和提升专业外语和计算机水平,对增加就业竞争力、对未来的职业发展都有很大的帮助。

二、专业能力的培养

仅靠读书和培训并不能完成对专业能力的培养和提高,更多地要通过工作和实践才能让自身专业能力得到锻炼。高职学生在校期间应该不断提高自身的专业能力,锻炼思维模式,强化技能训练。自我培养可以从以下几个方面着手。

1. 系统学习专业知识,获取相关资质

每个领域和岗位都有自己的专业知识结构要求,有的已经存在,可以根据自身情况采用合适的知识结构,有的则需要自行总结。知识结构也是动态多变的,需要定期对其中的知识进行更新。高职学生应当努力学好专业知识,并积极探索、理解和掌握所学的多门课程、知识点之间的联系和加成效果,在心中形成一个专业知识的结构网络,并通过获取相关资质和技能证书来推进专业知识的巩固。

几乎每个领域都有相关的资质和技能等级证书,比如注册会计师、心理咨询师、制图员、英语四级证书、计算机二级证书等。通过学习、培训和考试取得这些资质和等级证书,既是对自身能力的肯定,也能在学习过程中巩固和提升专业能力。高职学生应当积极考取相关资质,为将来的就业竞争提高自身的含金量。

2. 不断积累实践素材,加快成长的步伐

对于高职生来说,一线操作和实践经验是其最大的竞争优势,也是其与本科生甚至研究生竞争的最有力的保障。高职生在校期间应努力提高实际操作技能。可利用课程实验和专业实训等渠道验证理论知识,并融会贯通。还可以参加校、市、省、国等各项设计比赛和操作竞赛,跟随老师参加课题研究或技能比赛。通过不断地训练和总结,积累素材,快速成长。

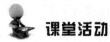 **课堂活动**

专科生和成功校友之间的对话

活动目的:

通过与职业发展较为成功的校友进行交流,使大学生获取学习动力,学会处理专业学习与考研的关系,学会处理知识学习与能力锻炼的关系,学会处理学习活动与恋爱发展的关系等。

活动形式:

在老师的引导下,大学生与校友进行自由对话。

活动设计:

(1)准备工作。对校友进行必要的选择,如要能涵盖不同的专业、不同的学习基础者,最好是担任过学生干部,口才较好,就职于知名企业等。所请的人员数量以4～6人(男女均等)为宜。

为了营造气氛,需要在黑板上或利用课件制作一幅宣传画面,最好能体现出向成功者祝贺及取经的意境。摆好桌凳,使校友与大学生对面而坐,主持人(辅导教师担任)坐在左右两侧的位置,与校友和大学生观众呈90度。

(2)介绍嘉宾。主持人介绍校友,然后请校友面对热情的大学生说一句最能表达此时心情的一句话。

(3)对话。主持人先根据平时收集的大学生存在的学习心理问题,向每位校友提出一个问题。如"你认为谈恋爱会影响考试和日常学习吗?""在学生会工作期间,占用了一定的学习时间,是否影响了你的学习成绩呢?""你是什么时候开始准备考研的?你考研成功有没有秘诀可与大家分享呢?"……然后由大学生向校友提问题,校友回答。主持人请校友用最精辟的语言对大学生进行鼓励。

说明:主持人要注意调节气氛,使大学生与校友的对话在轻松、愉快、融洽的气氛中进行,要鼓励大家实话实说,忌流于经验介绍的形式。

(4)布置作业。主持人小结并布置大学生写心得体会。

 案例分析 4-1

从小梦想当"画家"的美容师晓莉

晓莉于1985年出生在一个殷实的农民家庭,从小迷上了绘画,梦想将来当画家。上小学时,美术老师发现她很有绘画天赋,也经常指导她。初中时,她的美术作品多次在校、县竞赛中获奖,因而她绘画的兴趣更浓了。一有课余时间,她就画,还常请学校美术老师指点。初二时她就暗下决心:绘画、学习两不误,读高中后考中央美术学院。

天有不测风云,在她读初三时她妈妈得了严重的疾病,为给她妈妈治病,花光了家里所有的积蓄,还欠下不小数目的外债。初中毕业时,懂事的晓莉最后听从班主任的建议,选择一所中等职业学校读美容美发与形象设计专业。

晓莉进了职业学校以后,常常因为家庭变故和不能实现过去的梦想暗自神伤,但在职业学校老师的引导帮助下,逐步从悲伤中走了出来。晓莉把过去对绘画的热爱转移到美容、形象设计中,休息时间,经常看见她在纸上练习描眉、描唇、画发型,在模型上盘发、给同学盘发……晓莉不愧是个有天赋的孩子,加上她用心、刻苦,她设计的发型,总能得到同学和老师们的喜爱。毕业后,当地一家有名的美容美发会所聘用了她。在那里,她一边钻研业务,一边有意识地学习经营管理。3年后,她开办了自己的美容美发工作室,还经常到外地学习、研修,生意越做越红火;5年后,她已经成为当地很有名气的形象设计师,她的工作室里的员工已有10多人,资产达100万元。

> 【分析】
> 人生无常,当遇到不幸时,不要灰心、不要丧气,新的机会就在转角。兴趣可以培养,性格可以改变,能力可以提高。每个人都可能有多方面的潜能,只要付出努力,主动适应新的挑战,定会获得职业生涯的成功。

 课后思考

1. 你认为你所学的专业应该具备什么样的知识和能力?
2. 你认为你所学的专业将来能够从事什么工作?
3. 你准备如何提升你的专业技能?

 延伸阅读

目 标 分 解

目的:

帮助学生对自己的职业目标进行分解,明确自己在各个阶段的任务。

准备:

舒缓的背景音乐,活动进行时房间灯光关闭,创造一个安静、和谐的环境。

操作:

指导成员进入想象世界:请大家选择一种舒适的姿势坐好,跟我一起做深呼吸。好,请深深地吸气,慢慢地呼出,体会身体放松的感觉,让自己的身心都放松下来,再深深地吸气、呼气。想象一下我们现在正在一面镜子前,你看到了自己的模样,透过镜子我们可以看到更远的未来。想象一下未来的你,是什么样子的?在做什么样的工作?达到了怎样的成就?大学毕业后的你是怎样的?在做什么?是工作了还是在读研,每天都在做什么?30岁的时候,你是什么样子的?穿着什么样的衣服?在哪里工作?办公室是怎样的?每天的事情有哪些?当时间继续往前走,你会看到40岁时候的你,那时你是不是已经有很大的变化?你在哪里?在从事什么样的工作?到达了怎样的岗位?此时的你正在向更好的职业前景发展,此时的你一定有很多的成长经历与值得骄傲的事情。接下来,我们可以看到50岁时候的自己,你在哪里?在做什么?过着怎样的生活?你的职业生涯是否达到了自己的目标?还是早已超越了设置的目标？你对此满意吗？有什么话要对自己说吗？时间飞快,时间来到你60岁的时候,你是什么样的？在哪里？在做什么？当你回头看自己的职业历程时你有怎样的感受？你可以怎样评价你的职业生涯？好,接下来请想象一下自己的晚年,那时的你是怎样的？你享受自己的晚年生活吗？当我们走完人生的路程,回顾自己的职业生涯,我们是否有很多感受？请你看看镜中的你,对自己说一些鼓励和赞扬的话,激励自己为自己的目标而努力。好,请你准备好了,我们要深深地吸一口气,慢慢回到现实中来,我们正坐在团体训练的教室里,和许多伙伴一起成长,如果你准备好了,请慢慢地睁开眼睛。

分享：

每个阶段的你是什么样的？需要表达怎样的状态？这个游戏对你设置的阶段目标是否有帮助？你准备怎样分配自己的时间来完成自己的职业生涯？

第二节　就业综合能力提升

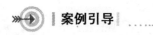

职场新人遭遇尴尬事　综合能力不足成困扰

小李是国际贸易专业的毕业生,在校期间学习成绩优异,毕业的时候成功地被一家出版社录用,小李对未来的工作和生活充满了期待。不过,自打进入出版社后,自信心都被打击没了。猛然间,她竟然发现,如今开个会居然都听不懂说了些什么。作为一名新人,入职已经两个月了,但是真正坐下来工作的时间却没几天,培训开会就占去了一大半。说到开会,就是小李的一块"心病"。

在前两天召开的编辑和发行的交流会上,她如坐针毡,处于完全听不懂的状态。前辈们的发言中大批量使用专业词语,而这些对于初出茅庐的小李来说,根本就和听"天书"无异。小李说："我在读书阶段,学的是纯理论方面的,而这里实打实的实践知识,有差距呀。"

跟不上工作进度几乎是所有新人都面临的问题。此外,过惯了大学的悠闲生活,面对越来越少的周末,节假日还有频繁的加班,职场新人们也是有点儿难以招架。例如,小李在上大学的时候总喜欢旅游。工作后,虽然说的是双休,但是每到周末几乎都要不停地接电话,偶尔还要跑到单位处理业务,根本就没有完整地双休过。高强度的工作状态和对时间的控制能力要求,以及综合处理问题的能力要求,也让小李很难适应,直呼腰酸背疼,脑袋疼。

针对职场新人遇到的诸多问题,宝洁客户发展部高级经理、快速消费品行业专家、万学ACT授课名师刘世伟老师提出自己的观点。他建议在校大学生应当合理利用大学时光,运用科学而符合自身特点的方法去培养企业所需的职业能力,这样在进入企业之后才能适应工作的变化。

尤其是在毕业年级,大部分学生的目标应该锁定在工作申请及成功就业上,这个时候是提前锻炼工作能力的好机会。这时,可先对前几年的准备做一个总结,首先检验自已已确立的职业目标是否明确,前几年的准备是否已充分。然后开始毕业后的工作申请,积极参加招聘活动,在实践中检验自己的积累和准备。尤其是多参加一些真实的工作竞争,让自己切身体会到真实的工作是如何的,将要面对的工作中的挑战又有哪些。这和实习有着本质的差别,实习中的工作很多是类似打杂的,不外乎发发传真,接收邮件等。因为大部分学生实习之后还要回到学校继续上课,而不是实习结束之后直接留下来工作,所以企业不会真正让实习生参与到工作中来。而职场新人想要游刃有余地应对工作之后的各种状况,最根本的还是需要提高自己的综合素质。刘世伟老师这样认为,并且提出了提高综合能力的几点建议。

综合素质就是你的道德素质、文化素质、业务素质和身体素质等。这些素质会综合体现在你的交际能力、创新能力、运用知识能力等各个方面。能力的提高就会使自己有信心,有了信心就能够比较好地适应社会的需要。大家除了打好基础理论和专业知识的功底之外,还有三大实践环节也同样的重要。

一是做人的实践环节。这点其实很重要。当你成为一名职业人的时候,你就不能像在大学那样娇气或者有自己的小脾气,你需要学会关爱他人,团结互助,因为只有这样,这个团队才会充满温馨,所有的团队成员才能够拿出更多的精力去发展事业,从而达到事业的顶峰。

二是专业技能的实践环节,包括你在进入企业前的简单工作,实践,甚至包括你的毕业设计都可以算成是实践的环节,也都是你为自己的就业做好准备的好机会。

三是各个社会实践环节。无论是社会调查还是假期的打工,这都将是你找工作的"财富",因为企业需要那些有实践经验并吃苦耐劳的员工。通过这些实践,你能够或多或少地知道作为一名职业人的基本要求,你也具备了一定的吃苦的心理准备,这是一般大学生都欠缺的,你有了,那么你将会有比其他同学更强的竞争力。

综合能力是指对所掌握的各种知识和信息进行综合考察、整理分析、取舍重组和科学抽象的能力。对于高职学生来说,在校期间不仅要积累专业知识,学习专业技能,还应该培养和锻炼能够适应社会需要的通用能力,为未来的就业竞争和就业适应做好充足的准备。

一、就业综合能力结构需求

高职生应具备的就业综合能力有很多,可分类概括为两大能力,即就业竞争能力和就业适应能力。

1. 就业竞争能力

就业竞争能力简称竞争力,它直接影响就业效果。竞争力是就业的支撑性要素,是促进就业成功的重要力量。现代社会是一个充满激烈竞争的社会。时时、事事、处处都充满着竞争,是竞争推动社会的发展,是竞争促进人的能力提升,竞争不可回避、不可逆转,不进则退,不进则亡。面对充满激烈竞争的就业市场,高职生如何打破就业难的坚冰,如何在激烈的就业竞争中获得自己的一席之地,就要依靠竞争力。因此,高职生不仅要敢于竞争,善于竞争,还应当于在校期间培养和提高自身的竞争力,并为此做出努力。

高职生应具备的竞争力主要分为以下几种。

1)思维能力

思维能力是指在表象、概念的基础上进行分析、综合、判断、推理的能力。思维能力是就业竞争力的重要组成部分。常说思想决定思路,思路决定出路,如何进行"思",如何进行"想",就是一种思维能力。在严峻的就业形势面前,在激烈竞争的就业市场中,如何看、如何想、如何行,是高职生应当掌握的能力之一。只有思路正确,才会出路光明,这都取决于思维的能力。

案例 4-1

在无解中寻找答案

招聘现场,汇集着众多博士、硕士等大量精英人才。

精深的专业知识让这里的大多数人志在必得。然而,接下来发生的事,却与他们的预料相差甚远。简单地说,他们几乎同时被两道题难住了。

发下来的试卷上只写着两道算术题。拿到试卷,考场上有人发出了叹息声,应聘人员中,有人甚至认为文凭不高、靠自学成才的这家公司老总,出于嫉妒在捉弄他们。可是,认真一看考题,顿时就傻了眼:"18+81=( )6""6×6=1( )"。

就这么看似简单的两道算术题,任凭他们用尽了任何高深的运算,最后得出的结论是:无解。

考场内所有人都交上了空白的考卷。这时,老总笑吟吟地走了进来。

他先给大家讲了一个自己企业发展中的化解危机的例子:"本企业生产的产品是彩电中的显像管,几年前的一段时间,同行业竞争相当厉害。到最后,产品大量积压,可以说,为打开销路减少库存,全企业员工都费尽了心机。只有一个年轻员工,跑过来跟我说,现在产品的价格低到了最低点,我们不妨停止生产,把进原材料的成本和其他生产成本的一半,用来购进同类产品,只要这个行业还存在,这类产品的价格必然有一天会回升到其价值之上。年轻人的话,让我灵机一动,以前在我脑海里盘旋的只是如何寻找销路,几乎成了定势,现在倒过来,从卖出考虑到买进,是个好主意!"

老总神采飞扬,继续说:"我们用一半的生产资金收购了一大批这类产品,用一半的资金维持生存,半年之后,产品价格大幅上扬,且远远超出了原来的水准,企业从中获取了非常丰厚的利润。"

老总说完,拿起一张试卷,说:"至于说到这两道试题,并不是捉弄大家,请把试卷倒过来,再看一看。"

试卷倒置过来,刚才无解的考题变成了:

"9( )=18+81"、"( )1=9×9"。

应聘者几乎异口同声地叫起来:在两个括号中分别填上了"9"和"8"!

最后,这位老总意味深长地说:"我们需要的不是显而易见的答案,而是在无解中求解,给无解一个答案。这似乎不近人情,可是商业竞争就在时时刻刻不断地给我们出看似无解的难题,因此,我们需要那些能够在没有答案中找到答案的人。"

2）营销能力

营销能力是指一个人在现代社会生活中推销自我,获得他人信任和社会认可的能力。营销是卖的艺术,是满足他人的策略,是提高性价比的智慧。这种能力在求职择业中十分重要,可以说,求职的过程就是营销自己的过程,营销能力与求职成功率成正比。"我围绕求职应当做些什么?""我是一个怎样的人?""我需要什么样的职业?""什么样的职业适合我?""我能得到什么样的职业?"这些是构成就业营销的基本要素,高职学生只有真正弄懂了这些问题,自我推销才会成功。

3）发展能力

发展能力是指一个人身上表现出来的发展潜力以及自我激励、自我进取、自我完善、追求卓越的能力。这种能力在就业竞争中具有十分重要的作用,它是用人单位考察的一个重要指标,既要看你学得怎么样,发展得怎么样,还要看你的进取精神,团队合作的意识,责任感的高低,生活的态度,这些展现出来的都属于个人的发展能力。

4）创新能力

创新能力是指在各种智力因素和多种能力的基础上,利用书籍的信息,创造新颖独特具有社会价值的新理论、新思维、新设想、新工艺、新产品的能力。这是一种综合性的、高层次的思维和行动能力,是能力和素质中最关键、最重要的因素。

5）创业能力

创业能力是指一个人在职业生涯中进行创造性劳动的能力。这里的创业,既指创办"自己的企业",也指开创事业。自主创业是一项非常具有挑战性的社会活动,对创业者自身的智慧能力、气魄胆略、市场竞争力都是一种全方位的考验,它与个人的意志品质、商业意识,以及性格、气质、爱好和特长等有着紧密的联系,并不是所有毕业生都适合创业活动,但创业能力仍是竞争力的重要内涵和显著特征,是创业者创业成功的前提条件。

2. 就业适应能力

适应在心理学上一般指个体调整自己的动机和心理状态,使之与环境条件的要求相符合。适应能力是指个体在社会组织系统、群体或经济文化因素中,其生存功能、发展目标和实现相应的变化的能力。适应能力的高低直接影响到就业的成败,可以说,适应能力是高职生就业能力的核心能力。适者生存,不适者淘汰,是生物界与人类社会最普遍的法则。

高职生应具备的就业适应能力主要有以下几种。

1）人际交往能力

人际交往能力是适应环境的关键,是求职择业中非常重要的能力。人际交往的能力实际上是与他人相处的能力,它包括人际沟通和人际和谐两大基本内涵。人际交往或人际关系是工作学习中人与人之间必然要发生的联系和关系,是一种普遍的社会现象,是人与人之间心灵沟通的一种方式,能够正确地、有效地与同辈、同事、上级、老师、熟悉的人、陌生的人进行沟通,并协调处理好日常学习、工作和生活中人与人之间的各种关系,不仅影响到一个人对环境的适应状况,而且影响到一个人的工作效能、心理健康、生活愉快和事业成败。

2）表达能力

表达能力是指应用语言或文字阐明自己的观点、意见或抒发自己思想的能力,它包括口头表达能力,数字表达能力,图示表达能力等几种形式。特别是口头表达能力,无论是在求职面试上,还是在对外交往上都非常重要。一个人哪怕学贯中西、满腹经纶、技能超群,若缺乏表达能力,则难以把知识和信息传递出去,难以展示才华,让他人欣赏和接受。

3) 组织管理能力

组织管理能力就是通过建立组织结构,规定职务或职位,明确责权关系,以使组织中的成员互相协作配合、共同劳动,有效实现组织目标过程的能力。组织管理能力是一个人的知识、素质等基础条件的外在综合表现。现代社会是一个庞大的、错综复杂的系统,绝大多数工作往往需要多个人的协作才能完成,所以,尽管不是每个人将来都会从事管理工作,但每个人在工作中都不同程度地需要组织管理才能,这是现代社会对人才的基本要求。从某种角度来讲,每一个人都是组织管理者,承担着一定的组织管理任务。因此,高职学生应当积极培养和锻炼组织管理能力,适应社会发展的需要。

4) 客观评价自我的能力

客观评价自我的能力是指清醒地认识自我、评价自我、定位自我的能力。在就业市场中,有些高职生因缺乏客观评价自我的能力,往往出现自我定位"错位""失位",期望值过高或过低的倾向;或表现出高不成,低不就,这个单位不行,那个单位也不好;或唯唯诺诺,不敢尝试,坐失良机,难以适应就业形势与就业市场的变化。这说明,掌握客观评价自我的能力对高职生求职择业同样是十分重要的。

5) 承受一定挫折的能力

耐挫者胜,逆境成才大有人在。由于人生的成长并不都是坦途,求职择业也不会一帆风顺,高职学生在就业途中遭受挫折是正常的。遭受了挫折怎么办?怨天尤人没有用,自暴自弃只会雪上加霜,最好的办法莫过于定定神,静下心,认真思考,以积极的心态来对待挫折。如果一遇挫折就心烦气躁,头脑不冷静,乱了方寸,不知所措,则难以适应这激烈竞争和变革的时代。需要的是无论何时何地,在何事上碰到挫折,均不消沉,更不放弃,永远保持上进心和好的心情,这对高职生求职择业的成功十分重要。

二、综合能力提升途径

面对严峻的就业形势以及激烈的竞争,高职生应当结合自身实际在各方面提高自身的就业综合能力,做到"未雨绸缪"。根据自身的兴趣和专业规划好大学生涯,在能力和心理上做好择业、就业和创业的准备。

1. 认真规划学习,提高就业竞争能力

规划学习的能力即大学生应根据其职业发展的趋势并结合个人发展的需要学习方法的能力。这是一项需要长期做的事情,必须懂得学什么、何时学、何处学等。高职生要时常反思现在的知识结构是否能胜任现在或将来不久的职位,只有这样才能懂得学习要求、控制学习过程并及时调整自己的学习方法,灵活地适应自己所处的复杂环境,最终使学习活动达到预期的目的。

2. 做好职业生涯规划,科学系统地认识自我

首先要树立正确的职业理想。高职学生一旦确定自己理想的职业,就会依据职业目标规划自己的学习和实践,并为获得理想的职业做好积极准备。其次,正确进行自我分析和职业分析:自我分析即通过科学认知的方法和手段对自己的兴趣、气质、性格和能力等进行全面分析,认识优势与特长、劣势与不足。针对职业岗位对求职者的自身素质和能力的要求,制订系统科学的训练计划和培养方案,力求在大学期间培养和锻炼相关能力,为就业做好准备。

3. 利用社会实践,提高社会适应能力

借助社会实践平台,可以提高高职学生的组织管理能力、心理承受能力、人际交往能力和应变能力等,还可以使他们了解到就业环境、政策和形势等,有利于他们找到与自己的知识水平、性格特征和能力素质等相匹配的职业。对社会和环境的适应应该是积极主动的,而不是消极地等待和却步。高职生只有具备较强的社会适应能力,走入社会后才能缩短自己的适应期,充分发挥自己的聪明才智。因此,在不影响专业知识学习的基础上,大胆走向社会,参与包括兼职在内的社会实践是高职生提升自身就业能力和尽快适应社会的有效途径。

4. 锻炼性格,培养良好的心理素质

高职生在求学过程中应注意提高心理素质,尤其是在日常生活中注意锻炼自己坚韧不拔的性格。很多学生只注重专业知识、忽视心理素质,这使得他们在面对挫折和困难时,常常不知所措,影响到自己的择业、就业。因此,在求职中,应当充分了解就业信息,沉着、冷静应对所遇到的困难,用积极乐观的心态克服一切困难。

5. 树立正确的价值观,培养良好的职业精神

高职生要想获得成功,就必须树立正确的职业理想、职业价值观和人生观。在职业活动中,无私、正直、勤奋、诚实、守信、坚定、勇敢等优秀职业品质是人们在工作上做出成绩的必要条件。同时,良好的职业精神也是处理好各种人际关系所不可少的一个素质。高职生应当充分利用在校时间,培养自己的职业精神。

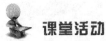
课堂活动

活动目的:

通过"RCCP通用人职匹配测试量表"帮助学生获得自己的人格特征更适合从事哪方面的工作。

活动内容:

一、请根据你对每一题目的印象作答,不必仔细推敲,答案没有对错之分。题目回答根据与实际情况符合程度来判断,与你的实际情况相符合的用"√"表示,不符合的用"×"表示,难以回答的用"?"表示。对有些你没有机会从事的工作,你也可以在"假设"从事过这些工作的情况下做出判断。

RCCP通用人职匹配测试量表

现实型(R)问题(1~18)

(　　)1. 你曾经将钢笔全部拆散、清洗,并能独立地将它装起来吗?

(　　)2. 你会用积木搭出许多造型吗?或小时候常拼过七巧板吗?

(　　)3. 你在中学里喜欢做实验吗?

( )4. 你对一些动手较多的技术工(如电工、修钟表、印照片、织毛线、绣花、剪纸等)很感兴趣吗?

( )5. 当你家里有些东西需要小修小补时(如窗子关不严、凳子坏了、衣服不合身等),常常是由你来做吗?

( )6. 你常常偷偷地摆弄不让你摆弄的机器或机械(如打字机、摩托车、电梯、机床等)吗?

( )7. 你是否深深体会到如果身边有一把锓指钳或老虎钳等工具,会给你提供许多便利吗?

( )8. 看到老师傅在做活,你能很快地、准确地模仿吗?

( )9. 你喜欢把一件事做完后再做另一件事吗?

( )10. 在做事情前,你经常害怕出错,而对工作安排反复检查吗?

( )11. 你喜欢亲自动手制作一些东西,从中得到乐趣吗?

( )12. 你喜欢使用锤子、斧头一类的工具吗?

( )13. 如果掌握一门手艺,并能以此为生,你会感到非常满意吗?

( )14. 你曾渴望当一名汽车司机吗?

( )15. 小时候,你经常把玩具拆开,把里面看个究竟吗?

( )16. 你喜欢修理自行车、电器一类的工作吗?

( )17. 你喜欢跟各类机械打交道吗?

( )18. 你亲手制作或修理的东西经常令你的朋友满意吗?

研究型(I)问题(19～36)

( )19. 你对电视或单位里的智力竞赛很有兴趣吗?

( )20. 你经常到新华书店或图书馆翻阅图书(文艺小说除外)吗?

( )21. 学生时代你常常会主动地做一些有趣的习题吗?

( )22. 你对一件新产品或新事物的构造或工作原理感兴趣吗?

( )23. 当有人向你请教某事情如何做时,你总喜欢讲清内部原理,而不仅仅是操作步骤吗?

( )24. 你常常会对一件想知道但又无法详细知道的事物想象出它是什么样的或将怎么变化吗?

( )25. 看到别人在为一个有趣的难题争论不休时,你会加入进去或者独自一人思考,直到解决为止吗?

( )26. 看推理小说或电影时,你常分析推理谁是罪犯,并且这种分析时常与最后结果相吻合吗?

( )27. 你喜欢做一些需要运用智力的游戏吗?

( )28. 相比而言,你更喜欢独自一人思考问题吗?

( )29. 你的理想是当一名科学家吗?

( )30. 你经常不停地思考某一问题,直到想出正确的答案吗?

( )31. 你喜欢抽象思维的工作吗?

(　)32. 你喜欢解答较难的问题吗？
(　)33. 你喜欢阅读自然科学方面的书籍和杂志吗？
(　)34. 你能够做那种需要持续集中注意力的工作吗？
(　)35. 你喜欢学数学吗？
(　)36. 如果独自在实验室里做长时间的实验，你能坚持吗？

艺术型(A)问题(37～54)
(　)37. 你对戏剧、电影、文艺小说、音乐、美术等其中的一两个方面较感兴趣吗？
(　)38. 你常常喜欢对文艺界的明星品头论足吗？
(　)39. 你参加过文艺演出、绘画训练或经常写写诗歌、短文吗？
(　)40. 你的朋友经常赞扬你把自己的房间布置得比较优雅并有品位吗？
(　)41. 你对别人的服装、外貌以及家具摆设等能做出比较准确的评价吗？
(　)42. 你认为一个人的仪表美主要是为了表现一个人对美的追求，而不是为了得到别人的赞扬或羡慕吗？
(　)43. 你觉得工作之余坐下来听听音乐，看看画册或欣赏戏剧等，是你最大的乐趣吗？
(　)44. 遇到有美术展览会、歌星演唱会等活动，你常常去观赏吗？
(　)45. 音乐能使你陶醉吗？
(　)46. 你喜欢成为人们注意的焦点吗？
(　)47. 你喜欢不时地夸耀一下自己取得的成就吗？
(　)48. 你喜欢做戏剧、音乐、歌舞、摄影等方面的工作吗？
(　)49. 你能较为准确地分析美术作品吗？
(　)50. 你爱幻想吗？
(　)51. 看情感影片或小说时，你常常眼圈湿润吗？
(　)52. 当接受一项新任务后你喜欢以自己独特的方法去完成吗？
(　)53. 你有文艺方面的天赋吗？
(　)54. 与推理小说相比，你更喜欢言情小说吗？

社会型(S)问题(55～72)
(　)55. 你常常主动给朋友写信或打电话吗？
(　)56. 你能列出五个你自认为够朋友的人吗？
(　)57. 你很愿意参加学校、单位或社会团体组织的各种活动吗？
(　)58. 你看到不相识的人遇到困难时，能主动去帮助他、安慰他或向他表示你同情吗？
(　)59. 你喜欢去新场所活动并结交新朋友吗？
(　)60. 对一些令人讨厌的人，你常常会由于某种理由原谅他、同情他甚至帮助他吗？
(　)61. 有些活动，虽然没有报酬，但你觉得这些活动对社会有好处，就积极参加吗？
(　)62. 你很注意你的仪容风度，这主要是为了让人产生良好的印象吗？

(   )63. 大家公认你是一名勤劳踏实、愿为大家服务的人吗?
(   )64. 旅途中你喜欢与人交谈吗?
(   )65. 你喜欢参加各种各样的聚会吗?
(   )66. 你很容易结识同性朋友吗?
(   )67. 你乐于解除别人的痛苦吗?
(   )68. 对社会问题,你很少持中庸的态度吗?
(   )69. 听别人谈"家中被盗"一类的事,很容易引起你的同情吗?
(   )70. 你通常不喜欢一个人独处吗?
(   )71. 在工作中,你喜欢听取别人的意见吗?
(   )72. 和一群人在一起的时候,你经常能找到恰当的话题吗?

管理型(E)问题(73~90)
(   )73. 当你有了钱后,你愿意用于投资吗?
(   )74. 你常常能发现别人组织的活动的某些不足,并提出建议让他们改进吗?
(   )75. 你相信如果让你去做一个个体户,一定会赚到钱吗?
(   )76. 你在上学时曾经担任过某些职务(如班干部、课代表等),并且自认为干得不错吗?
(   )77. 你有信心去说服别人接受你的观点吗?
(   )78. 你对一大堆数字感到头疼吗?
(   )79. 做一件事情时,你常常事先仔细考虑它的利弊得失吗?
(   )80. 在别人跟你算账或讲一套理由时,你常常能换一个角度考虑,而发现其中的漏洞吗?
(   )81. 你曾经渴望有机会参加探险吗?
(   )82. 你认为在管理活动中一个人的意志影响别人的行为是很必要的吗?
(   )83. 如果待遇相同,你宁愿当一名商品推销员,而不愿当一名机关办事员吗?
(   )84. 当你开始做一件事后,即使碰到再多的困难,你也执着地干下去吗?
(   )85. 你总是主动地向别人提出自己的建议吗?
(   )86. 你更喜欢自己下了赌注的比赛或游戏吗?
(   )87. 和不熟悉的人交谈对你来说毫不困难吗?
(   )88. 和别人谈判时,你不愿意放弃自己的观点吗?
(   )89. 在集体讨论中,你不愿意保持沉默吗?
(   )90. 你不愿意从事虽然工资少,但是比较稳定的职业吗?

常规型(C)问题(91~108)
(   )91. 你能够用一两个小时坐下来抄写一份你不感兴趣的材料吗?
(   )92. 你能按领导或老师的要求尽自己的能力做好每一件事吗?
(   )93. 无论填报什么表格,你都非常认真吗?
(   )94. 在讨论会上,如果不少人讲的观点与你的观点不同,你就不再发表自己的观点了吗?

（　）95. 你常常觉得在你周围有不少人比你更有才能吗?

（　）96. 你喜欢重复别人已经做过的事情,而不喜欢做那些要自己动脑筋摸索着干的事吗?

（　）97. 你喜欢做那些已经很习惯了的工作,同时最好这种工作责任心小一些,工作时还能聊聊天,听听歌曲吗?

（　）98. 你经常将非常琐碎的事情整理好吗?

（　）99. 你总留有充裕的时间去赴约会吗?

（　）100. 对别人借你的和你借别人的东西,你都能记得很清楚吗?

（　）101. 你喜欢经常请示上级吗?

（　）102. 你喜欢按部就班地完成要做的工作吗?

（　）103. 对于急躁、爱发脾气的人,你仍能以礼相待吗?

（　）104. 你是一个沉静而不易动感情的人吗?

（　）105. 你喜欢把一切安排得整整齐齐,井井有条吗?

（　）106. 你经常收拾房间,保持房间整洁吗?

（　）107. 你办事常常思前想后吗?

（　）108. 每次写信你都要好好考虑,写完后至少重复看一遍吗?

二、计分方法

与你的实际情况相符合的用"√"表示,得2分;不符合的用"×"表示,得0分;难以回答的用"?"表示,得1分。请你将上述6个部分答题结果的得分分别填入职业兴趣自我测评成绩登记表(见表4-1)。

表4-1　职业兴趣自我测评成绩登记表

类　　型	题　　号	得　　分
现实型(R)	1～18	
研究型(I)	13～36	
艺术型(A)	37～54	
社会型(S)	55～72	
管理型(E)	73～90	
常规性(C)	91～108	

如果你在某一部分得分明显高出其他部分,说明你属于该种典型类型的人。一般来说,综合性的兴趣特征者在生活中居多数。那么,怎么确定你自己的综合特征呢?

第一步,列出得分较高的两个兴趣类型的代号(　　)(　　)。

第二步,据此可知这位填表者的兴趣特征。然后,就可以依据这个类型代号在《36种职业兴趣类型表》(见表4-2)中进行查阅,便可知道自己的主要职业兴趣。

三、36种职业兴趣类型表

RR、II、AA、SS、EE、CC为典型类型,其余都是综合类型。

表 4-2　36 种职业兴趣类型表

	现实型(R)	研究型(I)	艺术型(A)	社会型(S)	管理型(E)	常规型(C)
现实型(R)	RR	IR	AR	SR	ER	CR
研究型(I)	RI	II	AI	SI	EI	CI
艺术型(A)	RA	IA	AA	SA	EA	CA
社会型(S)	RS	IS	AS	SS	ES	CS
管理型(E)	RE	IE	AE	SE	EE	CE
常规型(C)	RC	IC	AC	SC	EC	CC

典型现实型(RR)：需要进行明确的、具体的、按一定程序要求的技术性、技能性工作,如机械操作人员、电工技师、技术工人。

研究现实型(IR)：具有一定科技含量的技术、技能性工作,如计算机编程人员、工程技术人员、质量检验人员。

艺术现实型(AR)：需要一定艺术表现的技术或技能性工作,如雕刻、手工刺绣、家具、服装制作。

社会现实型(SR)：与人打交道较多的技术或技能性工作,如出租汽车驾驶员、家电维修人员。

管理现实型(ER)：需要一定管理能力的技术或技能性工作,如领航员、动物管理员。

常规现实型(CR)：常规性的技术或技能性工作,如计算机操作人员、机械维护人员。

典型研究型(II)：需要通过观察、科学分析而进行的系统的创造性活动的科学研究工作和理论性工作,如数学、物理等学科的研究人员、学术评论者。

现实研究型(RI)：侧重于技术或技能性的科学研究工作,如机械、电子、化工行业的工程师、化学技师、研究室的实验人员。

艺术研究型(AI)：艺术研究方面的工作,如文艺评论家、艺术作品编辑、艺术理论工作者。

社会研究型(SI)：社会科学研究方面的工作,如社会学研究人员、心理学研究人员。

管理研究型(EI)：管理研究方面的工作,如管理学科研究者、管理类刊物编辑。

常规研究型(CI)：常规性的研究工作,如数据采集者、资料搜集人员。

典型艺术型(AA)：需要通过非系统化的、自由的活动进行艺术表现的工作,如演员、诗人、作曲家、画家。

现实艺术型(RA)：较多运用现代科技的艺术工作,如电视摄影师、录音师、动画制作人员。

研究艺术型(IA)：具有探索性的艺术工作,如剧作家、时装艺术大师、工艺产品设计师。

社会艺术型(SA)：侧重于社会交流或社会问题的艺术工作,如作家、播音员、广告设计、时装模特。

管理艺术型(EA)：一定管理能力的艺术工作,如节目主持人、艺术教师、音乐指挥、导演。

常规艺术型(CA):常规性的艺术工作,如化妆师、花匠。

典型社会型(SS):需要更多时间与人打交道的说服、教育和治疗类的工作,如教师、公关人员、供销人员、社会活动家。

现实社会型(RS):具有一定技术或技能的社会性工作,如护士、职业学校教师。

研究社会型(IS):需要做一些分析研究的社会性工作,如医生、大学文科教师、心理咨询人员、市场调研人员、政治思想工作者。

艺术社会型(AS):具有一定艺术性的社会工作,如记者、律师、翻译。

管理社会型(ES):需要一定管理能力的社会工作,如工商行政人员、市场管理人员、公安交警。

常规社会型(CS):常规性的公益事务工作,如环卫工作人员、工勤人员。

典型管理型(EE):需要胆略,冒风险且承担责任的活动,主要指管理、决策方面的工作,如企业经理、金融投资者。

现实管理型(RE):具有一定技术或技能的管理性工作,如技术经理、护士长、船长。

研究管理型(IE):需要侧重于分析研究的管理工作,如总工程师、总设计师、专利代理人。

艺术管理型(AE):与艺术有关的管理工作,如广告经理、艺术领域的经纪人。

社会管理型(SE):与社会有关的管理工作,如销售经理、公关经理。

常规管理型(CE):常规性的管理工作,如办公室负责人、大堂经理、领班。

典型常规型(CC):严格按照固定的规则、方法进行重复性、习惯性的劳动,并具有一定自控能力的相关工作,如出纳员、行政办事员、图书管理员。

现实常规型(RC):需要一定技术或技能的常规性工作,如档案资料管理员、文印人员。

研究常规型(IC):需要经常进行一些研究分析的常规性工作,如估价员、土地测量人员、报表制作人员、统计分析员。

艺术常规型(AC):与艺术有关的常规性工作,如美容师、包装人员。

社会常规型(SC):需要更多时间与人打交道的常规性工作,如售票员、营业员、接待人员、宾馆服务员。

管理常规型(EC):需要一定管理能力的常规性工作,如机关科员、文秘人员。

 案例分析 4-1

无证人员操作起重机致1人重伤

宋先生(化名)是一家商贸公司的老板,常在码头装卸货物。2009年5月13日下午,船上有剩余的石头需要吊上岸装车,宋先生的妻子到附近找来持有起重机操作证的临时工邹先生帮忙。

工作到傍晚时分,邹先生的弟弟邹祥田到码头来找他,由于弟弟也会操作起重机,邹先生便让邹祥田帮他吊石头,并将此事告诉了宋先生。19时左右,天色渐渐变暗,邹祥田想趁最后一点光线抓紧做完。于是,宋先生按邹先生的提议,让一名清仓工去寻找照明设备。

清仓工绕到起重机后部时,邹祥田正吊起一车石头,谁知就在起重机转动时,挤压到了这名清仓工。听到喊叫声后,邹祥田立即停止操作下车查看,发现清仓工脸上流着血,捂住胸口躺倒在地。邹祥田急忙和一旁的几个人将清仓工送往医院急救,经抢救保住了性命,但是留下了终身残疾。

检察院承办检察官在依法讯问时,邹祥田承认自己会开起重机,但没有起重机操作证。经相关部门查证,无证操作起重机是这起事故发生的直接原因。

【分析】

为什么国家要求持证上岗?上述案例可以从一个方面来说明,持证上岗不仅是国家规范的需要,也是为了个人安全和社会稳定的需要。

 课后思考

1. 结合自身情况,说说你具备哪些能力?欠缺哪些能力?
2. 结合实际情况,谈谈如何建立自己的综合能力结构。
3. 结合刚刚构建的能力结构,谈谈你要通过哪些途径和方法去培养综合能力。

 延伸阅读

企业面试看中的七种能力

找一份理想的工作是许多大学毕业生最大的心愿,而进入那些知名的大企业更是许多毕业生的梦想。因此,如何应付企业的面试成为毕业生最为关注的话题。

据了解,这些名企的面试往往有一定的程序。因此,一定要有所准备才能"百战不殆"。而要在面试前得到有关信息,常常采用的有这样几个方法:一是充分利用人际关系,与近年进入该企业工作的师兄师姐沟通,以预测面试题目的方向;二是查询该企业的资料,深入了解企业文化特点,联系当前情况,自己预测考题;三是利用网络资源,登录该企业网站,查询相关信息及面试题目。从目前的情况来看,最普遍也最为有效的方式,仍然是向往届毕业生咨询相关信息。

面试题往往与各公司的企业文化和重点关注的东西有密切的关系,我们可以做出如下总结。

(1)忠诚度:面临跳槽,企业往往会看重应聘者对忠诚度的看法。尤其是一些国有大型企业,更为重视员工的忠诚度。在康佳集团的招聘中,面试官就提出了"请分析职业技能和忠诚度哪个对企业更重要"的问题。

(2)实践能力:在注重学生学习成绩的同时,相当多的企业非常重视应聘者的实践经历。例如通用电气(中国)有限公司(GE)就表示,该公司要招聘的绝不是简单的"学习机器",在校期间实习、兼职、家教的经验都是积累社会经验的好机会,这都应该受到企业的重视。

(3)团队协作精神:规模宏大的名企往往非常重视员工的团队协作精神。例如联想集团人力资源部的有关负责人就表示,该公司尤其欢迎具有团队协作精神的应聘者。

(4)创新精神:对于大型企业来说,离开了创新,就等于失去了生命力,因此应聘者是否具有创新精神也是重点要考查的。如联想集团在面试中就十分重视应聘者的创新精神和能力。

(5)对企业文化的认可程度:企业在招聘过程中常常会考虑员工是否能够认可和适应该企业的价值观和企业文化,这将决定员工是否能够很好地为企业服务。例如SONY公司在招聘过程中把员工能否适应日本文化,尤其是把员工能否适应SONY的企业文化作为重点考核的内容。GE在招聘中也要看学生是否喜欢、是否认同该公司的价值观,即"坚持诚信、注重业绩、渴望变革"。

(6)人际交往能力和良好的沟通能力:如SONY把人际沟通能力作为重点考核的内容,而毕博管理咨询(上海)有限公司人力资源部的经理则透露,该公司在招聘过程中非常重视学生的沟通技巧,因为作为未来的咨询师,应聘者一定要具有与客户沟通、协调的能力。

(7)对新知识新能力的求知态度和学习能力:一位企业负责人表示,应届毕业生往往不具备直接进行业务操作的能力,基本上都要经过系统的培训,所以学习能力和求知欲应该是重点考查的内容。很多企业都坚持这一原则。GE的公关总监表示,公司不是很在乎应届生与公司要求之间的差距,因为GE对自己的培训体系非常自信,被聘者只要有强烈的求知欲和学习能力一定可以通过系统的培训脱颖而出,因此在面试中求知欲和学习能力这两项内容的考核十分关键。此外,UT斯达康、欧莱雅、安永……都表示良好的学习能力和强烈的求知欲是企业十分重视的。

随着职场上竞争的日趋激烈,面试已经成为一门学问,而新的面试题目和面试方式也层出不穷。GE在面试时,就推出了情景模拟面试的新思路,即根据应聘者可能担任的职务,编制一套与该职务实际情况相仿的测试项目,将被测试者安排在模拟的、逼真的工作环境中,要求被试者处理可能出现的各种问题,以此测试其心理素质,观察应聘者的领导能力、领导欲望、组织能力、主动性、口头表达能力、自信程度、沟通能力、人际交往能力。GE还把情景模拟推广到对技术工人的选拔上,如通过齿轮的装配练习,评估应聘者的动作灵巧性、质量意识、操作的条理性及行为习惯。孰优孰劣,泾渭分明。

想进入名企工作,以实现自己的人生价值,面试是必须通过的一关,知己知彼才能百战不殆,相信只要一方面对自己有清醒的认识和准确的定位,一方面对企业的情况有深入的了解,一定可以在面试中脱颖而出。

第三节　就业心理指导

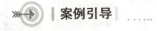

煮熟的鸭子飞了

李强、谭大伟是住在同一个宿舍的同学,他们所学的专业都是市场营销。毕业时,他们在学校的食堂前看到了一家外企的招聘启事,他们都邮寄去了自己的求职材料。后来他们都顺利地通过了笔试,并同时收到面试通知。

面试时,他们被分在两个会议室。

主考官问了李强一系列关于市场营销的问题。李强对答如流,并不时提出自己的新见解,受到了主考官的赞赏。在另一个会议室,谭大伟的面试也进行得很顺利,主考官对他的回答也表示十分满意。

在面试就要结束时,主考官向李强和谭大伟提出了同样的问题:"对不起,我们公司的电脑出了故障,参加面试的名单里没有你,非常抱歉!"不过,说这句话的是在不同的会议室里。

胜利在望的李强听到了主考官的话后,马上就变得没有了风度。他生气了,质问考官为什么会出现这样的事,他这么优秀的一个人,在学校里每次考试都是第一名,为什么居然不能进入面试?他说,这是公司成心在耍他。

主考官对他说:"你先别生气。其实,我们的电脑并没有出错,你以第一名的成绩进入了我们的面试名单。刚才的插曲不过是我们给你出的最后一道题。面对竞争激烈的就业,你感到惶恐和不安是正常的。但是,你的心理承受能力实在是太差了。市场营销部是全公司最有可能经历风险的部门,作为这个部门的高级人员,我们需要有良好的心理素质的人才。我们希望你能找到更合适的工作。"

李强愣住了:前功尽弃了!没想到这也是一道考题!

而在另一间会议室里,谭大伟在听完了同样的问题之后,面带微笑,十分镇定地说:"我对贵公司发生的这个错误十分遗憾,但是我今天既然来了,就说明我和公司有缘分。我想请您给我一次机会。这个计算机的失误对于我来说,或许是人生的一个难得的机遇,对于公司来说,这或许意外地选择了一个优秀的员工。"

主考官露出了满意的神情:"你真是一个不错的小伙子!我愿意给你这个机会。"

高职生毕业离校,完成从在校学生向职业人的转型,这个过程不仅反映了其身份的转变,更反映了其内心世界发生的巨大变化,是每个人一生中重要的转折。对于即将毕业的大学生来说,要想顺利度过这个过程,完成转型,融入社会,需要自觉加强就业心理准备,了解常见的就业心理问题和解决办法,努力提高就业心理自我调适能力,以良好的心态面对就业。

一、大学生就业心理准备

俗话说,机遇只偏爱那些有准备的人。为了顺利就业,高职学生不仅要掌握专业技能,提升就业竞争力和适应力,还要调整就业心态,做好充分的心理准备。具体应从以下几个方面做好心理准备。

1. 适应角色转变的心理准备

高职生在毕业季会因即将到来的就业而出现很大的心理压力。原本有父母对学业和生活的支持,校园生活相对轻松和单纯,但在毕业季,学生将开始考虑未来的工作和生活,由普通学生向现实的社会人转变,实现角色转变。即将走出象牙塔的学生,会面临很多问题,社会上不会有或很少有像学校、家人、亲友和同学对自己全方位的关心和指导,需要学生自己学会独当一面,为自己负责。因此,高职生需要正视自己的转变,明白社会竞争的残酷,客观冷静地面对求职。为认识社会和了解社会做好准备,以积极的心态去应对竞争,适应社会的同时,也被社会接纳。

2. 全面认识自我的心理准备

在选择工作的时候,高职学生经常会出现一个误区,即大部分学生对自己的性格特点和职业兴趣并没有一个清晰的认识,导致找工作的时候不能结合自身特点和兴趣爱好去寻找适合自己的工作,工作后并不开心,甚至面临离职的问题。比如有的同学性格外向,爱和人打交道,喜欢刺激和挑战,不喜欢一成不变的工作状态,那么他们在选择工作的时候就应当扬长避短,尽量选择能给自己带来新鲜感状态的工作,而不是坐在办公室里日复一日地对着电脑干活。高职生只有认识自己,知道自己是什么样的人,自己对工作状态的喜恶是什么,自己擅长什么,不擅长什么,才能制订计划,按照计划进行自我指导,找到理想的工作。

3. 积极主动竞争的心理准备

随着高校自主招生,实行扩招政策,毕业生正在逐年增多,且势头迅猛。大学生就业竞争日趋激烈,就业形势十分严峻。双向选择、自主择业的竞争机制,既让大学生有了自我展示和实现梦想的舞台,也为他们带来了择优录取、竞争上岗的机会。因此,高职学生应当强化竞争意识,积极主动地迎接挑战。在校期间应对自己的专业和就业前景进行全面的了解,积极寻求个人发展与社会需求的结合点,以点带面强化自己的专业技能和综合能力,提高自身的竞争力,以适应社会的需要。同时,面临毕业和就业,应当主动了解市场导向,收集就业信息和资源,寻找和自己性格兴趣契合的工作和单位,并针对性地做好准备,主动迎接就业挑战。在就业过程中,应积极地争取就业机会,不放过每一个可能。

案例 4-2

面试中凭借两块钱进外企

在一次招聘会上,北京某外企人事经理说,他们本想招一个有丰富工作经验的资深会计人员,结果却破例招了一位刚毕业的女大学生,让他们改变主意的起因只是一个小小的细节:这个学生当场拿出了两块钱。

人事经理说,当时,女大学生因为没有工作经验,在面试一关就遭到了拒绝,但她并没有气馁,一再坚持。她对主考官说:"请再给我一次机会,让我参加完笔试。"主考官拗不过她,就答应了她的请求。结果,她通过了笔试,由人事经理亲自复试。人事经理对她颇有好感,因为她的笔试成绩最好,不过,女大学生的话让经理有些失望。她说自己没工作过,唯一的经验是在学校掌管过学生会财务。找一个没有工作经验的人做财务会计不是公司的预期,经理决定收兵:"今天就到这里,如果有消息我会打电话通知你。"女大学生从座位上站起来,向经理点点头,从口袋里掏出两块钱双手递给经理:"不管是否录取,请都给我打个电话。"经理从未见过这种情况,问:"你怎么知道我不给没有录用的人打电话?""您刚才说有消息就打,那言下之意是没录取就不打了。"

经理对这个女大学生产生了浓厚的兴趣,问:"如果你没被录取,我打电话,你想知道些什么呢?""请告诉我,在什么地方我不能达到你们的要求,在哪方面不够好,我好改进。""那两块钱……"女大学生微笑道:"给没有被录用的人打电话不属于公司的正常开支,所以由我付电话费,请您一定打。"经理也笑了:"请你把两块钱收回,我不会打电话了,我现在就通知你:你被录用了。"

4. 不惧挫折、困难的心理准备

就业压力的增大,除了给高职生带来竞争的压力,也带来了失败的可能。面临择业就业,高职生因为自身或外界种种因素的影响,常常无法达到自己的预期,有些同学找的工作不理想,有些同学甚至找不到工作。由此滋生出许多负面情绪和消极心理,比如自卑、焦虑、恐惧和逃避等,甚至会有更加极端的想法和行为出现。值得注意的是,这些负面情绪和消极心理的产生,甚至是极端行为的出现,除了有面临挫折时的自然反应,更多的是没有做好面对挫折的准备而扩大了消极情绪给自己带来的影响。因此,高职生应当对就业过程中会面临的曲折和艰难有一定的认识和准备,做到不盲目乐观也不过分悲观,预想可能会出现的问题和原因,不惧挫折,在失败后及时总结和修正错误,为下一次就业的挑战积累经验,直到找到满意的工作。

 案例 4-3

从"枯井"中脱困的驴子

有一天,某个农夫的一头驴子,不小心掉进了一口枯井里,农夫绞尽脑汁想救出驴子,但是几个小时过去了,都没有成功。农夫决定放弃,他想:这头驴子年纪大了,不值得大费周折去把它救出来,不过无论如何,这口井还是得填起来。于是农夫便请来左邻右舍帮忙一起将井中的驴子埋了,以免除它的痛苦。

邻居们手拿铲子开始将泥土铲进枯井中。驴子在了解了自己的处境后,刚开始哭得很凄惨。一会儿之后,井底下就没有声音了。众人叹了一口气,探头往井下一看,井下的景象令大家大吃一惊:

当铲进井里的泥土落在驴子背部时,驴子的反应令人称奇——它将泥土抖落在一旁,然后站到铲落的泥土堆上面!

就这样,驴子将大家铲在它身上的泥土全数抖落在井底,然后再站上去。很快地,驴子便上升到井口,在众人的欢呼声中快步地跑开了。

大学生在就业路上难免会遇到挫折,陷入"枯井",甚至还有各种"泥沙"倾倒在身上,而想要从这些"枯井"中脱困的秘诀就是:将"泥沙"抖落掉,然后站到上面去!求职过程中遭遇挫折是很难避免的。挫折并不可怕,可怕的是不能冷静面对挫折、正视挫折。就像那只身处绝境中的驴子,在众人都无法帮助它的情况下,能够帮助自己脱离绝境的只有自己。面对灭顶之灾的驴子,如果自我放弃,只能是在众人的叹息声中被掩埋。

5. 树立正确择业观的心理准备

就业是一个动态过程,职业的获取和发展并非一成不变。当今社会,就业市场化、人才流动和再就业已经成为普遍现象。高职毕业生应当面对和接受这一现状,不要执着于"就业

就是一步到位""工作要从一而终"的陈旧观念,在职业生涯规划和发展的基础上合理规划自己的工作蓝图,树立正确的择业观和就业观。以平常心对待初次就业,不局限于自身学历、专业和个人偏好,调整自己的就业期望值。在就业环境和就业状态还不理想、学历和素质还有待提高的情况下,选择"先就业再择业",不必为第一份工作不如意而过分忧心。通过在工作中不断积累工作经验,提高工作能力,为实现个人职业发展的最终目标而不断努力。最终通过正当的职业流动,逐步实现自我价值。

 案例 4-4

小企业里能做大事业

小陆前年从职校毕业,学的是数控车床,由于是热门专业,他对求职充满信心,认为找一个理想的岗位十分容易,不能急于工作而自掉"身价"。因而他对求职应聘自定了三个标准:薪酬低于 3000 元不去,企业规模小不去,交通不方便不去。

事与愿违,小陆参加应聘数十次,却均以失败告终:要么是因为"三个标准"难以同时满足,要么是因为满足"三个标准"的企业认为小陆刚从学校毕业,缺乏工作经验和技能,暂难适应企业的要求。看着昔日的同学们一个个走上工作岗位,小陆坐不住了。

于是,他来到区职业介绍中心,接待他的是职业指导员老姚。听完他的介绍后,老姚做出了自己的分析:"三个标准"本身并没有问题,年轻人有高的要求和目标是好事,但实现目标要根据自己的情况选择合适的方法。从小陆目前的情况来看,达到"三个标准"有些困难,最主要是因为他缺乏工作经验。因此,要达到求职目标,首先必须"降低"标准。针对他缺乏工作经验的现状,老姚建议小陆先放低就业门槛,到规模较小、薪酬较低的企业去锻炼,等经验积累到一定水平后再去实现"三个标准"。接着,老姚进一步指导小陆:只要能充分体现自己的价值,在哪里干还不一样?小企业也能够做成大事业……

前几天,老姚偶遇小陆,问及现状,小陆表现得很高兴。原来,正是老姚的一席话,使他想通了很多。他在一家镇办企业从底层做起,勤钻业务、苦练技能,短短几个月就从工人做到生产厂长助理。问他准备什么时候跳槽到大企业,他笑笑说:"暂时不想了,还是姚指导说得对,小企业也能做番大事业。"临别,他还笑着悄悄地告诉老姚,企业要扩大生产规模,准备和日商建立合作关系,并对他另有重用,他正在积极学习日语呢。

"小企业里也能做番大事业"这一就业观念,对许多青年求职者来讲很重要。像小陆这样的求职者有很多,往往由于就业观念的偏差,他们错失了许多机会。希望更多的年轻人明白,小企业中也能锻炼出丰富的经验,小企业也有发挥才能的岗位。

二、高职生就业心理解析

面临就业,高职生除了要做好就业的心理准备之外,还要了解当前毕业生的就业心理状况,对常见的错误心态、矛盾心理和心理障碍有一个全面的认识,避免自己落入同样的境地,并在出现问题的时候,学会自我调适和指导。

1. 常见的错误心态

1）过分自卑或者过度自负，自我定位不清晰

自卑是一种通过自我否定而产生和达到自我厌弃状态的心理表现，这种情绪的产生多来源于对自身能力的不自信和自身某些不足之处引起的消极暗示。比如：部分学生认为自己长相不够好，性格内向孤僻；部分学生在校期间没有突出表现，能力平平，自觉没有竞争优势；女生认为自己不如男生，农村学生认为自己比不过城市学生，等等。而高职生自卑心理的产生，往往因为自身学历的限制，认为自己不如本科生有竞争优势，进入社会后在领导和同事心中也比别人"矮一截"。自卑心理很普遍，从某种程度上来说，所有人都产生过这种心理。但是自卑过度，并且不加节制和调整，就会对大学生求职择业，甚至人生规划产生严重的影响。出现这种心理的时候，毕业生应当及时调整自己的状态。对自己要有信心，坚信"每个人都有自己的闪光点"，发掘自己的优势和劣势，并在学习和生活中锻炼各方面的能力，扬长避短。

与自卑心理相反的是自负心理。自负是对自己和周围环境定位不清晰而造成的盲目自大的心理表现。这种心理的产生多发生在那些自认为比别人优秀的群体身上，比如，名牌学校的学生、高学历的学生、学习成绩较好的学生、能力较突出的学生，等等。这类学生的确有骄傲的资本，也比同期竞争者更有优势，但是，如果高估自己的能力，对就业形势的认识不够客观，想着毕业后进条件较好的国企、名企工作，以大城市、关键岗位、高薪职位为理想的职业生涯起点，这样盲目自大，好高骛远，脱离实际，最终结果就是不能按照心理预期找到"好"工作，耽误了求职进度。

2）盲目攀比或者随波逐流，没有坚定的目标

毕业生的就业择业不仅仅是个人行为，也是社会行为。在社会环境下，毕业生就业择业往往会被他人影响，产生不好的效果，常见的不良表现为盲目攀比和随波逐流。

攀比心理是指毕业生脱离自己的实际水平，而与他人盲目比较，并由此产生嫉妒、好面子等不良情绪。盲目攀比的问题，表现在对自身和周围环境缺乏理性分析，一味陷于攀比行为本身，而忽视攀比行为可能带来的正面效果和负面影响，陷入思维死角。不少学生存在这样的心理，不愿意比别人差。比如学生干部和成绩优秀的学生，就会觉得自己相较于普通学生，应该有更好更体面的工作。在面临择业的时候，因为虚荣心强和争强好胜，看不到自身的缺点，对自己缺乏客观的认识，在比较的过程中迷失自己，错失适合自己的职业。

从众心理是指毕业生受到外界影响，在知觉、判断、认识上表现出符合公众舆论或多数人行为方式的心理表现。高职学生存在这种心理的也不少，比如部分学生会以寝室为单位集体找工作，去同一家单位"集体就业"，个别人不能适应工作环境和工作内容后，又"集体跳槽"。又比如很多学生会盲目追求社会推崇的价值观和职业体系，而忽略自己的性格特点和环境因素，没有从自身发展和国家需要去考虑，放弃适合自己或者需要自己的工作，而盲目追求所谓发达地区的热门单位、热门职位。这些缺乏主见的从众行为，都会让高职毕业生错失掉原本可以有更大发展空间的职业。

3）重视外在条件，忽视职业发展

许多用人单位在应聘的时候，最喜欢问的问题之一就是"你对自己的职业发展有什么规划"，在"最后还有什么想问的"这类应聘者提问环节，也更希望听到关于晋升空间和晋升渠

道方面的问题。可见,对用人单位来说,他们更希望招聘的学生有自己的职业规划,而不是只关心薪资待遇等条件。

高职毕业生在择业的时候,往往过分关注薪资待遇,而忽略单位的成长平台有多大的潜力,对自己有多大的帮助。有些学生不愿意吃苦,不想从事一线工作,甚至因为工作地点离市区远而辞职。其实,刚毕业的学生理论基础和实际操作技能相对薄弱,择业的时候应该更加重视在岗位上学习职业能力的机会。

案例 4-5

大学生争当淘粪工,追求"钱"景切莫忽视前景

广州市环卫局下属某单位第一次公开向社会招聘13个职位,引来本科生、研究生共286名竞相应聘。其中,广州市卫生处理厂化制车间一个要终日与病死禽畜打交道的职位,居然引来19名本科生和7名研究生角逐。脱颖而出的暨南大学环境工程专业研究生小左道出心声:"这里待遇很稳定,又有各种保险、公积金。"普通人难以忍受的工作环境,却引来高学历才子的青睐,成为社会关注的新闻焦点。

济南市事业单位招考中,5个淘粪工名额却引来391人竞争,其中大学生比比皆是,甚至还有1名研究生。最终,在签订"3年之内不允许调整岗位,也不允许有任何形式的离开"的岗位协议后,3男2女5位大学生获得了这个岗位。"淘粪工"李军坦言,自己当时选择这份职业的最大考虑,一是这个岗位又脏又累,参与竞争的人会少些;二是"淘粪工"这个职业和他以前的建筑工地技术员相比,待遇高有编制有保障;三是想通过考试证明一下自己,增强信心。"大学生争当淘粪工"更成为当年"两会"代表热议的话题。

社会人士指出,大学生乃至研究生之所以竞相争当"环卫工""淘粪工",一个很重要的原因是这个工种有事业编制,即所谓的"铁饭碗"。但随着我国经济体制改革和收入分配改革的不断深入,全员聘任制将是用人制度改革的必然选择,包括公务员和事业单位员工在内的所谓"铁饭碗"终将被打破。同时,社会保障机制将更加完善,"五险一金"等人们所关注的社会保障体系正在成为现实。

社会工作并无高低贵贱之分,但对于大学生而言,如果现在选择的不是打算永久要坚持下去的职业,最好尽早离开。大学生要规划好自己的目标职业,尽量做和其相关的工作,这样即便报酬很低,但也会为自己未来发展汲取并积攒经验。任何人做任何工作,至少都要遵循两个基本出发点:一是前景在哪里?另一个就是"钱"景是什么?物质追求无可厚非,但对于刚进入社会的学生来说,一味追求"钱"景而忽视前景,影响的将是今后整个人生。

2. 常见的矛盾心理

1) 求职理想和职场现实之间的矛盾

理想工作,对于每个人来说都有不同的定义。标准不一样,结果也不一样。高职生怀着对未来的美好憧憬,都希望在校期间能学有所长,凭借自身的努力收获美好的工作。然而,随着高校扩招,就业市场饱和甚至萎缩,人人都能找到理想工作已变得不现实。很多毕业生

对理想工作的认识也不清晰,认为高起点、高收入、工作轻松就是好工作,不清楚自己适合做什么。当残酷的就业形势和美好理想产生矛盾,许多学生会产生巨大的心理落差。

理想和现实总是有差距的。高职毕业生在处理这两者之间的矛盾时,应当适当降低自己的期望值,同时努力去获取能匹配自己理想的能力,即便没完成理想,也不沉湎在失望和悔恨之中,而要通过后续的不断努力去实现梦想。

2) 独立求职和依赖社会关系之间的矛盾

大学生进入高校之后,会有脱离父母掌控和家庭束缚的自由感。很多学生会急于寻求生活的独立,并在毕业求职的过程中期待凭借自身努力找到理想工作,让家人放心,并引以为傲。但是,他们在学习上要依赖老师,在经济上要依赖家庭,在就业上要依赖学校,在社会各方的保护下,处处被人照顾,还没形成独立的性格和能力,他们虽怀揣着独立求职、万事靠自己的愿景,却仍要接受家庭、学校对其就业的帮助。有的学生甚至存在"毕业即失业"的情况,毕业后在家里啃老,或者需要父母出面解决就业。

高职学生在处理独立求职和依赖社会关系之间的矛盾时,应当追究矛盾产生的根本原因,即自身能力不足。应在读书期间,养成独立自主的思维方式和生活习惯,并努力提高就业所需的各项能力。多参加社会实践,积极主动地为融入社会做好准备。

3) 成就事业和不能吃苦之间的矛盾

每个人都想成就一番事业,名利双收,实现人生价值。但是,世上没有免费的午餐,想要成就事业,就要做好吃苦的准备。当今社会,经济水平飞速发展,大部分家庭都能为孩子提供良好的生活环境。高职学生在进入社会之前大多都没有经历过艰苦生活的磨炼,普遍缺乏到艰苦环境去就业和创业的心理准备。他们择业标准大多是收入高、工作轻松、环境优美、朝九晚五,不愿意去基层就业,尤其是跟大专学历对口的一线工人和操作员的工作岗位更是极力避免。耽于享乐,不肯吃苦,对大城市、好单位的就业岗位趋之若鹜,对小城市、民营企业看不上。最终不仅找不到满意的工作,还造成用人单位的岗位流失和浪费。

高职生在处理成就事业和不能吃苦之间的矛盾时,应当克服怕吃苦的心理,明白万事都要靠自身努力去经营。在日常学习和生活中,培养艰苦朴素的作风,从小事做起,比如不迟到早退,用这样的方式去培养自己吃苦的精神。

 案例 4-6

不够吃苦耐劳——城市独生子就业被看轻

在很多时候,城市孩子和独生子女都比农村孩子和非独生子女更有优越感。但是在河南省近期的一场毕业生招聘会上,城市孩子和独生子女却受到了不少招聘单位的冷遇。一些招聘单位甚至直接表示:拒绝城市孩子和独生子女。一时间,城市独生子女遭遇"就业歧视"的话题,引起了社会的关注。

招聘单位——城市独生子女不够吃苦耐劳

"我们一不要城市孩子,二不要独生子女。"前不久,在河南省首届水电行业应届毕业生招聘会上,中国水利水电某工程局提出的招聘条件让一些毕业生感到意外。

该单位招聘工作人员说,这是该单位多年的经验。地质勘测常在野外作业,条件比较艰苦,以前招聘的很多城市孩子和独生子女都因受不了苦而离开,给企业造成很大的损失。所以,现在他们干脆只挑农村学生,而且一般不考虑独生子女。

有着同样招聘条件的,还有现场许多工程类用人单位。中铁某局一口气签走了华北水利水电学院的16名学生,但是却退回了3名城市独生子女学生的简历。

郑州市市政部门一位负责人也说,他们曾经招聘了一批技术人员,多是独生子女。因经常夜间作业,很多人吃不了这份苦,不长时间就撂挑子走人了,让单位十分被动。所以从工作考虑,招用农村的非独生子女要比招用城市的独生子女更可靠。

河北某水利水电勘测设计院的工作人员说得更加有理有据。他说,他们单位曾专门做过统计,独生子女就业后流失率高达60%。对于设计院来说,与学习成绩、专业素质等"硬件"相比,意志品质、吃苦耐劳的精神这些"软件"更加重要。

鲜明对比——城里娃农村娃就业观差别大

"找不到工作,老爸得养活我。"郑州市独生女小郭轻描淡写地说。从学校毕业才一年时间,小郭已先后两次跳槽,如今在家里待业。

小郭的第一份工作,是在她爸爸的朋友的公司里做行政管理。可她认为那份工作的工资不是太高,工作却太累,所以不到半年,她就撂挑子走人了。

小郭的第二份工作是她自己应聘的,可这次她又感觉干事都得看人脸色,不久便不辞而别,连最后一个月的工资都懒得去领。再后来,她爸爸的朋友又给她介绍了第三份工作。可她听朋友说,那份工作不怎么样,所以连报到都没有去,至今在家中待业,靠父母生活。

像小郭这样的情况,有专家认为这是"独生子女就业综合征"的表现。这些独生子女不愿意接受公司纪律和体制的约束,喜欢按照自己的想法去工作,没有组织和集体的观念,娇气,不愿意接受批评等,已经成为不少用人单位头疼的问题,也成为一些用人单位不愿意招城市独生子女的重要原因。

与那些城市的独生子女相比,农村孩子显然缺乏"挑肥拣瘦"的资本,因此比较受用人单位的喜爱。

"得来不易才知道珍惜,找工作就是这样。"来自开封杞县农村的小任,仅参加了一次招聘会,就找到了工作。对用人单位来说,小任吸引人的优点就是其特殊的经历:出生农村的他,家庭条件比较贫穷,连上大学的费用都是向亲戚借的,只有找到一份工作,才能尽快"贴补"家里,至于工作条件是否艰苦,都是次要的。

"父母根本帮不了我,找工作全得靠自己努力。吃苦的事对于农村的孩子来说,也太平常不过了。"小任说。目前,他已经与东北某石油勘探部门签订了就业意向书,等明年一毕业,他就要去上班了。他表示,上班以后,他会踏实工作,不会轻易跳槽——毕竟,这份工作对于他、对于他的家庭来说都太重要了,他可不愿意折腾。

"工作不够主动、依赖性强是不少独生子女的通病。"郑州市某公司负责人说,"还有不少独生子女连应聘都要家长陪着,甚至有的孩子连排队都由父母来代替。像这种从小就在温室中长大的'娇娇草',有几家单位愿意用?"

3. 常见的心理障碍

1)焦虑、恐惧心理

焦虑主要源于外界环境和自身不良心理因素的影响。高职生在求职过程中,都希望能一步到位,落实就业单位,但理想和现实的差距,使很多学生在面临就业问题和就业压力时,因为无法实现理想而产生犹豫不决、忧心忡忡等焦虑情绪,甚至出现恐惧就业的心理问题。其实,求职过程中的焦虑是正常情况,轻微的焦虑情绪还能达到促进成长的效果,但是过度焦虑,乃至达到恐惧的状态,则会严重影响求职行为,造成不良后果。

2)抑郁、敏感心理

抑郁是因某种精神压力和痛苦境遇而产生的情绪低落、沮丧忧郁的精神状态,表现为闷闷不乐、内心难过,严重的可能会出现悲痛欲绝、消极厌世等情绪,长期抑郁的人还会变得神经敏感。求职过程中抑郁情绪的产生,通常是因为求职经历不顺、屡遭挫折、得不到用人单位认可而造成的。如果对抑郁情绪置之不理,长此以往很容易产生抑郁症,对未来的生活造成严重的影响。

3)烦躁、易怒心理

求职择业是一个复杂的过程,会面临许多选择和挑战。高职毕业生在处理千头万绪的问题时,会因找不到合适的解决方法而焦头烂额,产生烦躁易怒的心理。就业和生活的双重压力,会让学生因为一点小小的刺激而产生巨大的情绪波动,想要发泄却不得其法。

三、高职学生就业心理调适

高职毕业生在就业求职的过程中会遇到许多心理误区和心理问题,找到产生的原因,用科学的方法去避免其出现,或者在出现之后能运用心理调节方法进行自我调适,是毕业生在就业前夕应当掌握的能力。

1. 正确地认识自我和认识社会,做好职业生涯规划

在择业之前,高职生应当正确认识自我和认识社会,做到知己知彼,为就业提前做好心理准备。每个人都要对自己有一个客观的评价,了解自己的专业素质、性格特点、兴趣爱好、能力大小和优势劣势,根据自身特点对就业进行合理的规划和定位。在自我评价的过程中,除了摆正心态,实事求是地剖析自己之外,还可以借助职业心理测试和性格测试等专业工具,对自己进行全方位解析。常用的测验有职业兴趣与职业倾向测验、职业能力测验和职场人格测验,可分别从学生的就业价值取向、性格特点、职业倾向、智力、情商等方面进行测评,帮助学生更深入更科学地了解自己。

认识自我之后,还要正确认识社会。要了解当前就业环境和就业形势,根据自己的就业方向和职业倾向,研究和选择目标单位。针对单位的用工需求和行业的发展走向,结合自己的职业规划,找到适合自己的职业,并朝着目标努力前进。上岗后应当用发展的眼光看待自己和自己的职业,在工作岗位上学以致用,克服自身缺点,提高和完善自己。

2. 学习运用科学的心理调节方法,调整不良情绪对自身的影响

尽管在求职之前已经做好了心理方面的准备,但是求职过程不会一帆风顺,毕业生还是会不可避免地遇到挫折和问题。如果在此期间产生了心理问题,就要运用科学的心理调节方法,消除不良情绪对自己造成的影响。心理调节方法有以下几种。

1) 注意力转移法

高职生出现不良情绪的时候,可以采取注意力转移法,把注意力从引起不良情绪反应的刺激情境转移到其他感兴趣的事物上,或者从事其他活动,比如读书、下棋、唱歌、看电影、和朋友聊天等。绕开不良情绪产生的原因,等情绪稳定下来再想解决办法。

2) 心理宣泄法

高职生受到挫折时所产生的负面情绪,如果无法排解,还可以在合适的场合发泄出来。发泄方式有倾诉宣泄、运动宣泄、书面宣泄等。学生可以向家人、朋友、老师倾诉,用这种方式排解心中的苦闷。或者参加登山、跑步等运动量大的活动,在运动中发泄情绪,运动后产生疲劳感,还能安稳休息。又可以通过写信、写日记等方式发泄心中的不满。需要注意的是,运用心理宣泄法的前提是不伤害自己,不影响他人,合理适度,无破坏性。

3) 自我安慰法

高职生在求职过程中,如果尽力之后仍然达不到预期的效果,应当适当降低自己的期望,用能安慰自己的理由说服自己,接受现阶段的状态。让自己的内心得到舒缓和平静,重新适应新的环境和要求。比如,可以安慰自己:"哪怕现在找的工作不理想也没关系,我可以先干着,养活自己,等我在工作岗位上提升了能力,达到我想要的工作的要求之后,我再换工作。"

4) 理性情绪法

人的情绪问题和行为障碍不是由某个事情的刺激直接引起的,而是自己或周围环境对其非理性的认识和评价造成的。如果转变了自己的非理性认识,就能减小甚至消除情绪影响。比如有的高职生认为"专科学生不应该从事一线工作",而面对高职教育的职业化技能化要求和求职过程中用人单位对高职生的定位普遍是一线基层就业岗位这些事实的时候,就会产生不公平和怨天尤人的想法。如果转变这些错误观念和想法,把思想引入正确理性的观念,就可以消除不良情绪。

5) 松弛练习法

松弛练习法是有意识地控制或调节自身的身体和心理活动,以达到降低身体机能,调整因紧张而紊乱的身体和心理功能。松弛练习法可以帮助学生减轻和消除不良的身心反应,如焦虑、紧张、恐惧、失眠、头疼等症状。高职学生在遇到这类问题的时候,可以在专业人员的指导下进行相关训练和治疗。

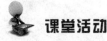

课堂活动

学习呼吸松弛法

活动目的:

通过活动,使学生学习和掌握呼吸松弛法,学会调节情绪,并运用到日常生活之中。

活动内容:

教师带领学生进行如下操作:

(1) 全身放松,闭上眼睛,排除杂念,保持均匀的呼吸。

(2)开始进行深呼吸,吸气时双手慢慢握拳,微曲手腕,最大吸气后稍屏息一段时间,再缓慢呼气,双手放松,处于全身肌肉松弛的状态。

(3)按照上述要求进行重复呼吸,连续呼吸20次以上,每分钟呼吸频率为10~15次。(呼吸频率因人而异,可通过定期自我训练,在实践中自我体会,确定最佳呼吸频率)

(4)课后可针对性地练习,每天1~2次,每次10~15分钟。可采用坐位或者卧位训练。

案例分析 4-2

辛睿在大学学的是计算机,但是她对文学情有独钟,毕业时一直想做文案或广告公司宣传策划类职位。找工作几个月后,她发现以自己大学期间取得的成绩,找本专业的工作比较容易,而以计算机专业的背景去找自己最想要的文案工作却非常难。父母、同学都劝她先找个本专业的工作干着,以后有了工作经验再换工作也可以,她却固执地先后拒绝了几家IT公司。随着毕业时间临近,招聘单位越来越少,她还是没有找到比较理想的工作,到底该不该妥协,她开始拿不定主意。这时候,一家比较著名的软件开发公司给了她录用通知书,她再三权衡后决定接受这份工作,她当时想的是先养活自己,再选择自己喜欢的工作。一年后,她凭着大学期间扎实的专业功底和较强的学习能力,工作成绩斐然,面对经理的肯定和同事的夸奖,辛睿越来越喜欢这份工作,她开始觉得这份工作其实才是最适合自己的。

【分析】

有时候,最想要的不一定是最适合自己的,找一份比较适合的工作,试着努力做好它,也许你最后会发现它其实就是你的正确选择。

 课后思考

1. 你对未来的就业预期是什么?你的预期是否符合当前就业形势和你自身的能力?
2. 大学期间你准备如何提高就业心理素质?
3. 日常生活中你都运用过哪些情绪调节的方法?你觉得哪些方法对你最有效?

 延伸阅读

富兰克林的性格修养方法

美国科学家、政治家富兰克林在年轻时就下决心"克服一切坏的自然倾向、习惯或伙伴的吸引"。为此他给自己制订一项包括13个项目的性格修养计划:节制、静默、守纪律、果断、俭约、勤勉、真诚、公平、稳健、整洁、宁静、坚贞和谦逊。为了监督自己逐条执行,他将这些内容记录在小本子上,每晚自我反省一番。如果日间犯了某一种过失,就在相应一条后面记下一个黑点。他希望长年累月的自我反省、自我要求,能够完全消灭那些黑点。后来,他终于实现了自己的目标。

第五章 求职准备及面试技巧

机遇只偏爱那些有准备的头脑。

——巴斯德

 内容提要

求职与招聘是求职者与招聘方互相了解、互相匹配的过程。有人说,找工作就像是"找对象",求职者须独具慧眼,从招聘信息中选出适合自己的岗位,通过简历和求职信吸引招聘方的关注并获得面试的机会,面对面地展示自身特点和优势,赢得招聘方的"好感",从而求职成功。在整个求职过程中,从搜集信息、制作简历到笔试面试,每个环节都直接影响到求职结果,求职者必须做好充分的准备,才能为自己谋求一个美好的未来。通过本章学习,让高职生了解求职信息的收集和应用的途径和方法,学会制作个人简历、自荐信等求职材料,掌握面试的基本礼仪和策略,为成功就业奠定基础。

第一节 就业信息的收集与应用

> **案例引导**

林昊是江西某职业院校室内设计专业的毕业生,大三一毕业他就获得了五六家的入职邀请,顺利选择了自己中意的公司。相较于其他同学艰辛坎坷的求职历程,他的求职之路似乎异常顺畅,他到底有何求职诀窍呢?

其实林昊的成功并非是"上天眷顾",而是靠"高瞻远瞩,未雨绸缪"。大一入校时,林昊加入了学校的"造梦装饰"社团,在这个专业社团中,林昊结识了许多本专业的师兄、师姐,他们中的一些人学习成绩优秀、专业功底扎实却难免在找工作时碰壁。在交谈中,师兄、师姐们告诫林昊求职要早做准备、抢占先机。因此,大二第一学期他就开始收集就业信息,跟着师兄、师姐参加校园招聘会,分析所学专业的人才需求情况;课余向专业老师了解行业发展动态,确定自身的职业发展方向;联系已成功就业的师兄、师姐,吸取求职经验、学习求职技巧;关注自己心仪公司的官网和微博,熟悉公司情况并了解往年的人才招聘要求。

除了收集就业信息,林昊还利用招聘信息查找自身的不足,在实践中锻炼工作能力。大二暑假时,他去了师兄所在的设计公司实习,公司规模较小且实习期间没有工资,他抱着学习的心态坚持留下来。一开始林昊觉得很吃力,专业操作和交流方式上都有很大的障碍。经过一段时间的锻炼,他熟悉了一个项目的设计流程,并发现自己的强项与弱势。正是大二暑期的实习经历,让林昊明确了接下来一年的学习任务,为毕业求职做好准备。

命运总是青睐有准备的人。大三学期,林昊根据自己收集的就业信息,精确找到了合适的岗位并投递了个人简历,成功获得了心仪公司的实习机会。当同学们还在盲目地投递简历时,他已经抢占先机,迈出职业生涯的第一步。

就业信息是高校毕业生求职择业的基础,是择业决策的重要依据,更是顺利就业的可靠保证。身处信息时代的高校毕业生,应当高度重视就业信息的重要性,学会多渠道、广覆盖地收集就业信息,并认真细致地分析、整理和运用信息,实现就业目的。

一、就业信息的概念

就业信息,指通过各种渠道传递的、择业者未知的、经过加工处理后对择业者具有一定价值的就业消息、资料、情报等的总和。就业信息可分为广义的就业信息和狭义的就业信息,或称为宏观信息和微观信息。宏观信息:毕业生就业的总体形势、就业政策、劳动力的供求状况、经济发展形势与趋势、国家发展规划等。微观信息:具体招聘信息,如需求单位性质、单位的特色、专业要求、岗位描述、用人单位提供的条件等。

二、就业信息的特性

1. 时效性

就业信息的效用具有一定的期限,过了期限效用就会减少,甚至消失。在竞争日趋激烈的就业市场,信息的有效期也越来越短。对应届毕业生来说,一年有两个就业信息相对集中的时期,最重要的是秋季校园招聘会,一般集中在9月至11月,招聘岗位多机会大;其次是春季校园招聘会,一般集中在3月至5月,招聘岗位是秋季校园招聘会的1/3左右,通常作为秋季校园招聘会的补录和延续。毕业生要牢牢把握时机,趁早准备,抓住机遇,实现理想。如果错过了就业信息的高峰期,岗位需求大大减少,毕业生就处于相对被动的地位,难度明显增大。

2. 共享性

就业信息一经公开发布即为人共享。处于信息化时代的毕业生,既要能享受信息共享带来的机遇,也要面对信息共享所带来的挑战。某一岗位招聘信息共享的人越多,竞争就越激烈。因此,毕业生在得到就业信息后,应迅速做出反应,对自己有价值的信息要立即采取行动、做出反馈。

3. 传递性

就业信息总处于流动和传递状态之中,它通过各种媒介和途径广泛传播,它到达每个接收者的时间和方式并不相同。随着新媒体的广泛运用,信息传递的速度越来越快,人人都是信息的消费者和传播者。基于互联网传播的网页、博客、微信、手机网络等新媒体传播速度快、范围广,使信息的获取更为便捷。毕业生要保持高度的信息敏感度,善于利用各种媒体平台收集信息。

4. 两面性

就业信息既有真假之别,又有积极与消极之分。由于信息的来源渠道不同,传递方式不一,难免造成信息的良莠不齐,真实和虚假的信息同时存在。不法分子善于利用虚假的就业信息误导毕业生,以达到某种目的。毕业生一旦轻信,不仅会耽误就业时间、错过良机,严重者还会损失钱财或遭受人身伤害。因此,毕业生必须谨慎对待就业信息,冷静分析,提高判断信息真实性的能力,避免落入求职的陷阱。

三、就业信息的获取途径

1. 通过学校就业指导部门获取信息

高校的毕业生就业指导部门,是高校学生毕业就业工作的行政管理部门,与省市的毕业生就业主管部门及用人单位有着广泛而密切的联系,是用人单位向学校寄送需求情况的信息集中地。他们提供的信息数量大,针对性、准确性、可靠性都较强,是毕业生获取求职信息的主要渠道。

通过学校毕业生就业指导中心获得的信息有以下几个特点。

1)针对性强

一般用人单位是在掌握了学校的专业设置、生源情况、教学质量等信息后,才向学校发出需求信息的,这些信息是完全针对该校应届毕业生的。而在人才市场和报纸杂志上获得的需求信息,大多是面向全社会的,往往都要求求职人员具有几年以上的工作经验,不适用于应届毕业生。

2)可靠性高

为了对广大毕业生负责,在把用人单位发送给学校的需求信息公布给学生之前,学校就业指导部门要先对就业信息进行审核,从而保证就业信息的可靠性。

3)成功率大

用人单位发布给学校的招聘信息具有很大的稳定性,一般情况下,毕业生只要符合用人条件,供需双方面谈合适,马上就能签下就业协议书。

2. 通过毕业生供需见面会和招聘会获取信息

毕业生供需见面会和招聘会是由高校或当地毕业生就业主管部门组织的,让毕业生与用人单位直接见面、洽谈的一种择业活动方式。毕业生将直接面对招聘单位,通过彼此的交流可以获得更为丰富和全面的信息,而且可以当场拍板、签订协议,比较简捷有效,可以大大提高毕业生应聘的成功率。

招聘会主要有以下几种形式。

1)学校举办的校园招聘会

每年秋季和春季各举办一次,用人单位通常与校方建立长期的合作关系,就业成功率较高。

2）各地毕业生就业主管部门组织的招聘会

每年有季节性招聘会或专场招聘会，这些供需见面会组织正规、规模大，参加的用人单位多，信息量丰富。

3）社会各级人才市场或中介机构举办的招聘会

人才市场在一定的时间向用人单位提供场地，让用人单位进场招聘所需要的毕业生，组织者向用人单位收取摊位费，向毕业生收取门票费。这类招聘会往往以赢利为目的，规模较大，但参加单位情况较复杂，有时难免鱼目混珠。

3. 通过互联网获取就业信息

随着互联网应用的普及，通过网络获取就业信息已经成为当代大学生最常用的信息收集的手段。网络信息量大且查询便利，用人单位和毕业生将招聘信息与求职信息在网络平台上公开，双方可通过网络进行互相选择、直接交流。网络招聘和视频面试不受地域、空间和时间的限制，即使毕业生身在异地也能获得大量招聘信息及就业机会，比传统的人才交流形式更受青年群体的青睐。

互联网收集信息有以下几点注意事项。

1）选择正规、权威的网站

人才招聘网站数量繁多，大部分营利性的网站信息缺乏真实性和时效性。毕业生应尽量选择政府教育、人事部门所属的人才机构网站和高校就业指导机构官网，这些正规网站发布的信息比较可靠，值得毕业生留意。

2）及时下载重要的信息

在求职招聘的高峰期，招聘网站上的内容多、更新快，岗位条件让你眼花缭乱。为防遗漏、节省时间，毕业生可先将就业信息分门别类地下载到专用文件夹的各目录中，再及时整理、处理信息。

3）仔细分辨，谨防受骗

参加网上招聘活动，一定要提高警惕，认真辨析信息是否真实，以免落入求职的陷阱。

4. 通过社会关系网获取信息

社会关系网是毕业生获取信息的一个重要途径，就业成功率较高。毕业生要善于利用各种社会关系，拓宽信息的来源，让更多的人帮助自己收集就业信息。

1）家长和亲友

对于尚未步入社会的大学生而言，家长和亲友是他们社会关系网的主要构成。家长、亲友来自社会的各行业、各阶层，可以从不同渠道带来用人单位的需求信息，且提供的信息比较直接、有效、可靠。但亲友的个人社会关系相对固定，也有相当大的局限性，不同毕业生所获职业信息的数量和"质量"有很大的差异。

2）学校教师

由于本专业的教师，比一般人更了解本专业毕业生适合就业的方向和范围，在与校外的研究所、企业、公司合作开发科研项目和教学活动中，对一些对口单位的人才需求信息了解得比较详细。

3）学长和校友

校友提供的职业信息的最大特点是比较接近本校,尤其是本专业的毕业生在人才市场上的供求状况及其在具体行业中的实际工作、发展状况,近几年毕业的校友更有着对职业信息的获取、比较、选择、处理的经验和竞争择业的亲身体会,这比一般纯粹的职业信息更有参考、利用价值。

5. 通过社会实践、实训、实习机会获得信息

社会实践是大学生自我开发职业信息的重要途径。在社会实践的过程中,通过自己的努力赢得用人单位的好感、信任,取得职业信息,甚至直接谋得职业的大学生不乏其人。因此,大学生在各种社会实践活动中,在了解社会,提高思想觉悟,培养社会能力的同时,要做一个收集职业信息的有心人。另外,还有一个很重要的实践环节是毕业实习,实习单位一般比较对口,通过实习可以直接掌握就业信息,如果在实习过程中与用人单位达成就业协议也是一个很好的就业途径。

6. 通过新闻媒体获得信息

广播、电视、报纸、杂志等新闻媒体一直是就业信息收集的传统渠道。每年大学生毕业就业之际,报纸杂志上一般都会刊登一些关于大学生就业的指导信息,信息从不同侧面和角度反映了当年大学生就业的需求情况。一些专门为毕业生就业提供服务的刊物还会将"择业指导"和"政策咨询"作为专栏,为毕业生就业提供指导。

7. 个人走访收集

个人走访收集是指毕业生采取上门走访的方式,直接到自己感兴趣或向往的企业、公司,面对面地和人力资源部主管进行交流,表达愿望的一种信息收集途径。有关研究表明:漫无目的地随便把个人简历邮寄给用人单位,这种方法成功率最低。但是,直接上门走访,叩响每个令你感兴趣的工厂或公司的门,这种方法的成功率较高,这样不仅可以节省识别信息准确性的时间,还能通过实地考察,对用人单位的地理环境等外部条件有清晰的认识,待决策时参考。

四、就业信息的处理和运用

1. 信息分析与筛选

在已经收集到的大量的就业信息中,由于信息的来源和获得的方式不尽相同,内容必然是杂乱的,有相互矛盾的,也难免有虚假不实的。求职者可结合自己的实际情况,对获得的信息进行去粗取精、去伪存真的分析、筛选、整理、鉴别,取其精华,使信息具有准确性、全面性和有效性,更好地为自己择业服务。在进行就业信息的分析和筛选的方法上可把握以下几点。

1）去伪存真,判断信息的真实有效性

首先,要把那些从"小道"得来或几经转达而未经证实的信息与有根有据的信息区别开来,对不可靠的信息可通过电话、网站查询、实地考察等途径进一步了解信息的真伪。其次,就业信息中明显提及预收"培训费""上岗费""服装费"等费用的往往存在就业陷阱,须谨慎对待。最后,对重复或过时的信息,往往失去了效用,可以将其剔除。

2)深入探究,分析信息的职业特性

就业信息与职业特性直接相关,内容涉及以下要素。

(1)职业的名称。职业的名称是指要从事职业的名称。

(2)职业的性质。职业的性质:是全民所有制还是个体经营,是企业单位还是事业单位,是独资还是合资,是简单劳动还是复杂劳动。还应了解工作关系的隶属关系等。

(3)职业内容与特点。该工作是做什么的、为什么做、如何做等。

(4)工作环境。工作环境包括很多方面,诸如使用什么工具进行劳动,工作是在室内还是在室外,工作时间的长短,劳动强度的大小,工作地区是城市还是乡镇等。

(5)工作待遇。工作待遇:包括工资、奖金、福利、保险、住房条件等。

(6)职业前途。该职业今后的发展方向及变化趋势,个人发展的空间、晋升的机会等。

(7)职业对从业者的要求。这是职业信息的重要内容,不同的职业对从业者的要求是有区别的。职业对从业者的要求主要有以下几个方面:对从业者性别、年龄、身高、相貌、健康状况、体力等生理素质的要求;对从业者的兴趣、性格、能力、气质等心理素质的要求;对从业者学历、专业、知识和技术技能的要求;对从业者的思想作风、职业道德、创新精神等思想素质的要求。

此外,还要分析职业的地区特点、行业特点、单位特点和岗位特点,因为不同的岗位决定该职业在职业活动中的不同地位和作用。该岗位的人员数目、年龄及文化结构、专业结构和工作环境,都会对从业者的发展及适应度构成影响。

3)去粗取精,剖析信息的实用针对性

从实际出发,结合自身情况,将信息排序,重点把握。在信息加工之前,先结合自己的性格、兴趣、特长等信息,给自己草拟一个职业选择提纲,确定择业标准;再按照标准进行初选,保留适合自己的信息,从中选出重点。重点单位的内部信息要进行深入细致的分析,分析该单位需要的人才的特点,对人才使用的方向,以及该单位未来发展的前景,等等。在把握这些情况以后,毕业生再根据自己的实际情况和用人单位的要求,有针对性地设计自己的应聘材料,从而提高应聘的成功率。

2. 信息整理和分类

就业信息不仅仅是用人单位的需求信息,它涉及的范围很广,面对筛选后的大量就业信息,需要对信息进行科学分类。按性质划分,可根据就业形势、就业政策、招聘信息、求职经验等进行分类;按地域分布划分,可根据政策法规的适用地区范围或招聘单位所在的省市地区进行分类;按要求划分,可根据用人单位提出的专业要求、学历程度、性别要求等进行分类。

3. 挖掘潜在的信息

许多信息的价值往往不是浮在表面上的,必须经过深入挖掘才能发现。比如,根据有些单位的现状,可能还难以判断、预测单位和自己今后的发展;有些单位目前虽然条件差一些,但从长远来看是有前途的,能够给人才较大的发展空间。这就要求毕业生既要站在高处,从大局、长远的、大局的方向看职业、单位的趋势,又要留意信息的细枝末节,由表及里地挖掘信息的内涵价值。有时,还需要有一些专业知识和经验。譬如,从单位的组织结构发现其管理模式和运作机制,从单位的人事、财务报表分析它的人力资源状况和经济状况,从单位历年的招聘岗位和人数的变化了解经营方向的变化。

4. 信息反馈与运用

在当今变化万千、快节奏的时代,就业信息由于其传播速度快,共享程度高,毕业生得到的信息仅仅代表着一种可能的机会,而且充满着竞争,机会稍纵即逝。因此,毕业生获取信息后,一定要尽快分析处理并向信息发布者反馈信息。

(1)就业信息的时效性强,一旦决定就要不失时机地主动与用人单位主管人员联系,询问应试的方式、时间、地点和要求,并准备好一套完整的求职材料,使需求信息尽早变成供需双方深度沟通的桥梁。

(2)根据筛选出来的就业信息的招聘条件和岗位要求来对照检查自己的不足,想办法及时弥补。这一做法尽管在毕业前的有限时间内稍嫌仓促,但比什么都不做要好很多。

(3)及时输出对他人有用的信息。有些信息对自己没有用,可能对他人十分有用。遇到这种情况,千万不要抓住这些信息不放。你能主动输出对他人有用的信息,不仅对他人是个帮助,同时也增加了与他人交流信息的机会,甚至有机会从他人手中获得对自己有用的信息。

课堂活动

制作个人就业信息数据库

活动目的:

通过制作就业信息采集表,让学生学会借助表格工具整理、分析就业信息。

材料准备:

白纸、笔。

活动过程:

(1)写出10个与你兴趣相匹配的职业、10个与你性格相匹配的职业、10个自身能力可胜任的职业、10个你心中理想的职业,兴趣、性格、能力、理想这几项兼顾的职业就是最合适你的职业,以此类推,明确你要找的职业岗位。

(2)将同一种岗位收集到的就业信息进行汇总整理,列举出你所关心的岗位情况,例如单位规模、经营范围、薪资福利、发展机会、工作地点等,建立表格并将各招聘岗位的数据输入。表5-1可作为样表供参考,学生可根据自身需求来调整表格内容。

表5-1 收集到的就业信息汇总表

收集时间	单位名称	单位规模	经营范围	薪资福利	发展机会	工作地点	招聘岗位及人数	联系人和联系方式	备注
2018.4.16	××室内装饰有限公司	私营/全国连锁/员工××人	室内装修设计	实习期2000元,正式工4000元+提成	每年有设计师助理培养名额,3年晋升	武汉市××区	绘图员3人	徐经理,182××××××××	

就业信息汇总后更加一目了然,方便学生进行对比和排序,选出合适的招聘岗位,优先进行就业准备。

(3)建立岗位要求对照表(见表5-2),对比自身能力不足处,制订培养计划。

表5-2 岗位要求对照表

岗位要求	已达标	未达标	培养方案	培养期限	备注
语言表达能力强	√				
英语四级证书		√	制订学习计划,努力通过考试	2017年10月至2018年6月	

(4)求职季来临前,学生应做好面试信息管理表(见表5-3)。收到招聘单位的面试通知,及时记录在表格中,以免错失机会。

表5-3 面试信息管理表

面试单位	面试时间	面试地点	联系人	联系电话	携带资料	备注
×××有限公司	2018年5月16日	××市××区××路××号	李经理	182×××××××××	纸质简历,身份证、毕业证、学位证原件	

表格制定完成后,你将拥有一本量身定制的求职宝典。

案例分析 5-1

求职路上,小心陷阱

2017年7月,小周在一家大型招聘信息平台上看到北京中青才智教育投资有限公司(简称中青教育)招聘多个IT技术岗位,他便投了简历,并与其招聘人员"杜老师"互加了微信。小周说,"杜老师"宣称公司是由国家发展和改革委员会投资建设的国家级工程教育实践中心,负责中关村软件园内的企业人才培养。

经过面试后,中青教育并没有马上跟小周签订劳动合同,"杜老师"告诉小周,因为他没有工作经验,必须要通过3个月的实习培训。培训期间没有工资,还要缴纳16 800元的培训费。培训结束后,推荐到中关村园区内企业工作,保证都是IT技术岗,并且同意签订培训合同注明包就业,正式工作的月薪可达到6000~8000元,工作1年后月薪上万。

对于刚毕业的大学生来说16 800元的培训费不是一个小数目,小周在犹豫不决的时候,"杜老师"提出了可以通过贷款平台贷款,就业后1年内分期支付。"将来能拿到高薪,即便每个月还点钱也无所谓。"考虑到实训期满后月薪能达到6000元以上,小周最终还是同意了。随后,他与中青教育签订了IT技术培训就业协议,并与该企业介绍的信贷公司签订了借款协议,共贷款16 800元。

小周说,当时他所在的培训班有一半以上都贷了款。贷款过程简单,几乎由公司一手操办。签字贷款后,钱从未打进他们的账户,他对公司此举也感觉很可疑。3个月后,中青教育推荐小周面试一家互联网公司,对方表示,试用期工资1800元,转正之后2300元,与之前中青教育的承诺大相径庭。没过几天,小周便辞职了。随后,小周给中青教育打电话,要求再次推荐工作,但对方只是说正在找,让他耐心等消息。

从2017年11月开始,小周走上了还贷的日子。"前5个月,1个月还200多元,后来一个月要还900元。"小周在被逼无奈之下去了快递公司当快递员挣钱还贷。

【分析】

小周的例子从反面说明了毕业生筛选和鉴别信息的重要性。毕业生求职心切又缺乏社会经验,抵抗不住"高薪诱惑"的陷阱,因而被不法分子钻了空子。毕业生求职须谨慎:第一,要学会冷静分析就业信息的真实性,核查用人单位的资质、工商部门的经营许可范围等信息;第二,不能轻信他人,签订合同类文本必须仔细审阅;第三,一旦出现问题,马上向学校老师、家长反映或向公安部门报案。

课后思考

1. 就业信息获取的渠道有哪些?
2. 如何筛选出高质量的就业信息?

延伸阅读

找工作如何判断一家公司是否靠谱

刚进入职场的应届大学毕业生,找工作时很容易被骗,那么,在求职过程中如何判断这家公司是否靠谱,就显得很重要了。你需要做到以下几点。

1. 网络信息查询

求职者可以搜索这家公司的信息,也可以看公司的官网。当然,官网上的信息,可能更多的是有点夸张,但可以从官网上的证件证书上查询真假。

2. 在国家企业信用公开系统查询公司信息

在国家企业信用公开系统中要特别留意"风险信息"这部分,看看这个公司有没有过和员工的劳资纠纷,以判断公司对员工的待遇如何。如果知识产权有纠纷,那这个公司是不是掌握了核心技术,有没有核心竞争力,都可以有所判断。

如果你查不到任何信息,就要小心了。严格来说,那些没有备案的公司是不能营业的。

3. 备案号查询

如果是互联网公司,就需要查一下其网站是否有ICP备案号,能查大企业网站信息的,说明网站经过企业信息备案,大体上是没有问题的。

4. 看投递邮箱

正常情况下的公司都会使用企业邮箱。如果是个人邮箱,可以说明两点:①不正规;②规模小。

5. 看公司领导

面试时跟HR聊天时可以判断,那些越是大而化之的公司越一般,越是往小处说细节的公司越有实力。对那些一上来就跟你谈国家政策扶持、高额补贴、行业前景广阔、跟某名人很熟的,这类公司都比较虚张声势,就要多留心了。

6. 根据企业老板判断企业

当公司发展到一定阶段,老板如果自我膨胀,会让公司走向毁灭。所以有必要了解老板是否有足够的经验,是否真正沉稳。

7. 多跟HR聊聊关于公司的信息

在面试中可询问HR关于薪酬制度等有关问题,这些都跟你息息相关。

8. 看公司氛围

你要看这家公司的团队的基础实力和合作上的默契程度,如果这家公司给人的感觉像个大家庭,每个人都各尽其责地为了公司的发展而尽力工作,那么你就可以尝试融入进去。

9. 和公司里的员工聊聊

如果大多数人对这家公司的前景都比较乐观,抱怨也少,知道自己做的事情跟公司整体的关系,就可以放心。如果员工不清楚自己的定位,那么这家公司的沟通存在问题。

其实,以上方法不仅可以判断这家公司是否靠谱,也可以对公司发展前景进行判断。

第二节 求职材料的准备

案例引导

小王即将大专毕业,和许多应届毕业生一样,大三一开学她就开始浏览人才网站,不断投递大量的简历。一个月过去了,她收到的面试邀请屈指可数,于是她开始在线下通过人才市场投递简历,但大多数情况下也是石沉大海。

内心焦急的她找到学院辅导员陈老师,请求陈老师帮忙分析原因,为什么投递的简历都杳无音讯?经过陈老师分析发现,小王的简历简直可以说是一塌糊涂。第一,没有形象照片,公司查阅简历的时候是非常在意个人的形象。第二,基本信息填写不完整,小王的简历中只填写了学校地址,家庭住址和籍贯都未提及,部分企业只招本地人。第三,求职意向不明确,个人专业能力介绍无亮点,投向所有岗位的简历都是千篇一律,欠缺针对性。除了简历不合格外,陈老师发现小王的简历投递方式也有问题。小王的简历多数通过招聘网站或网络邮箱进行投递,因为求职心切,几乎和专业挂钩的岗位她都投送了简历,这样漫无目的、广撒网式的求职方式很难起到作用。而且小王只等待机会上门,不主动联系招聘单位是否收到简历,有时因为网络故障、没有标题、格式错误等原因,招聘单位未收到或忽略了求职者的简历,机会因此白白流失。

经过陈老师的指导,小王很快意识到了自己的问题。她开始寻找符合自己的岗位,依据招聘单位的岗位要求,仔细修改和完善个人简历。新简历投出后,如果一周未收到消息,她会主动联系HR询问结果。经过联系发现,其实很多企业的HR只是在网站上发布招聘信息,并不会登录后台查看简历,甚至不会用网站的后台,之前在招聘网站海投的简历根本没有机会被发现。于是她开始主动联系招聘公司的HR,精准地将简历发送至他的邮箱。两周后,小王收到了多家公司的面试邀请。

一、个人简历的制作

求职简历是指毕业生为获得去某单位工作的机会而对个人基本信息、教育经历、职业技能等情况所做的简明扼要的书面介绍,是大学毕业生向用人单位介绍自己、推销自己的敲门砖,更是用人单位了解求职者的第一扇窗口。

1. 简历的主要内容

标准的求职简历主要由以下七项基本内容构成。

1)个人基本信息

个人基本信息主要包括姓名、性别、年龄、民族、籍贯、政治面貌、联系方式(手机、固定电话、E-mail、家庭住址)和证件照等。

填写时需要注意:个人信息必须准确无误,发送前须仔细核对联系方式;照片必不可少,良好的形象可以增加就业机会;根据招聘单位性质可对内容进行调整,如应聘国企、事业单位,政治面貌必须填入简历,如应聘外企,可不填此项信息;身高、体重、兴趣爱好等隐私信息,可根据应聘单位要求选择是否填写。

2)求职意向

求职意向是指求职者对工作的期望,一般包括职业方向(具体岗位)和工作地点。求职意向是简历的重要部分,需要写在简历上方较为醒目的地方。一份简历最好只填写一个职业方向和工作地点,应结合应聘单位的职位要求进行填写。

3)职业技能

职业技能一般可从语言水平、计算机能力和专业技能三个方面进行描述。语言水平主要分为外语水平和普通话水平,可以根据考试等级进行描述,如英语四级、托福、GRE、普通话一级乙等。计算机能力可填写考试等级,如计算机二级,也可列出你熟练的软件,如Office、CAD、PS等软件的掌握情况等。专业技能指与所学专业和应聘岗位息息相关的技能、资格证书等,如教师资格证、会计师资格证等。职业技能的描述一定要紧紧围绕岗位要求来填写。

4)教育背景

教育背景是对一个人学习环境和学习能力的概述。教育背景中需要包括入学时间段、学校、院系、专业、学位等必选信息。建议毕业生将大学期间所学专业课程名称和成绩写入简历,突出与岗位技能要求相关的专业成绩,可增加获得面试机会的概率。

5)工作经历

应届毕业生一般没有正式的全职工作经历,可以将假期兼职、打工、实习、社会实践经历,校内任职学生干部的工作经历,以及组织参与的社会公益活动或社团活动经历展现在简历上。填写工作经历要经过自我筛选,着重突出与应聘岗位相关的经历,简单描述该经历所带来的收获如何与岗位要求的能力相匹配。

6）所获荣誉

获奖情况可填写在校期间的各类奖项,例如奖学金、竞赛成果、个人荣誉称号等。所获奖项按照奖励的级别(国家级、省级、市级、校级)的顺序进行排列,注明获奖时间和授予单位。如果有与应聘岗位相关的专业技能竞赛奖项,可优先排列或加粗字体,让招聘方一眼能够看到。如果所获荣誉数量过多,挑选有价值的填写即可,低级别的可省略。简历最后可附上所获荣誉照片,增加简历的真实性。

7）自我评价

自我评价应客观地评价自我,总结成绩、强调能力、写明职业目标,言简意赅,不超过一百字为宜。千万不要千篇一律地写"本人性格开朗、为人诚恳,有较强的团队合作能力和管理协调能力",应重点强调与岗位要求相符合的能力,再次推销自己。如应聘市场运营类岗位,可写"本人沟通能力强,擅长策划组织,独立负责过学院文艺晚会筹备工作;曾在百度市场部实习。希望一年内能独立承担市场活动策划,三年内具备带领团队的能力"。

2. 求职简历的制作方式

毕业生最常用的简历制作方式是利用 Office 办公软件制作,如 Word 文档表格、PPT 幻灯片。对毕业生来说,Word 文档的操作性强,网络上有大量精美的简历模板可供下载,制作较为简单;在招聘方眼中,Word 文档制作的简历表格清晰明了,可快速浏览并筛选简历,这种方式受到双方的一致认可,因此使用率较高。PPT 幻灯片比 Word 文档操作复杂,但优点在于制作的简历视觉效果更加美观,能更好地突出个性风格。此外,PPT 幻灯片还能生成长图的形式,也可以生成动画视频,在茫茫简历邮件中可以脱颖而出,吸引招聘方的眼球。

随着移动互联网技术的发展,许多新颖的简历制作方式被推广应用,例如微视频简历、H5 简历等。微视频简历可直观地将求职者形象和能力水平传达给招聘方,快速拉近求职者和招聘单位的距离,使招聘单位在较短的时间里全面了解求职者。H5 简历是指利用 HTML5 技术将个人信息制作成移动端的 Web 页面形式的简历,H5 简历可添加动画、影音效果,画面美观生动,易于在手机微信、微博等移动客户端之间进行分享、传播。不过这些形式新颖的简历需要使用专业软件进行制作,耗时耗力,通常适用于设计师、摄影师或媒体从业人员,通过简历体现专业水准。

3. 求职简历的制作要点

1）实事求是,杜绝造假

很多毕业生为了成功就业,制作虚假的求职简历。据报道:近七成大学生赞同"求职简历作假""一个班有四个班长,一个学校有三四十个学生会主席",这种现象在大学生求职过程中经常出现。如果恰巧"两个班长"同时应聘一家单位,那不诚实的行为将导致求职者丧失此次工作机会。即使面试侥幸蒙混过关,待招聘方核实情况后,仍然不会录用一个缺失诚信的人。

2）认真细致,防止错误

简历在信息真实的基础上,还应保证信息的准确性。投递简历前,求职者应仔细检查简历内容,防止出现语法、措辞、文字、符号上的错误。看似不起眼的小错误,折射出来的是该求职者欠缺的文字水平及不认真的做事态度,会使得用人单位对求职者的印象大打折扣。简历的行文也要注意准确、规范。在大多数情况下,作为实用型文体,句式以简明的短句为好,文风要平实、沉稳、严肃,以叙述、说明为主,动辄引经据典、抒情议论是不可取的。

3)突出重点,展现优势

一份好的求职简历应突出重点,反映求职者的专业能力和特长,这样有针对性地自我推销对招聘单位更有吸引力。所谓的重点包括两个方面的含义:一方面强调自己最得意、最与众不同的特点,展示自己的特色;另一方面,针对用人单位的特点与要求强调自己的特点与其要求相符合的地方。例如:用人单位是一家外贸企业,你可以着重强调你的外语水平,或者干脆就准备中英文对照的材料;用人单位如果是政府机关,你则可以强调自己曾经在类似单位的实习经历。这样有针对性的材料不仅能让用人单位在短短的时间里了解到他们需要的内容,而且会让他们认为你是一个很用心的人。

4)言简意赅,流畅简练

招聘人员每天要面对大量的求职履历,工作非常忙,一般在粗略地进行第一次阅读和筛选时,每份履历所用时间不超过1分钟,如果简历写得很长,难免遗漏部分内容,招聘人员也不会耐心完整细致地读完,这当然对求职者是很不利的。言简意赅,流畅简练,令人一目了然的简历,在哪里都是最受欢迎的,也是对求职者的工作能力最直接的反映。

5)突出个性,设计美观

版面设计是简历给人的"第一印象",良好的设计能给人"眼前一亮"的感觉。简历的版面要条理清楚、标识明显,段落不要过长,字体大小适中。排版要端庄美观、疏密得当,既不要为了节省纸张,密集而局促,令阅读者感到吃力;也不要出现某一页纸只有上面几行字,留下大片的空白。美观并不等于"花哨",简历应以简洁大方为主,可根据岗位特色选择板式。比如,学习理、工、农、医等各专业的毕业生,简历的版面要讲究自然、朴实、理性、洁净的风格;学习文学、艺术、信息、软件设计等专业的毕业生,简历版面要富有创意。

案例分析 5-2

小彭同学是九江职业技术学院的一名大三毕业生,在校期间表现优秀,顺利进入了心仪的实习单位,他的求职简历是否能成为他成功入职的关键呢?

简 历

彭×　男　22岁　汉族　江西宜春人

通讯地址:宜春市××区××路××号××楼××室

手机:180×××××××　　　　　　邮箱:××××××@163.com

求职意向:机械设计师

教育背景:2015.9—2018.6,九江职业技术学院,专科

专　　业:机械制造

主修课程:机械制图、机械制造技术、×××××

外语水平:英语四级

计算机水平：熟练应用Word、PowerPoint、Excel等办公软件

专业技能：熟练应用CAD、Solidworks、ProEngineer等制图软件。

工作经历：

2015.9至今　机械工程学院学生会学习部部长

　　任职期间负责学院晚自习检查督导工作，培养了认真负责、细致而严谨的工作态度。

2015.9至今　班级班长

　　任职期间带领班级获得省级集体荣誉一项、校级荣誉6项，居全校第一。建设和管理班集体的经验锻炼了组织协调和管理能力，为日后成为机械项目经理的职业规划奠定了基础。

2016.3—2017.6　创新创业大赛项目组组长

　　组织五名不同专业背景的组员，合理分工、控制进程，共同完成创新创业大赛项目，荣获全国职业院校创新创业大赛二等奖；省级"挑战杯"大赛科技发明制作类二等奖，社会调研类一等奖、二等奖。创新项目研究锻炼了学术科研能力和创新能力；项目材料的撰写锻炼了书面表达能力；参赛现场演示锻炼了语言表达能力；团队建设和管理经验加强了沟通协调能力。

所获荣誉：

2016.8　参加2016年"挑战杯——彩虹人生"全国职业学校创新创效创业大赛，获得全国二等奖（学校首次取得该赛事的全国性奖项）。

2017.5　参加第十五届"挑战杯"大学生课外学术科技作品竞赛，获科技发明制作类二等奖，社会调研类一等奖、二等奖。

2015.11　参加江西省学生商业计划书竞赛，获得一等奖。

2017.6　荣获全国高职学生"践行工匠精神"先进个人称号（全省获奖者共十名）。

2016.12　荣获2015—2016学年年度全国劲牌阳光奖学金（全省获奖者共二十名）。

自我评价：

在校期间的工作经历使我快速成长为一名学术科研能力强、富有创新精神的人，能够胜任机械设计师的岗位。担任班长职务和大赛项目组组长，使我具备较强的领导能力、组织与协调能力、沟通能力、计划执行能力，具备机械项目管理的潜力。组建团队参加多项省、国级竞赛，具有良好的团队精神和奉献精神，为人诚实可靠，责任心较强，能够融入公司集体，与领导、同事和谐相处。

【分析】

该简历的特点是重点突出了在校期间的工作和实践经历，与岗位需求的人才匹配度极高。在所获荣誉中，清晰地将荣誉的分量和获得难度以数字化的方式呈现出来，让招聘方一眼能看出他的优势。自我评价中的能力描述紧紧围绕岗位人才要求撰写，语言精练又有特色。

二、求职信的撰写

求职信,是求职者为了寻求一份比较理想的工作,或是谋求一个比较合适的职业,而向有关单位或领导集中介绍自己的实际才能、专长,表达自己的就业愿望的一种专业文书。毕业生在找工作的过程中,一封漂亮的求职信无疑就像一位出色的"使者",可以在你和用人单位见面之前,给人留下深刻的印象,从而增加你面试的机会。

1. 求职信的格式

求职信有规范固定的格式,一般由标题、称谓、正文、结束语、落款五部分组成。

1)标题

标题应简洁醒目,直接在信件第一行写上"求职信",字体加粗居中。

2)称谓

称谓使用姓氏加职务的组合来称呼对方,如"尊敬的陈经理、尊敬的王主任等"。最好查询清楚收信人的姓氏和性别,如果招聘简章上未提及,可以使用"尊敬的××(单位)领导"来称呼对方。

3)正文

正文是整篇信件的核心部分,一般分为开头、中间和结尾三个段落。开头段应直接明了地表达求职意图,告知招聘信息的来源、申请的职位和应聘原因。中间段应进行简单的自我介绍,重点围绕岗位要求,举例说明为什么自己是这个岗位最适合的人选,求职者自身条件与工作岗位所要求的条件越吻合被录用的机会就越大。结尾段表达求职者对对方的承诺与希望,主要写明获得职位后将如何为公司服务以及请求对方给自己提供一个面试的机会。

4)结束语

结束语中一定要向对方致谢,感谢其花时间阅读你的材料。再次表达期盼,如"热切期待您的答复",最后送上祝福。

5)落款

落款处应署名并注明日期。如果求职信是纸质版,最好能手写签名。

2. 求职信的撰写要求

1)多一些真诚,少一点套路

成功的求职信,并不在于文学功底多么深厚,辞藻多么华丽。成功的求职信,就在于用你的诚恳与诚实表达出你的与众不同,表达出你与招聘方共同发展的意愿,表达出你与应聘职位之间的匹配度。因此,求职者要用叙述文、说明文的文体来撰写,文风平实、沉稳,切忌使用"错过了我将是您一生的遗憾""给我一个支点,我将撬起地球!"等口号式的空话、套话。

2)量体裁衣,突出优势

求职信的内容安排本没有一成不变的固定形式,求职者可根据自己的情况来确定采用何种形式,扬长避短,灵活设计。应届毕业生通常没有丰富的工作经验,可以选择用专业优势,突出学历、职业技能及职业资格证书,强调理论知识的储备为职业的发展提供了潜力。如果求职者有与岗位相关的实习经历和工作经历,则侧重于描述工作经历,把经历和业绩按时间的顺序书写出来,以业绩强调能力,以经验突出实力。求职者一定要明白自己胜任工作的充足条件,用自己的优势、特长、素质、业绩等彻底打动招聘者的心。

3)语言精练,言语礼貌

HR 每天面对上百封求职信件,每封信件阅读 1~2 分钟,如果内容太过冗长,招聘人员很容易忽视掉重要内容。求职信应控制在 300~500 字,简明扼要地阐述关键内容,与岗位无关的信息不要出现在信件中,避免造成负面影响。此外,求职信宜语言礼貌而自信,给人以干练、稳重的人格印象。切忌自傲或自卑,语气不当或过于生硬,使人感到求职者自我感觉太过良好、缺乏礼节而产生反感。例如,"有我这样的人才前来应聘,你们定会大喜过望""现已有多家公司要聘我,所以请贵公司从速答复",这样过于自信的言语会适得其反。

4)文字准确,语句通顺

求职信中最忌有错别字和不通顺的句子。招聘者注重人才的整体素质,除技能、才干外,还在乎文化素养。汉字不规范、语句不通顺只能说明文化素养较低或工作态度较差。例如,"你们能拨冗垂览,不胜感谢。"其中就有两个错误:将汉字"拨"错写成"拔",将敬辞"您"错写成"你们",与称呼不一致。

5)重视细节,富有创意

职场特别讲究"态度决定一切""细节决定品质",因此求职者如擅长书法,不妨通过用楷书或行楷书写,既能展示特长,又能带给招聘方耳目一新的感觉。投递电子版求职信,可将手写稿拍成图片上传,显示诚意。

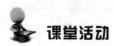

课堂活动

大家来找茬

活动目的:

通过制作个人简历和现场讨论的活动环节,在提出问题、解决问题的过程中构建知识,提升学习能力和操作能力,让学生掌握独立完成并修改个人简历的技能。

材料准备:

多媒体教学设备、移动硬盘(提前收集电子版简历作业)。

活动过程:

(1)上一节课布置课后作业,让学生制作个人简历,上交电子版。

(2)在学生作业中选取具有代表性的示范案例,正面案例和反面案例各一篇,在课堂上进行展示。

(3)引导学生进行小组讨论,指出简历范例中的优缺点,并对照自己的简历取长补短,结合自身能力进行创新操作。

 案例分析 5-3

求 职 信

尊敬的领导:

您好!我是一名即将毕业的广州××学院的专科生,非常高兴在我们的校园网站上看到中国移动广东分公司的招聘信息,特别是看到广州和中山分公司都在其中,如果能在自己的家乡加入移动,对我这个喜爱移动的人来说是绝妙的。

但是您一定有疑虑,因为我这个学旅游酒店管理的人却想应聘市场营销。关于这个问题,我想进行如下说明:在学科知识上我并不逊于市场营销专业人员。我们的专业除了学习市场营销的一系列课程外,还专注于消费者心理的研究,正如移动所说,"沟通从心开始",把握消费者心理对营销策划很重要。另外,我还广泛阅读了《定位》《忠诚的价值》等众多营销论著。我的营销案例分析课程是全院最高分(95分),而且从简历中您能够看到,我曾经成功地参与了企业的策划活动。

在广东移动的业务当中,我很中意12580移动秘书服务,我觉得这是一个设计得非常好的增值服务,工作人士以及像我们这样正在找工作的大学生就非常需要此项服务。最关键的问题是如何推广给顾客。假如我有幸能够加入移动,我会采取如下的方法进行推广。

(1)在大学校团设立咨询台进行推广。我们可以联系学校的就业指导中心,强调我们这项服务可以帮助大学生不错过任何一家企业的面试通知,那么很可能学校会免费提供场地让我们做宣传。

(2)免费免操作为顾客提供半个月的12580移动秘书服务。所谓免操作,是指顾客不需要到营业厅办理,一切都和短信息一样,是自行开通的!对任何一项服务顾客都是非常怕麻烦的,所以我们要把服务做到零麻烦。当顾客已经习惯这项服务时,我们就可以要求顾客打电话开通此项业务了。

当然,目前我对移动的业务完全是门外汉,您可能会对我的幼稚忍俊不禁,不过,我只是想让您了解我对通信业务的热情和喜爱!同时我相信自己能够为广东移动的壮大添砖加瓦,和全球通的新广告词一样:"我能"!

感谢您的阅读,忠心期待您的回复。同时祝您身体健康,一切顺意!

求职者:广州××大学×××
2018年9月1日

【分析】

这份求职信弥补了求职者专业不对口的弱点,并且强调了求职者的优势。第二段中,求职者利用学习成绩把自己最大的优点呈现出来,远超于平均水平的95分就是有力的证明。事实上,该职位对专业本身并无限制,但求职者主动地"自暴其短",说明自己的专业不是市场营销,实际上是以先抑后扬的手法起到"后来居上"的效果,意思是说,你看,我专业不对口,可是我的知识结构和那些专业对口的学生相比丝毫也不逊色,这说明了他的学习能力更强。第三段中,以模拟工作的方法来展现自己对该职位的理解,尽管方案未必能够行得通,但是充分地展示了自己对移动的关注和热诚。

 课后思考

1.一份好的简历应该包含哪些内容?

2.如何撰写出对招聘者具有吸引力的求职信?

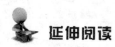
延伸阅读

掌握这些投递技巧,投放你的简历

写完简历之后,接下来就该进入投递简历的环节。或许有人会觉得,这一环节完全由 HR 掌控,简历投出之后,看不看那都是 HR 的事,求职者只能听天由命了。可事实情况并非如此,求职者虽不能左右 HR 是否看自己的简历,但是却可以把握投递简历的规则,以增加个人简历被 HR 看到的概率。

1. 简历在线投递即可

除非招聘网站的系统出故障,否则在线申请和直接发简历到企业留下的邮箱没有任何差别。在线投递简历方便快捷,而将个人简历粘贴在邮件中通过个人邮箱投递很容易出现简历格式错乱的现象,以附件方式发送个人简历也不受 HR 欢迎。如果求职者实在不放心招聘网站的转发系统,也可以考虑两种投递方式同时使用。

2. 心仪岗位可以隔周重复投递

著名的"二八法则"在投递简历上也适用,求职者不要指望所投递的职位百分之百会有回音,除非你是业界的翘楚。当然,太贪婪也不行,那种"让我一次发个够"的行为会给接下来的职业选择带来麻烦。所以,如果求职者遇上自己心仪的岗位,可以再次投递,只是两次投递的间隔时间需一周以上。

3. 错开简历投递"高峰"时间

如同交通有上下班高峰,投递简历也是如此。通常职位刚发布时会迎来一个高峰投递时间。职位发布的第一天和第二天,HR 的邮箱收到的简历通常是最多的。想要提高简历被关注的可能性,不如避开这个高峰。

另一个"高峰"是指在招聘网站上利用职位搜索器搜索出来的前几页招聘岗位集中投递。出于习惯,很多求职者会选择投递搜索结果中前面几页的职位,导致前几页的招聘企业收到的简历数量远高于后面的企业。所以求职者可以多用一些筛选条件来排列关心的职位,多关注一些别人不太关注的职位,不要放过一丝一毫可以让 HR 看到自己简历的潜在机会。

4. 不符合岗位要求,也可尝试投递简历

对于"路人甲"型的求职者来说,不要被招聘信息中条条框框的职位要求吓倒,虽然自己不完全符合岗位要求,但可以放宽标准投出简历。因为有时候企业急于用人或者某一岗位长期招不到人,HR 也许会在挑选简历时放宽筛选的标准,当然这种情况显然不会存在于大公司的热门招聘职位。

5. 切忌投寄同一个公司多个职位

现在的求职面试中,面试官经常问道的一个问题就是"你的职业生涯规划"。有了发展的方向,才更容易找到适合自己的职位,事半功倍,达到双赢的效果。投寄简历的时候,切忌一口气投寄同一个公司的多个职位。特别是一些根本不相关的职位。比如说同时应聘"技术部高级经理"和"销售部高级经理"。这样只能说明两个问题,你对自己的未来没有规划和信心不足。

6. 应聘邮件的标题要直奔主题

如果企业方明确要求求职者把简历直接投在招聘广告留下的邮箱里,那么起个好的邮件标题就很重要,千万别让邮件标题也成了"路人甲"。求职者可以在邮件标题中把符合某项招聘要求的内容写进去,言简意赅,直奔主题,比如"三年网络营销经验应聘市场推广专员职位"。

第三节 面试技巧

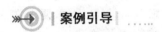
案例引导

同学,面试前你真的准备好了吗?

小丽和小云是九江某职业学院的大三学生,她们不约而同应聘了南昌某市场研究公司的市场调查员岗位。招聘会结束不久,她们都收到了公司的面试通知,要求两周后在南昌面试。收到面试通知后,小丽和往常一样准备了一些简历和面试材料,紧接着投入下一轮招聘会。而隔壁宿舍的小云却很神秘地"失踪"了,接连好几天不见人影。

面试当天,主考官让每个求职者模拟现场问卷调查,考官充当调查对象与求职者沟通。令人意想不到的是,模拟现场考官全程都用南昌方言跟求职者对话。因为问卷调查对象多是南昌街头的普通民众,很多中老年人只用方言交谈,公司以此考察求职者的人际沟通能力。众多外地求职者中,只有小云能听懂,并准确记录了调查结果,最终小云成功被录用。小丽和小云都是北方人,在九江读大学期间也极少去南昌,为什么小云能听懂南昌方言呢?

小丽带着疑问找到小云,才得知小云的成功并不是偶然和运气,全靠精心准备和努力付出。小云接到通知后,第一时间打电话向公司 HR 了解面试的形式和该岗位的工作性质。而"失踪"的那几天,小云去了南昌,专门跑到大商场和中心商圈,观察街头调查员如何开展问卷调查工作,她自己也参与了好几份问卷调查,借机向调查员们吸取工作经验。在此过程中,小云发现很多人交谈都是用的当地方言,小云还特意请教了南昌的师兄传授语言技巧。经过几天的观察,小云已经掌握了一些工作技巧,并能听懂大部分方言。听完小云的面试准备过程,小丽觉得自惭形秽,原来面试并不只是回答问题这么简单,而是需要掌握技巧和策略。

面试是招聘方深入了解和筛选人才的一种方式,通过面对面地观察和沟通,应聘者的素质特征、能力状况能更好地表现出来,便于招聘方比较选择。对应聘者来说,面试是充分展现自我的机会,是决定求职成功与否的关键环节。因此,求职者必须知晓面试的基本内容和礼仪要求,掌握面试技巧和策略,做好充足的面试准备。

一、面试类型

1. 根据面试标准化程度分类

结构化面试：指面试题目、面试实施程序、面试评价、考官构成等方面都依照统一制定的标准而进行的面试，常用于公务员面试和一些银行、国企统一组织的面试。所有应聘者几乎在完全相同的条件下接受面试，保证了面试的公平、公正性。

在国家公务员和企事业单位的结构化面试中，考生会受到严格的管控，所有考生到达候考场后需要上交所有物品和通信设备，统一抽签领取考号等候入场，期间严禁接触考官和面试完的考生。面试人员通常由5~9位考官组成，其中会设一名主考官，此外，有2名协助工作人员负责计时和统分。面试时考生不得向考官透露姓名、毕业院校等个人信息，要求在15~20分钟内答完试题，一般为3~4道标准考题。面试结束后，考官当场对考生进行打分，考生可进入候分室等待分数。

非结构化面试：对与面试有关的因素不做任何限定的面试，也就是通常没有任何规范的随意性面试，如一些企业聊天式的提问面试。相较结构化面试，非结构化面试的开放性强，应聘者可掌握话语主动权、控制面试节奏，考官的面试评价也没有规范标准。

半结构化面试：指只对面试的部分因素有统一要求的面试，如规定有统一的程序和评价标准，但面试题目可以根据面试对象而随意变化。

2. 根据面试对象分类

单独面试：指一名考官与一名应聘者的单独面谈。

小组面试：指考官对多位应聘者进行集体面试，一般称为"无领导小组讨论"。面试过程中，多位应聘者组成小组，针对同一问题进行讨论、轮流发言，并找出一个最合适的解决方案。集体面试可通过应聘者之间的互动，观察应聘者是否具备团体协作能力，以及和岗位匹配的各项特质与能力。

3. 根据面试进程分类

一次性面试：是指用人单位对应聘者的面试集中一次进行。

分阶段面试：可分为两种类型，一种叫"依序面试"，一种叫"逐步面试"。依序面试一般分为初试、复试与综合评定三步；逐步面试，一般是由用人单位面试小组成员按照由低到高的职位顺序，依次对应聘者进行面试。

4. 根据面试提问内容分类

压力性面试：面试官故意用挑衅性的、刁难性的言语、表情或动作来刺激应聘者，将应聘者置于一种人为的紧张气氛中，以考察其应变能力、压力承受能力、情绪稳定性等。

情景面试：根据职位特征设计一系列与申请职位或工作相关联的场景问题，这些问题有预先确定的明确答案，主试者对所有应聘者询问同样的问题，根据预定答案对应聘者的回答进行评价。情景面试中，经常引入无领导小组讨论、公文处理、角色扮演、演讲、答辩、案例分析等情景模拟方法。

情景模拟面试的目的是给应聘者设置一系列工作中可能会遇到的事件，并询问"在这种情况下你会怎么做?"以此来鉴别应聘者与工作相关的行为意向,考查其多方面实际工作能力。情景模拟面试主要考查应聘者的思维灵活性与敏捷性、语言表达能力、沟通技能、处理冲突的能力、组织协调能力、人际关系处理能力等。

行为面试:通常要求应聘者叙述过去某个工作或者生活经历的具体情况,根据其过去的行为了解应聘者各方面的素质。基本假设是通过一个人过去的行为能够预测其未来的行为。主试者需要了解应聘者所叙述行为事例的内容,包括三个方面:背景(background,应聘者所举的行为事例发生的背景);行动(action,在事件发生时,应聘者本人采取了哪些行动);结果(result,事件最后的结果如何),故亦称"寻找BAR法"。

5. 根据面试途径分类

电话面试:不需要直接面对面,而是以电话交流为途径的面试。

视频面试:指通过视频聊天的方式对求职者进行的面试。

现场面试:指面试官与应聘者面对面直接交流沟通。

二、面试流程

1. 电话面试

简历筛选完成后,HR会通过电话面试简单了解应聘者的基本情况、核实简历信息、考察基本的语言表达能力和逻辑思维能力,判断是否符合公司的要求,进一步确定应聘者的意向。电话面试结束后,HR会向初步选定的应聘者发出现场面试邀约。

2. 资格审查

应聘者到达公司参加面试前,需要填写"求职申请表",留存相关的信息。随后,HR将对应聘者的身份证件、学历证件、资格证书等有效证件进行查阅,验证证件的真伪以减少录用风险。应聘者最好携带证件原件和复印件,复印件准备两份备用,大部分单位会要求应聘者留下复印件存档。

3. 现场面试

一般情况下应聘者需要进行1~2轮面试,人力资源部门初面和主管部门复面,规模越大的企业往往面试次数越多。应聘者需要掌握现场面试的流程,通过每个阶段的对话徐徐渐进,争取与面试官产生良性互动。

第一阶段:关系建立阶段。初次见面,面试官会以"今天天气不错。""我们公司地址好找吗?"等一般性的社交话题开始交谈,目的是缓解紧张的气氛,建立一种和谐、友善的面试气氛。应聘者热情回应的同时,可利用这个机会熟悉面试环境和考官。接着,面试官会为应聘者介绍公司的情况和招聘职位的情况,并在面试正式开始前告知整个面试流程的安排。

第二阶段:步入正题阶段。首先,面试官会要求应聘者做一个简单的自我介绍,时间应控制在1~3分钟,应聘者要注意不能生硬地重复简历内容,需要列举事例突出个人特点和优势,让面试官留下深刻的印象。其次,面试官会围绕简历问补充性的问题。例如,"在大学期间所学的主要课程有哪些?""谈谈你在大学学习期间最大的收获是什么?"等问题,注意回答内容要与简历内容相一致。最后,面试官会围绕业务知识、热点问题进行提问,了解应聘人员不同侧面的心理特点、行为特征、能力素质等。应聘者在回答过程中要保持逻辑思维清晰、语言流利顺畅,回答的内容和用词应体现专业水平。

第三阶段:收尾结束阶段。考官在问完必答的问题后,会随机聊一聊应聘者的兴趣爱好或外语水平等问题,了解其生活状态和人际交往能力。在面试结束前,面试官会给予应聘者提问的机会,这时应聘者可围绕公司的培训机会、职员晋升机制、工作的主要职责等方面进行提问,问题数应控制在1~2个。

4. 等候通知

面试结束后,有的公司会当场录取应聘者并签订合同,但大部分面试官会让应聘者等待通知。公司通常会在1~2周内给予答复,如果在HR约定的时间内未收到回复,应聘者可以主动打电话询问结果。在等候通知期间,应聘者可以写一封感谢信,增加求职机会。如果同时向几家公司求职,应聘者要注意调整心情,全身心投入下一家单位的面试准备中。

三、面试礼仪

心理学家认为,人在第一次交往过程中给他人留下的印象,会在对方的头脑中形成并占据着主导地位,这在心理学上叫作首因效应,也就是我们通常讲的第一印象。第一印象源于你的外貌、仪容、仪表、表情、神态和言谈,因此面试礼仪主要包括仪容仪表、肢体语言和细节管理几个方面。在面试过程中,面试官对应聘者的第一印象将影响双方的后续交往,左右其对应聘者的看法和面试成绩。因此,面试礼仪是面试过程中非常关键的一部分。

1. 仪容仪表

1)男士着装

在服装款式上,男士应着合体的西装,一些小型面试可以穿商务休闲装。上衣一定要是有领子的衬衫类,忌穿T恤、背心;下装最好是西裤或者商务休闲裤,忌穿短裤和马裤;皮带要低调沉稳,不能太过于装饰;领带不能花哨,颜色要与西服相配;鞋子可以选择深色的方头或圆头皮鞋,忌穿运动鞋、拖鞋、凉鞋。

在颜色搭配上,西装、西裤颜色以蓝色、藏青色、黑色、灰色为佳;衬衫颜色要比西装颜色浅,以白色、淡蓝色为宜,也可以搭配格子、条纹图案的衬衫,显得清爽不呆板,整体搭配不能超过3种颜色。

在配饰选择上,男士最好戴一块手表,显示自己时间观念较强,千万不要佩戴菩提佛珠、玉佩等配饰;如果没有近视眼,则不要佩戴空框眼镜,显得很不成熟。

在细节处理上,衬衫的领口要刚好合适脖子,不能太宽松或太勒脖子,衬衫扎进西裤里;西裤的长短要合适,选择刚好盖过鞋跟3/4的长度;西装肩宽要合适,不能松垮,袖子长度应比衬衫短1厘米为宜;袜子的颜色一定要选择黑色、深蓝色、灰色等与西装和鞋子相配的颜色,不要穿着有图案或颜色靓丽的袜子;鞋子鞋面要清洁光亮,不能有灰尘、泥土。

2)女士着装

在服装款式上,女生面试服装应以大方、得体为主,可以尝试职业套装、连衣裙、西装,忌穿超短裙、吊带衫、露胸露脐露背装。上衣要能遮住大臂,裙子或裤子选择膝盖以下的长度为宜;面试不宜露出光腿,应选择肉色的丝袜;鞋子选择不露脚趾的凉鞋或单鞋,跟高在3~5厘米为宜,忌穿拖鞋、运动鞋、雪地靴。

在服装颜色上,女生面试服装颜色选择性较多,黑色、深蓝色、灰色、米色、驼色等中性色都是较为稳妥的选择,可搭配花色的皮带或丝巾,起到画龙点睛的效果。切记不要选择大红大紫或复杂的花色,也不要选择粉红、粉蓝等太过柔和的颜色或是嫩绿、亮黄等太过亮眼的颜色,整体色调以优雅大方为主。

在配饰选择上,最多佩戴1~2样首饰即可,宜选择简单款的耳环、项链、手镯或手表,切忌复杂、耀眼的首饰。配饰要与服装相得益彰,太过突出或贵重的饰品容易分散面试官的注意力,给人留下炫耀的印象。

在细节管理上,衣服尺寸要合身,衬衫除第一颗扣子外,其他扣子不能随意解开,可在第2~3颗扣子之间装订暗扣,防止扣子意外松开;裙子长短要合适,坐下时裙边不能短于大腿的一半;夏天穿着不可过于清凉,衣服要有一定厚度,不能透出内衣内裤的颜色和形状;穿着丝袜的女生应在包里准备一双备用袜子,脱丝时能及时更换;鞋子一定要合脚舒适,新鞋会有磨合期,8成新的鞋最为合适。

3)男生面部卫生

男生做到面部干净整洁即可。面试前将胡须清理干净,鼻毛不可外漏,注意清洁口腔空气,修剪指甲不留污垢。冬季要注重保湿,脸上不要干燥起皮。有体味的男生,面试前一晚可温水泡浴,出门前可以喷点男士香水。

在发型设计上,男生以平头、短发为主,前不可盖额,左右不能遮耳,发胶不要使用过量,容易造成油腻感。头发的颜色不能太另类,最好面试前一周去理发。

4)女生面试妆容

女生的妆容以素雅、清爽为主,切忌浓妆艳抹。粉底以自然色号为主,需要全面覆盖,脸和脖子不要出现断层的情况;眼妆的颜色可选择大地色系,或与衣服颜色相配,不要选绿色、蓝色等突兀的颜色;最好不要粘假睫毛,防止脱妆的尴尬;口红忌大红、深红等艳丽的颜色,太过于显眼。指甲涂抹透明或裸粉色指甲油为宜,不要太花哨抢眼。香水抹在耳后或手腕处即可,不要太过浓烈。

在发型设计上,女生的头发可以盘起或扎起,显得清爽干练;卷发最好去理发店打理,不要蓬乱毛躁;面试前一天要将头发清洁干净,头发不能油腻或有头皮屑;头发颜色可选择黑色、深棕色,不要挑染或选择太亮眼的发色,给人不协调的视觉感受。

2. 肢体语言和细节管理

细节决定成败。无声的仪态语言最能体现一个人的教养和风度,面试过程中的言行举止要符合礼仪规范,才能给面试官留下良好的印象。

1)准时赴约

应聘者应在面试前10~15分钟就到达面试现场,先熟悉环境,然后再在洗手间整理一下仪表仪容以及应试思路,如果是女性求职者在此时应合理补妆。在进入考场时,要关闭手机,敲门后礼貌进入。

2)敲门

无论门是否开着,应聘者都要轻叩门板,在获得面试官允许后再进入,进门后转身轻声关门。

3) 问候

在面试之前微笑致意并礼貌问候在场的各位面试官,用微笑打动面试官并赢得最初的彼此尊重。问候时可介绍自己的姓名,如"各位老师,上午好!我是应聘者×××。"问候后要施以30度左右的鞠躬礼,且不要主动与面试官握手,除非对方有握手要求。

4) 入座

礼貌问候后,面试官通常会请你坐下,耐心等他发出邀请后再入座。入座时双手将椅子抬起拉出,坐好后再轻轻拉回,注意不要让椅子拖地发出刺耳的声音。

5) 坐姿

臀部坐在椅子的2/3位置,背部稍稍前倾,尽量不要靠在椅子上。女性双腿要并拢靠向一侧,而男性则可以稍微分开,但绝对不要超过肩宽位置,双手应叠放或平方在大腿位置,身体则自然放松,不要出现抖腿、跷腿等下意识动作。

6) 接递物品

在面试过程中,面试者一定要做到仪态得体,双手接物递物,始终保持良好的仪态与精神面貌。

7) 表情

与面试官交谈的过程中,要保持自然的微笑,眼睛正视对方,目光平和有神,不能游离。建议应聘者在面试前对照镜子练习微笑,避免因紧张出现眉头紧锁、表情呆滞、目光飘散等面部表情。

8) 肢体动作

除了表情练习外,应聘者还要注意肢体动作管理。面试过程中的小动作常常会带来负面影响,摸头发、摸耳朵、扭动身体、转笔等动作都会分散考官注意力,透露出你的紧张情绪,在平常面试训练中应该努力克服。

9) 走姿

男性要步履稳健,而女生则要表现得轻盈稳重,整体做到挺胸收腹,下颌微收,双手自然下垂放在身体前面,给人一种优雅的印象。

10) 离场

离开考场时也要做到善始善终,将告别礼仪做好,应向所有面试官与接待人员鞠躬致谢,感谢面试官能接受自己的面试请求,另外,将坐过的椅子拉回原来的位置再离开,离开后要轻轻关门,关门时则要面向室内所有人,并面带微笑点头离开。

四、面试策略

每年毕业季,总会有一些"面霸"经历过多次面试,却未能求职成功。求职成功的诀窍并不在于面试的数量,而在于总结经验,掌握面试策略和方法。

策略一:知己知彼,百战不殆。

面试前要全面收集招聘单位的资料,尽可能了解清楚招聘单位的情况,例如性质背景、发展状况、行业地位、主营业务、产品品牌、企业文化、未来规划等信息。这些信息资料可以向亲朋好友打听,也可以向在该用人单位工作的熟人咨询,还可以通过电话、新闻报道、广告、杂志、企业名录及其他书籍搜集。用人单位要寻找的是一个"适合我们企业"的员工,了解用人单位情况就能明确其对人才的个性需求,帮助你有针对性地做好面试准备。

策略二:沉着冷静,思维清晰。

面试与个人的职业前途息息相关,越重要的场合越容易产生压力和紧张感。实验调查表明,考生临场发挥的好坏与紧张程度成反比。情绪紧张的考生往往会出现大脑空白、语无伦次的表现,影响面试发挥。应届毕业生应如何克服紧张焦虑的情绪呢?

一是要保持良好的心态。面试是一场心理的较量,求职者一定要树立信心,自我暗示"我肯定能够表现出色";考前放下心理包袱、轻松上阵,自我安慰"重在参与,即使失败了也能总结经验";上场前做几分钟的深呼吸,慢慢吸气然后慢慢呼出,每当呼出的时候在心中默念"放松",通过自我调节达到身心平衡。

二是要学会控制语速。在面试中,一些考生会因紧张而使说话速度变快,而这又会加重紧张,由此进入了一个恶性循环。如果放慢说话的速度,一则可以减轻紧张情绪,也为自己争取更多的思考时间,更重要的是可以让面试官仔细倾听你的话语,以便给面试官留下更深刻的印象。

三是遇到难题要学会冷静分析。考场上,面试官会故意刁难考生,考查其抗压能力和逻辑思维能力。遇到这种面试压力,考生不能显得慌张或无所适从,如果是无法立即给出答案的试题,考生可以微笑着对考官说:"可以给我一点思考的时间吗?"随后,考生需要立马冷静下来,分析答题思路,巧妙破解困境。

策略三:真诚以待,赢得机会。

诚信是社会交往赖以维系和发展的基础,同时也是用人单位在招聘新人时重视的品质之一。古人云:"一语为重万金轻。"缺乏诚信的人是不会获得社会和别人的认可的,即使当时蒙混过关,最终也会露出马脚。求职者在进行双向选择时,应当将自己真实的情况展现在用人单位面前,以自己的诚恳赢得用人单位的认同,进而获得工作的机会。

很多时候,面试官会询问你的实习工作情况,并让你留下实习公司的联系方式,这其实就是为背景调查做准备。当然这种调查不一定真的实行,但假如实行一次,如果你撒了谎,那么对不起,公司绝对不会录用一个不诚信的人。

策略四:把握分寸,适度推销。

求职就是一个自我推销的过程,但是考生要注意把握"推销自己"与"过分推销自己"之间的分寸。表现过头,就会让面试官产生厌烦的感觉,认为求职者不稳重、自高自大;而过分谦虚,又让面试官觉得求职者缺乏自信,或者没有能力。

求职者在推销自己的过程中,要围绕面试官想知道的"买点"进行推销,不要夸夸其谈,变成一个激进的演说家,要学会根据面试官的表情判断推销时间,给双方都留有话语权。求职者也不能太过谦虚,特别是在外企面试中,文化差异导致西方人难以理解中国人的"谦虚"美德,面试官会误认为你是真的没有能力胜任职位。

策略五:察言观色,谨言慎行。

面试是一个双方互动的过程,在面试官与求职者交谈时,他的脸色、神态和举止也相应地表达了他的想法和意图。求职者要学会看懂对方的"脸色",就可以利用面试官的表情,决定自己下一步的语言动作,这是求职过程中不可忽视的一项能力。

有时候,求职者在面试中介绍自身的某个特长,面试官却不时地移开目光,那么他很可能对求职者的介绍并没有特别在意或没有兴趣,求职者应当尽快跳过,看是否还有值得向他介绍的其他信息。有时,面试官一再询问求职者是否拥有英语四六级、计算机或其他门类等级证书,很显然,该公司着重想招聘的是复合型的人才,求职者应该把获得的证书一个不少地展示出来,把自身的特长一一介绍出来。求职者应尽量多到求职场上"实战",才能更好地把握"察言观色"这项求职技能。

策略六:时刻准备,不可松懈。

在情景面试中,面试官常在考生毫无防备的情况下,开始一场面试。例如,在考试前设计一场情景模拟测试,你以为面试还未开始,其实你的行为已经被面试官暗中观察;抑或是在面试过程中设计一个突发状况,考验你的应变能力和处事能力。招聘单位设计这样的考题,是希望从考生在自然状态下流露出的行为中,侧面探查考生的道德品质和内在素养。

因此,考生在踏入面试公司的那一刻起,做每一件事情都需要三思而后行。无论遇到什么意料之外的事情,都要仔细思索如何应对,不可麻痹大意而错失机会。一言一行都要体现良好的道德素养,对任何人都要礼貌微笑,将自身最良好的状态展示出来。

策略七:随机应变,化解难题。

面试场上,可能会遇到严厉的考官。这类考官在提问之前就会用怀疑、犀利的眼神逼视对方,先令对方心理防线步步溃退,然后冷不防地抛出一个明显不友好的发问。例如:"你是一个刚毕业的学生,而我们需要的是社会经验丰富的人。";"我们很看重学历,可是你连本科毕业证书都没有拿到。"面对这种咄咄逼人的发问,求职者千万不要被"激怒",如果失去理智,很容易掉进面试官设置的陷阱中。那么,面对这样的发问,如何接招儿呢?

如果对方说:"你是一个刚毕业的学生,而我们需要的是社会经验丰富的人。"你可以微笑着回答:"贵公司在行业里举足轻重,我确信如我有缘加入贵公司,我将会很快成为社会经验丰富的人,我希望自己有这样一段经历。"

如果对方说:"我们很看重学历,可是你连本科毕业证书都没有拿到。"你可以幽默地说:"听说香港首富李嘉诚先生很早就外出打工补贴家用了。"

考生要学会管理情绪,锻炼自己的抗压能力。遇到类似困境,要巧妙地避开面试官的锋芒,用幽默风趣的语言化解严肃的氛围。

策略八:锲而不舍,绝地逢生。

求职过程中,应聘者常常会因为学历、专业、毕业院校,甚至是相貌、身高等原因,在第一轮简历筛选的环节就被淘汰了。面对这种情况,应聘者一定不能守株待兔,如果未能收到心仪公司的面试邀请,请主动联系对方争取面试机会。有时候,求职者锲而不舍的精神会打动HR,为自己赢取一个表现的机会。

在面试结束后,如果未被录用,求职者也不要气馁,可以打电话询问HR有没有转机。如果录取人员中有人放弃入职,也许你的一份坚持会带来意想不到的收获。若此事已成定局,求职者也可请求HR保留你的简历资料,在下次招聘中能优先考虑你。一次求职成功的求职者少之又少,求职者应有不怕失败的韧性。

策略九：以礼待人，善始善终。

在求职的过程中，许多求职者只留意面试时的礼仪，注重面试的时候应该做些什么，但是却忽略了面试后的善后工作。其实面试之后的工作，对面试的成败，也会有一定的影响。建议求职者在面试后的一两天内，给具体负责人或面试官写一封简短的感谢信。感谢信的开头一定要提到自己的姓名、简单情况以及面试的时间。在信中，你要感谢他为你所花费的精力和时间，为你提供的各种信息。同时，这封信也应该简短地谈到你对公司的兴趣，你自身的优势等。这样做是为了加深求职者在面试官心目中的印象，增加求职成功的可能性。范文如下：

尊敬的×先生：

我是上星期五的面试者×××，感谢您那天为我面试花费的时间和精力。和您谈话让我受益匪浅，并且了解到许多关于贵公司的情况，包括公司的历史、管理形式以及企业文化。

正像我已经谈到过的，我的专业知识、经验和成绩能够胜任我所应聘的岗位，尤其是我具有吃苦钻研的精神。贵公司重视人才，在员工培训方面很有名气，我很希望能够有机会成为贵公司的正式员工，希望有机会和你们共同工作，为公司的发展共同努力。

再一次感谢您，希望有机会与您再谈。

课堂活动

模 拟 面 试

活动目的：

通过模拟面试让求职者真实体验面试的全过程，清楚了解面试的正规流程，帮助学生发现自身的不足，并提出改进建议。

材料准备：

模拟面试教室、桌椅、纸笔及其他道具。

活动过程：

(1)课前按照正规的面试标准布置场地，摆放活动道具，为模拟结构化面试做好准备。

(2)学生分成10人1个小组，轮流扮演不同的角色，每个人必须当1回求职者；角色分为1个求职者，7个面试官和2个计时、统分的辅助人员。

(3)当学生扮演面试官时，要对面试者进行打分，写出面试评语。

(4)面试结束后，学生收集面试官的评分表，对照扣分项找出自身的不足，勤加练习。

标准面试评分表见表5-4。

表5-4 标准面试评分表

职位： 日期： 年 月 日

姓名		性别		年龄		毕业学校	
面试要素			观察要点			满分	要素得分
一		整体形象	精神面貌、亲和力、个人气质			10	

续表

面试要素		观察要点	满分	要素得分
二	细节与习惯	衣着整齐度，行、坐、立姿势，口头禅、礼貌用语	10	
三	判断口头表达能力	根据自我介绍，了解应聘人员的语言逻辑性、用语修辞、语言波幅等方面的情况	10	
四	应变能力	1. 对本职岗位理解及对薪酬期待？（如实回答） 2. 介绍身边朋友对你的评价？（了解应聘人的人际关系）	10	
五	兴趣爱好 知识广博度	1. 你的性格/特长？ 2. 今后学习、培训的计划（与应聘岗位匹配度）	10	
六	情绪控制力 （压力承受力）	1. 如何面对工作或生活或求学经历中出现的挫折？ 2. 面对今后的挫折、压力及心情低潮时，如何自我调节	10	
七	职业初始规划	今后的职业规划？ （请应聘人员如实回答）	10	
八	责任感 与归属意识	1. 工作中，对未完成任务时的责任你是如何看待的？ 2. 加入公司后，如何把部门管理好？（本问题看重的是否有团队精神）	20	
九	判断应聘人员的适应能力	加入公司后，在工作中，如何尽快适应本职工作	10	

累计得分：(　　　)分

考官评语：

□ 确定　　□ 不予考虑　　考官签字：　　　　　　年　　月　　日

评分说明：

1. 测评要素评分标准：满分为 20 分的，表现好为 16～20 分，表现中等为 12～15 分，表现差为 0～11 分；满分为 10 分的，表现好为 8～10 分，表现中等为 6～7 分，表现差为 0～5 分。

2. 总分：各测评分要素得分相加总和。小数点后精确至 1 位。

案例分析 5-4

一知名外资企业，欲招聘高层管理人员，丰厚的薪水、优越的待遇吸引了众多求职者前来应聘，其中不乏博士、硕士，也有的原本就是外企员工，可谓是竞争激烈。但令大家意想不到的是，最后胜出的却是一位只有大专学历，从来没外企工作经历的"无名小卒"。在谈到何以制胜时，这位求职者说出了他的心里话：

这家公司招聘广告一登出来的时候，我就着手对该公司所有的产品做细致的市场调查，从市场份额、产品宣传到竞争对手等各方面的情况，我都了解得清清楚楚，因而提出的建议和制定的规划也是最切实可行的。这家公司没请我，我就已为它工作了，它不请我又请谁呢？

【分析】

案例中的求职者只是一名大专毕业生，在高手如云的面试中本处于劣势地位，扭转局势的关键在于他做了充足的面试准备。因为他对公司的状况了如指掌，在面试中才能做到最合理地制定规划，让面试官感受到他的努力和诚意。

 案例分析 5-5

晓莹毕业于上海某外贸学校，是一个品学兼优的学生，虽说由于家境贫寒她不得不选择上中专，但在校期间她几乎把所有的精力都花在了学业上，不仅拿到了大学英语四级证书，还获得了自学考试英语专业的大专文凭。所有人都说，晓莹还有股子"初生牛犊不怕虎"的劲头。她听说上海一家外贸公司招聘本科的求职者，便带上材料去应聘，到场以后才知道今天是最后的面试时间。但她还是硬着头皮坐了下来，一直等到面试的学生全部走完，她才推开门进去。"对不起，面试已经结束了。"一位女士拦住她，"不，我还没有面试。""你叫什么名字？"那位女士边查看名单边问。"您不用找了，名单里没有我，我叫晓莹，是外贸学校的，给你们送过材料。""对不起，除了两所重点大学，其他学校我们没通知。""既然我来了，就请给我一次机会好吗？我不在乎结果，只想测试一下自己的能力。"晓莹带有央求的语气中透着几许执着。这时，从里间走出一位西装革履的中年男士，晓莹赶忙迎上前去，用英语说道："您好黄总，我在市政府门口的宣传栏里见过您的照片，您是市十佳青年企业家。我叫晓莹，是省外贸学校来应聘的。""外贸学校的？口语不错嘛，进来吧，我们聊聊。"经过十几分钟的交谈，两天后，晓莹成为公司唯一通过自荐而被录用的专科生。

【分析】

专科生晓莹凭借自己锲而不舍的毅力,成功地获得了面试机会并赢得了总经理的青睐,最终打败其他竞争者被公司录用。晓莹的事例再次证明了求职面试不光是凭学历高低来决定结果的,有时候足够的诚意和专业的能力足以打动招聘者的心。

案例分析 5-6

没有"试题"的面试

国亚房地产公司要招聘一名客户接待员。因为国亚房地产公司在当地是一家很有实力的房地产公司,不光员工的待遇不错,公司还实行股份制,年底有分红,所以前来应聘的人很多。经过初试、复试的激烈竞争,刘先生、李小姐和王女士成为优胜者。虽然已经决出了3位优胜者,但3个人各有千秋,究竟录用谁,人力资源部经理很难取舍。刘先生有过类似的工作经历,对招聘人员提出的问题回答得有条有理,头头是道;李小姐虽然年轻,但人聪明伶俐,很会察言观色,作为客户接待员,这些都是有利的条件;王女士稳重大方,作风干练,素质很好。既然3个人都很优秀,人力资源部经理决定亲自对他们3个人进行面试,以决定最终的录用人选。

面试当天,刘先生、李小姐和王女士都如约准时到了面试地点。人力资源经理对他们说:"非常抱歉,我们还有些事情要研究,总经理请你们等一会儿,他马上就过来进行面试。"说着就把他们领进了接待室,临出门前,经理又回过头微笑着说:"如果有电话,麻烦你们帮忙接一下。"说完就转身出去了。刘先生、李小姐和王女士坐在办公桌前的椅子上静静地等着。这间办公室里正好有3张办公桌,每张桌上都有1部电话机。刘先生紧闭双目,专心地考虑着下面的面试细节,就在这时,他桌上的电话响了。刘先生拿起电话,只听到对方问道:"你们是新亚房地产公司吗?""不是,你打错了。"刘先生说罢就把电话挂断了。张先生刚刚放下电话,李小姐面前的电话又响了起来,李小姐把听筒放到耳边,"喂"了一声,只听对方说道:"你们是国亚房地产公司吗?"李小姐应了一句:"是呀,你找谁?"没想到对方突然把电话挂断了。李小姐边放电话边嘟囔了一句:"神经病!"

没过一会儿,王女士桌上的电话也响了起来。只见王女士拿起电话,轻声地问道:"您好,这里是国亚房地产公司。请问您有什么事需要我们帮助吗?"对方说:"我打算选一套两居室的房子,请问到你们这里怎么走?"王女士热情地回答了对方的问题,并真诚地说:"我们随时欢迎您的光临。您来了我们会详细地向您介绍情况,并带您去实地参观挑选,一定会让您满意的。"最后双方在"谢谢""再见"声中挂断了电话。

王女士放下电话没过几分钟,办公室的门被推开了,人力资源部经理走了进来。他微笑着说:"今天的面试到此结束。"看着三位应聘者一脸惊讶的表情,经理又进一步解释道:"其实,刚才你们三个人接听电话就是我们设计的考试题。王女士热情礼貌,对待客户的真诚态度符合我们招聘的要求,得到了招聘小组的一致认可,我们经研究决定录用王女士为我们公司的客户接待员。"接着他又握着王女士的手说:"恭喜你被公司聘用了!"

直到这时,大家才如梦方醒,原来这是一场没有试题的面试。

【分析】

王女士应聘成功了。她接听电话时的礼貌热情和对待客户的真诚态度让她笑到了最后。其实,如果3个人事先都知道打电话就是面试环节的话,相信他们都会做得很好,王女士之所以能脱颖而出,正是因为她在不知情的时候仍然做到了热情服务,这实际是一种良好的职业素养,也是招聘公司欣赏她和看中她的原因。

细微之处见精神,王女士接听电话的态度显示出了她的修养和对工作的责任感,这是一名优秀员工所应当具备的素质,这种素质需要我们平时在工作和生活的点滴中去学习和积累。有时候,能够改变命运的并不是什么惊天动地的大事,一个小小的细节往往就会改变我们的人生。

课后思考

1. 面试前要做好哪些准备?
2. 面试时要注意哪些细节?
3. 结合目标岗位,为自己制订一份可行的面试方案。

 延伸阅读

16个经典面试问题的回答思路

面试过程中,面试官会向应聘者发问,而应聘者的回答将成为面试官考虑是否接受他的重要依据。对应聘者而言,了解这些问题背后的内涵至关重要。本文对面试中经常出现的一些典型问题进行了整理,并给出相应的回答思路和参考答案。读者无须过多关注分析的细节,关键是要从这些分析中"悟"出面试的规律及回答问题的思维方式,达到"活学活用"。

问题一:"请你做自我介绍。"

思路:

(1)这是面试的必考题目。

(2)介绍内容要与个人简历相一致。

(3)表述方式上尽量口语化。

(4)要切中要害,不谈无关、无用的内容。

(5)条理要清晰,层次要分明。

(6)事先最好以文字的形式写好背熟。

问题二:"谈谈你的家庭情况。"

思路:

(1)这个问题对了解应聘者的性格、观念、心态等有一定的作用,这是招聘单位问该问题的主要原因。

　　（2）简单地罗列家庭人口。

　　（3）宜强调温馨和睦的家庭氛围。

　　（4）宜强调父母对自己教育的重视。

　　（5）宜强调各位家庭成员的良好状况。

　　（6）宜强调家庭成员对自己工作的支持。

　　（7）宜强调自己对家庭的责任感。

问题三：" 你有什么业余爱好？"

　　思路：

　　（1）业余爱好能在一定程度上反映应聘者的性格、观念、心态，这是招聘单位问该问题的主要原因。

　　（2）最好不要说自己没有业余爱好。

　　（3）不要说那些庸俗的、令人感觉不好的爱好。

　　（4）最好不要说自己只读书、听音乐、上网，否则可能令面试官怀疑应聘者的性格孤僻。

　　（5）最好能有一些户外的业余爱好来"点缀"你的形象。

问题四：" 你最崇拜谁？"

　　思路：

　　（1）最崇拜的人能在一定程度上反映应聘者的性格、观念、心态，这是面试官问该问题的主要原因。

　　（2）不宜说自己谁都不崇拜。

　　（3）不宜说崇拜自己。

　　（4）不宜说崇拜一个虚幻的，或是不知名的人。

　　（5）不宜说崇拜一个明显具有负面形象的人。

　　（6）所崇拜的人最好与自己所应聘的工作能"搭"上关系。

　　（7）最好说出自己所崇拜的人的某些品质、某些思想感染着自己、鼓舞着自己。

问题五：" 你的座右铭是什么？"

　　思路：

　　（1）座右铭能在一定程度上反映应聘者的性格、观念、心态，这是面试官问这个问题的主要原因。

　　（2）不宜说那些易引起不好联想的座右铭。

　　（3）不宜说那些太抽象的座右铭。

　　（4）不宜说太长的座右铭。

　　（5）座右铭最好能反映出自己某种优秀品质。

　　（6）参考答案——"只为成功找方法，不为失败找借口"。

问题六：" 谈谈你的缺点。"

　　思路：

　　（1）不宜说自己没缺点。

(2)不宜把那些明显的优点说成缺点。

(3)不宜说出严重影响所应聘工作的缺点。

(4)不宜说出令人不放心、不舒服的缺点。

(5)可以说出一些对所应聘工作"无关紧要"的缺点,甚至是一些表面上看是缺点,从工作的角度来看却是优点的缺点。

问题七:"谈一谈你的一次失败的经历。"

思路:

(1)不宜说自己没有失败的经历。

(2)不宜把那些明显的成功说成是失败。

(3)不宜说出严重影响所应聘工作的失败经历。

(4)所谈经历的结果应是失败的。

(5)宜说明失败之前自己曾信心百倍、尽心尽力。

(6)说明仅仅是由于外在客观原因导致失败。

(7)失败后自己很快振作起来,以更加饱满的热情面对以后的工作。

问题八:"你为什么选择我们公司?"

思路:

(1)面试官试图从中了解你求职的动机、愿望以及对此项工作的态度。

(2)建议从行业、企业和岗位这三个角度来回答。

(3)参考答案——"我十分看好贵公司所在的行业,我认为贵公司十分重视人才,而且这项工作很适合我,相信自己一定能做好。"

问题九:"对这项工作,你有哪些可预见的困难?"

思路:

(1)不宜直接说出具体的困难,否则可能令对方怀疑应聘者不行。

(2)可以尝试迂回战术,说出应聘者对困难所持有的态度——"工作中出现一些困难是正常的,也是难免的,但是只要有坚韧不拔的毅力、良好的合作精神,以及事前周密而充分的准备,任何困难都是可以克服的。"

问题十:"如果我录用你,你将怎样开展工作?"

思路:

(1)如果应聘者对应聘的职位缺乏足够的了解,最好不要直接说出自己开展工作的具体办法。

(2)可以尝试采用迂回战术来回答,如"首先听取领导的指示和要求,然后就有关情况进行了解和熟悉,接下来制订一份近期的工作计划并报领导批准,最后根据计划开展工作。"

问题十一:"与上级意见不一是,你将怎么办?"

思路:

(1)一般可以这样回答:"我会给上级以必要的解释和提醒,在这种情况下,我会服从上级的意见。"

(2)如果面试你的是总经理,而你所应聘的职位另有一位经理,且这位经理当时不在场,可以这样回答:"对非原则性问题,我会服从上级的意见,对涉及公司利益的重大问题,我希望能向更高层领导反映。"

问题十二:"我们为什么要录用你?"

思路:

(1)应聘者最好站在招聘单位的角度来回答。

(2)招聘单位一般会录用这样的应聘者:基本符合条件、对这份工作感兴趣、有足够的信心。

(3)如"我符合贵公司的招聘条件,凭我目前掌握的技能、高度的责任感和良好的适应能力及学习能力,完全能胜任这份工作。我十分希望能为贵公司服务,如果贵公司给我这个机会,我一定能成为贵公司的栋梁!"

问题十三:"你能为我们做什么?"

思路:

(1)基本原则上"投其所好"。

(2)回答这个问题前应聘者最好能"先发制人",了解招聘单位期待这个职位所能发挥的作用。

(3)应聘者可以根据自己的了解,结合自己在专业领域的优势来回答这个问题。

问题十四:"你是应届毕业生,缺乏经验,如何能胜任这项工作?"

思路:

(1)如果招聘单位对应届毕业生的应聘者提出这个问题,说明招聘单位并不真正在乎"经验",关键看应聘者怎样回答。

(2)对这个问题的回答最好要体现出应聘者的诚恳、机智、果敢及敬业。

(3)如"作为应届毕业生,在工作经验方面的确会有所欠缺,因此在读书期间我一直利用各种机会在这个行业里做兼职。我也发现,实际工作需要的知识远比书本知识丰富、复杂。但我有较强的责任心,适应能力和学习能力也很强,而且比较勤奋,所以在兼职中均能圆满完成各项工作,从中获取的经验也令我受益匪浅。请贵公司放心,学校所学及兼职的工作经验使我一定能胜任这个职位。"

问题十五:"你希望与什么样的上级共事?"

思路:

(1)通过应聘者对上级的"希望"可以判断出应聘者对自我要求的意识,这既是一个陷阱,又是一次机会。

(2)最好回避对上级具体的希望,多谈对自己的要求。

(3)如"作为刚步入社会的新人,我应该多要求自己尽快熟悉环境、适应环境,而不应该对环境提出什么要求,只要能发挥我的专长就可以了。"

问题十六:"你在前一家公司的离职原因是什么?"

思路:

(1)最重要的是:应聘者要使招聘单位相信,应聘者在过往的单位的"离职原因"在此家招聘单位里不存在。

(2) 避免把"离职原因"说得太详细、太具体。

(3) 不能掺杂主观的负面感受,如"太辛苦""人际关系复杂""管理太混乱""公司不重视人才""公司排斥我们……的员工"等。

(4) 但也不能躲闪、回避,如"想换换环境""个人原因"等。

(5) 不能涉及自己负面的人格特征,如不诚实、懒惰、缺乏责任感、不随和等。

(6) 尽量使解释的理由为应聘者个人形象添彩。

(7) 如"我离职是因为这家公司倒闭。我在公司工作了三年多,有较深的感情。从去年始,由于市场形势突变,公司的局面急转直下。到眼下这一步我觉得很遗憾,但还要面对现实,重新寻找能发挥我能力的舞台。"

同一个面试问题并非只有一个答案,而同一个答案并不是在任何面试场合都有效,关键在于应聘者掌握了规律后,对面试的具体情况进行把握,有意识地揣摩面试官提出问题的心理背景,然后投其所好。

第六章　大学生就业形势政策与就业程序

同人民一道拼搏、同祖国一道前进,服务人民、奉献祖国,是当代中国青年的正确方向。好儿女志在四方,有志者奋斗无悔。希望越来越多的青年人以你们为榜样,到基层和人民中去建功立业,让青春之花绽放在祖国最需要的地方,在实现中国梦的伟大实践中书写别样精彩的人生。

——摘自《习近平给河北保定学院西部支教毕业生群体代表回信》

 内容提要

教育部公布2018年全国普通高校毕业生人数达到820万人,再创历年新高,大学毕业生面临复杂严峻的就业形势,党和政府高度关注大学毕业生就业工作,出台了一系列优惠政策支持大学生就业创业,尤其是引导毕业生面向基层地区就业的有关政策,为大学生施展才能提供了广阔的空间,作为当代大学生应该从实际出发,认清就业形势、熟悉就业政策、掌握就业程序,为开启未来人生之路打好基础。

第一节　大学生就业形势与政策

▶ 案例引导

黄河水利职业技术学院2009届毕业生王刚,现任中国水利水电第六工程局有限公司测量总监。工作8年以来,始终坚守在一线岗位,以坚韧不拔的品质辗转于祖国西南、东北和大西北等艰苦地区,在自然条件恶劣的新疆喀什地区留守施工,带头出色完成了当地水电站项目的测量任务,成为行业领导的专业技术人才和业务骨干。

随着我国高等教育改革的不断深入,我国高职教育获得快速发展,目前,高职教育学生人数已占高等教育总人数的一半,成为我国高等教育中的一支生力军,近年来,高职毕业生的就业率稳中有升,但当前高职毕业生的就业形势仍不容乐观,这其中既有社会因素、企业因素,也有毕业生个人因素。

一、大学毕业生就业形势

1. 高职毕业生基本情况

随着高等教育改革不断深入,尤其是1999年全国高校扩招以来,高校毕业生人数逐年增加。2010—2017年我国高校毕业生人数逐年增长,这8年间累计毕业生人数达到5706万人。而2018年全国高校毕业生人数上升至820万人,再创毕业生人数新高(见图6-1)。

图6-1 2010—2018年全国高校毕业生人数情况

(数据来源:中商产业研究院)

据麦可思研究院统计,2017届高职毕业生毕业半年后就业率为92.1%(见图6-2)。

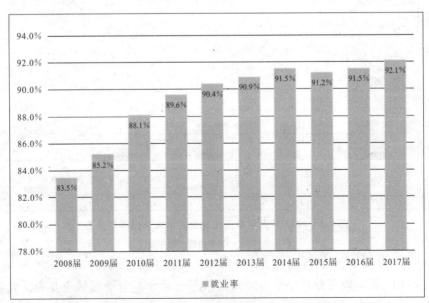

图6-2 2008—2017届高职毕业生毕业半年后就业率

近几年我国高职毕业生就业呈现以下特点。

1）从职业类型来看，以互联网＋为代表的职业快速发展

从2013—2015届高职毕业生就业趋势可以看出，在就业比例排名前十位的职业类中，高职毕业生从事"互联网开发及应用"职业类的比例逐届增加（见表6-1）。

表6-1　2013—2015届高职毕业生从事的前十主要职业类排名　　　　单位/（%）

高职高专毕业生从事的职业类名称	2015届	2014届	2013届
财务/审计/税务/统计	10.8	10.8	12.5
销售	10.6	11.0	10.3
建筑工程	7.8	8.6	7.3
行政/后勤	7.0	7.0	7.2
医疗保健	6.3	6.5	4.1
互联网开发及应用	4.3	3.2	1.9
金融（银行/基金/证券/期货/理财）	4.2	2.9	3.0
机械/仪器仪表	3.2	4.7	5.1
电气/电子	3.2	3.7	4.0

（数据来源：《2016年中国大学生就业报告》）

2）从单位类型来看，广大中小微民营企业成为就业吸纳的主容器

2013—2015届毕业生中，吸纳毕业生最多的就是民营企业/个体，以全国2015届高职毕业生为例，有67%的毕业生就业于民营企业/个体，而在中小微企业（企业人数在300人或以下）就业的比例达60%（见图6-3和图6-4）。

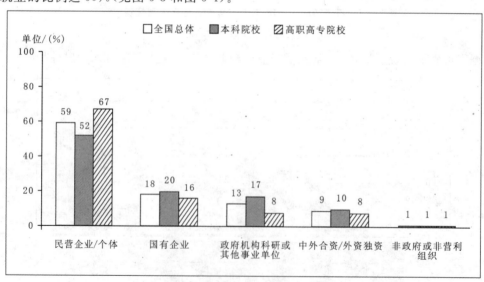

图6-3　2015届大学毕业生就业的用人单位类型分布

（数据来源：《2015年中国大学生就业报告》）

3）从就业地域来看，经济发达地区依然为毕业生就业主要地域

以全国2015届高职高专毕业生为例，毕业生毕业半年后就业区域主要为泛渤海湾区域（包括北京、天津、山东、河北、内蒙古、山西），占22.7%，泛珠江三角洲区域（包括广东、广西、福建、海南），占21.2%，21.1%的学生在泛长江三角洲地区就业（见图6-5）。

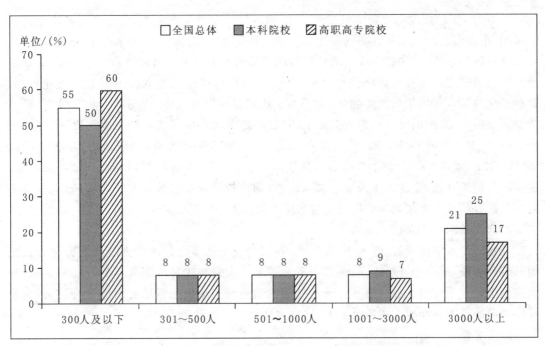

图 6-4　2015 届大学毕业生就业的用人单位规模分布

(数据来源:《2016 年中国大学生就业报告》)

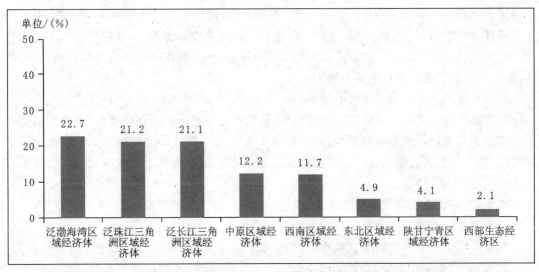

图 6-5　2015 届高职高专毕业生就业地域分布

(数据来源:《2016 年中国大学生就业报告》)

2. 高职毕业生就业形势严峻的原因

近几年,我国高职毕业生就业率及就业质量保持了稳定增长的态势,这也从侧面反映了我国高职教育的长足发展,以及社会对高职生质量的认同,但在国际国内整体就业环境严峻的情况下,高职生的就业形势依然不容乐观,高职生对此应该保持清醒的认识。

1)金融危机影响导致毕业生就业困难

2007年,美国爆发的次贷危机波及全球,世界经济至今复苏乏力,受全球经济增速放缓的影响,中国经济增长率从过去的高速增长向中高速增长转变。为适应经济形势,国内企业积极进行转型升级,过去拉动经济增长的传统劳动力密集型企业出现经营困难,一部分缺乏创新的劳动密集型企业被市场淘汰,一部分企业则由劳动密集型向技术密集型企业转变。这种变化对就业市场带来的影响是:企业为了提高效率节约成本,纷纷减少招工计划,甚至裁员。根据2017中国统计年鉴数据显示:2012—2016年我国城镇登记失业人数分别为917万、926万、952万、966万、982万、972万,而2012—2016年高校毕业生人数分别为680万、699万、727万、749万、765万、795万。从数据反映上来看:一方面国内企业面临经济困难,逐年减少招工计划,造成失业人口增加;另一方面高校毕业生人数却在逐年递增,就业市场的"一减一增"现象为高职毕业生就业带来巨大的压力。

2)产业结构的不合理

从我国产业结构来看,过去30多年来,我国产业结构多是以资源为基础的劳动力密集型低端制造业,而像先进制造业、现代服务业等需要大量技术技能型人才的技术密集型、知识密集型的产业尚未发展成熟。传统的低端制造业对劳动力的素质要求较低,因而对高职院校培养的技术技能型人才需求不大,这也为高职生就业带来了困难。

3)区域发展失衡

从大学生的就业流向来看,"北、上、广、深"等一线发达城市对高职生的吸引力巨大,由于这些城市产业发展成熟,对高素质的人才需求也较旺盛,加之生活环境好、经济回报较高,因而成为高职生就业地域的第一选择,而中西部地区,虽然也有着大量人才需求,但由于生活条件与经济回报与"北、上、广、深"一线发达城市还有较大的差距,使得毕业生不愿意去中西部地区就业,但"北、上、广、深"向来是人才扎堆的地方,整体就业环境竞争激烈,导致就业困难,也就造成高职生就业压力增大。

4)高职毕业生的就业竞争对手增加

我国高校连续大规模地扩招,高等教育已从精英化教育转向大众化教育,大学毕业生人数的倍增期与全国就业高峰期重叠,高校毕业生人数连年攀升。大学生就业也就由过去的"卖方市场"走向"买方市场"。与此同时,我国正处于全国性的就业高峰期,农民工、城镇下岗工人、待岗人员、留学回国人员等多路劳动大军同时汇入就业市场,必然使得劳动力供求总量严重失衡,也使得高职生的就业竞争对手增加。

5)高职毕业生自身就业观念误区

部分高职毕业生自身的求职观念错误,主要表现为就业期望值高,如一味追求高薪资、发达区域、国有企事业岗位等,而忽视企业的职业发展通道,这些过高的就业期望值限制了毕业生的就业选择,也与用人单位的实际要求相差甚远。

据调查,大多数高职毕业生对工作所在城市仍偏向于"北、上、广、深"等一线发达城市,而对西部及偏远地区就业持排斥心理。这种就业心理制造了就业障碍。

6)缺乏创业精神,影响就业选择

一部分毕业生在就业过程中存在"等、靠、要"的现象,过分依赖家庭和学校,缺乏敢闯敢拼的精神,更不敢去创业,这种依赖现象和创业意识的缺乏严重影响了就业选择。

3. 大学生就业的趋势与展望

就业是民生之本,也是构建社会主义和谐社会的重要基础。党和政府一直非常重视就业问题,特别是大学生的就业问题。通过一系列的政策鼓励、扶持大学生就业和创业,有力地促进了高校毕业生的就业工作,缓解了就业难的问题。但由于总体上我国就业人数正处于高峰期,大学毕业生人数也处于历史高位,且还呈现增长态势,未来大学生就业压力仍然巨大,这就要求大学毕业生必须认清就业形势,转变就业观念,拓宽就业渠道。

1)大学生就业竞争将继续呈增长态势

我国目前正处于劳动力人口的高峰期,大学毕业生近年来仍将处于一个顶峰期,在未来相当长的时间里,就业难、就业要求高、就业压力大将成为高校毕业生就业的常态。大学生们必须要认识到这个现实,在校期间,要扎实地学习,提升综合素质和专业素养,及早做好职业生涯规划,勇于竞争,转变就业、择业的观念。

2)到中西部地区就业,到中小城市就业,到基层就业将成为必然选择

目前,东部发达地区就业竞争压力大,生活成本居高不下,尤其在"北、上、广、深"等一线发达城市,很多外地大学毕业生在激烈的就业环境中,生活艰难,这些大学生也成为媒体眼里的"城市蚁族"。而与之相对应的是,随着国家中部崛起战略、西部大开发战略、长江经济带建设等政策的相继实施,中西部地区呈现勃勃生机,迎来了发展的巨大机遇期,广大中西部地区基层单位更是求贤若渴,广袤的中西部地区为大学毕业生施展才华提供了舞台,随着国家对基层就业政策的支持力度的持续加大,越来越多的大学毕业生不再刻意追求"北、上、广、深"等一线城市,而是选择回家乡就业创业,施展抱负。未来,到中西部地区就业,到中小城市就业,到基层就业必将成为大学毕业生的一项明智的选择。

3)自主创业——开启就业新篇章

随着国家创新创业战略的深入实施,多地出台的丰富多样的创业优惠政策,为高校毕业生实现创业梦提供了坚实的保障。2017年9月8日教育部召开的新闻发布会上,教育部高等教育司司长吴岩介绍,我国大学毕业生创业率已达到3%,超过发达国家(1.6%)近一倍的水平。面对就业大潮,有梦想、有点子、有干劲的大学生,去尝试创业,也是不错的选择。

(微视频:大学生就业形势分析)

二、大学生就业政策

大学生就业政策是指国家和各级地方政府及高等院校为促进大学毕业生就业工作而制定的一系列政策、方针、规定的总和。大学生就业政策具有导向作用,掌握就业政策,可以引导大学生走上正确的择业道路,少走弯路,提高就业成功率。

1. 大学生就业制度变迁

计划经济时代,我国对大学生实行的是"统包统分"的就业制度。改革开放之后,随着经济体制由计划向市场转变,大学生就业制度也随之进行了改革,现行大学生就业制度是"以市场为导向、政府宏观调控、学校推荐、学生与用人单位双向选择"。由"统包统分"向"自主择业、双向选择"转变,其间大致分为三个阶段。

1)"统包统分"到"自主择业,双向选择"的探索阶段(1978—1992年)

中华人民共和国成立初期,我国实行"统包统分"就业制度,其基本程序是国家主管部门分别制订指令性分配计划,调配计划,用人部门据此提出配备毕业生计划,学校根据自上而下的分配计划派遣毕业生,毕业生持地方调配部门开具的就业派遣证到用人单位报到。在当时,大学生尚属一种稀缺资源,大学生就业引起社会的高度重视,国家有能力并愿意对大学生长期实行"统包统分"的就业制度。但自改革开放以后,我国大学毕业生数量呈现逐年递增的趋势,政府包办大学生就业感到越来越吃力,同时也不利于大学生今后的发展,所以开始进行新阶段的大学生就业制度改革探索。1989年,国务院批转了国家教育委员会(教育部前身)《关于改革高等学校毕业生分配制度的报告》,报告明确指出,高等学校毕业生分配制度改革的目标是:在国家就业方针、政策指导下,逐步实行"毕业生自主择业,用人单位择优录取"的"双向选择"制度。1992年,高校进一步改革了就业分配制度,国家主管部门提出宏观调控,加强政策导向,培养就业市场,扩大双向选择,建立和完善服务体系等一系列新思路,毕业生就业改革进入了一个新的发展阶段。

2)"自主择业、双向选择"就业制度逐步确立阶段(1993—2000年)

随着大学生就业制度改革在探索过程中逐步取得了成效,再加上我国市场经济发展的不断深入,过去"统包统分"的就业制度越来越不符合国情,我国因此加快了大学生就业制度的改革步伐。1993年,中国共产党第十四次全国代表大会上明确提出《中国教育改革和发展纲要》,其中,对大学生"统包统分"的大学生就业制度进行改革,实行"少数毕业生由国家安排就业,多数由学生'自主择业'的就业制度"。这标志着大学生就业制度改革的全面开展。这也意味着,大学生就业将由过去的"旱涝保收"的就业体制走向由市场调节的就业体制。

3)"自主择业,双向选择"就业制度的完善阶段(2001年至今)

随着1999年我国高校开始实行扩招,每年大学毕业生都在大幅度增长,劳动力市场中大学生供过于求的现象日益突出。2002年,国务院办公厅转发了教育部等部门《关于进一步深化普通高等学校毕业生就业制度改革有关问题的意见》(以下简称"意见")的通知,《意见》指出:在符合国家经济发展战略上和维护社会稳定的基础上,采取积极有效的措施,帮助大学生树立正确的就业观,建立"市场导向、政府调控、学校推荐、学生与用人单位双向选择"的就业机制,促进大学毕业生充分就业。文件还提到鼓励大学毕业生到西部地区、基层或是中小企业就业。自此形成了我国新时期大学毕业生的就业政策框架。

2. 国家促进大学生就业的主要政策

1)国家基层就业项目

"基层",一般来说,既包括广大农村,也包括城市街道社区;既涵盖县级以下党政机关、企事业单位,也包括社会团体、非公有制组织和中小企业;既包含自主创业、自谋职业,也包括艰苦行业和艰苦岗位。近几年,国家出台了一系列优惠政策鼓励高校毕业生积极投身基层就业。目前,中央各有关部门主要组织实施了四个引导高校毕业生到基层就业的专门项目,包括:团中央、教育部等四部门从2003年起组织实施的"大学生志愿服务西部计划";中共中央组织部、原人事部、教育部等八部门从2006年开始组织实施的"三支一扶"(支教、支农、支医和扶贫)计划;教育部等四部门从2006年开始组织实施的"农村义务教育阶段学校教师特设岗位计划"。选聘高校毕业生到村任职:中共中央组织部、教育部、财政部、人力资源和社会保障部等部门从2008年起组织实施的"选聘高校毕业生到村任职工作"。

(1)大学生志愿服务西部计划。

自2003年起,根据国务院常务会议精神,团中央与教育部、财政部、人力资源和社会保障部联合实施大学生志愿服务西部计划。按照公开招募、自愿报名、组织选拔、集中派遣的方式,每年招募一定数量的普通高等学校应届毕业生,到西部基层开展为期1~3年的教育、卫生、农技、扶贫等志愿服务。

鼓励青年知识分子到实践中去、到基层和艰苦地区去经受磨炼,健康成长,是我们党和政府的一贯方针。动员大学生到西部去,到祖国和人民最需要的地方去建功立业,对促进西部贫困地区教育、卫生、农技、扶贫等社会事业的发展,拓展大学生的就业、创业渠道,培养和造就一大批既有现代科学文化知识,又有基层工作经验和强烈社会责任感的优秀青年人才,弘扬"奉献、友爱、互助、进步"的志愿精神,推动经济、社会持续、快速、健康发展,都具有非常重要的作用和意义。

(2)高校毕业生三支一扶计划。

三支一扶是支教、支医、支农、扶贫的简称。为使高校毕业生向基层单位落实就业提供具体指导和保障,2006年,由中共中央组织部、原人事部、教育部等八部门联合下发了《关于组织开展高校毕业生到农村基层从事支教、支农、支医和扶贫工作的通知》文件,以公开招募、自愿报名、组织选拔、统一派遣的方式,从2006年开始,每年招募2万名高校毕业生,主要安排到乡镇从事支教、支农、支医和扶贫工作,服务期限一般为2~3年。招募对象主要为全国普通高校应届毕业生。

(3)农村义务教育阶段学校教师特设岗位计划。

2006年,教育部、财政部、原人事部、中央机构编制委员会办公室下发《关于实施农村义务教育阶段学校教师特设岗位计划的通知》,联合启动实施"特岗计划",公开招聘高校毕业生到"两基"(基本实施九年义务教育和基本扫除青壮年文盲)攻坚县农村义务教育阶段学校任教。特岗教师聘期为3年。

特岗教师政策是中央实施的一项对西部地区农村义务教育的特殊政策,通过公开招聘高校毕业生到西部地区"两基"攻坚县、县以下农村学校任教,引导和鼓励高校毕业生从事农村义务教育工作,创新农村学校教师的补充机制,逐步解决农村学校师资总量不足和结构不合理等问题,提高农村教师队伍的整体素质,促进城乡教育均衡发展。

(4)大学生村干部计划。

2008年,中组部、教育部、财政部、人力资源和社会保障部出台了《关于印发〈关于选聘高校毕业生到村任职工作的意见(试行)〉的通知》,决定在全国范围内开展选聘高校毕业生到村任职工作,计划用5年时间选聘10万名高校毕业生到农村担任村委会主任助理、村党支部书记助理或团支部书记、副书记等职务。选聘的高校毕业生在村工作期限一般为2～3年。

大学生村干部工作是国家开展的选派项目。大学生村干部岗位性质为"村级组织特设岗位",系非公务员身份,其工作、生活补助和享受保障待遇应缴纳的相关费用由中央和地方财政共同承担。大学生村干部的工作管理及考核比照公务员有关规定进行,由县(市、区)党委组织部牵头负责、乡镇党委直接管理、村党组织协助实施;人事档案由县(市、区)党委组织部管理或县(市、区)人力资源和社会保障部门所属人才服务机构免费代理,党团关系转至所在村。

(5)高校毕业生参加国家基层就业项目,服务期满后享受优惠政策。

①公务员招录优惠:每年拿出公务员考录计划的一定比例,专门用于定向招录服务期满且考核称职(合格)的服务基层项目人员。服务基层项目人员也可报考其他职位。

②事业单位招聘优惠:鼓励在项目结束后留在当地就业,参加各基层就业项目相对应的自然减员空岗,全部聘用服务期满的高校毕业生。从2009年起,到乡镇事业单位服务的高校毕业生服务满1年后,在现岗位空缺情况下,经考核合格,即可与所在单位签订不少于3年的聘用合同。同时,各省(区、市)县及县以上相关的事业单位公开招聘工作人员,应拿出不低于40%的比例,聘用各专门项目服务期满考核合格的高校毕业生。

③考学升学优惠:服务期满后3年内报考硕士研究生初试总分加10分;同等条件下优先录取;高职(高专)学生可免试入读成人本科。

④国家补偿学费和代偿助学贷款政策:参加各基层就业项目的毕业生,符合规定条件的,可享受相应的学费补偿和助学贷款代偿政策。

⑤服务期满自主创业的,可享受税收优惠、行政事业性收费减免、小额贷款担保和贴息等有关政策。

⑥其他:各基层就业项目服务年限计算工龄。服务期满到企业就业的,按照规定转接社会保险关系。

案例 6-1

2015年,小涛报名参加了"大学生志愿服务西部计划",同年7月正式成为一名"西部计划"志愿者,并在太原参加了培训。在签订协议时,他选择了3年期的志愿者生涯。在此期间他经常跟随领导下乡开展各项活动,通过和老百姓接触,了解他们的生活,也让老百姓更好地了解"西部计划"的大学生志愿者。在基层工作锻炼的志愿者,工作能力提高了,社会经验增长了,明确了自己的定位和方向,建立起强烈的使命感和社会责任感。同时"西部计划"不仅锻炼了小涛的工作能力,也为将来的发展打下了良好的基础。参加"西部计划"后,服务期满考核合格报考党政机关公务员,也可适当加分、同等条件下优先录用等国家政策,让在基层工作过的大学生今后发展得到更多的帮助。

（微视频：江西引导和鼓励高校毕业生到基层工作）

2）公务员考试

国家公务员考试是中共中央组织部、国家公务员局根据招考简章中规定的面试人选的比例，按照公共科目笔试成绩从高到低的顺序，确定参加面试和专业科目考试的人选名单，并在人力资源和社会保障部网站上统一公布。专业科目考试设置情况及相关事项可以在人力资源和社会保障部网站及招录机关网站公布。地方公务员考试则由地方有关部门负责组织招考工作。

面试时，报考人员须提供本人身份证、学生证（工作证）原件、所在单位出具的同意报考证明（加盖公章）或所在学校盖章的报名推荐表、报名登记表等材料。对在职的报考人员，经招录机关同意后，可以在体检和考察时提供原单位同意报考的证明。"三支一扶"人员要提供各省"三支一扶"工作协调管理办公室出具的高校毕业生"三支一扶"服务证书（原件及复印件）；西部志愿者要提供共青团中央统一制作的服务证（原件及复印件）和大学生志愿服务西部计划鉴定表（原件及复印件）。

3）应征入伍

征集普通高等院校应届毕业生入伍，是适应新时期国防和军队现代化建设需要，进一步优化兵员结构，提高战斗力，加强基层指挥军官队伍建设，增强退役士兵就业能力的重要举措。

征集的各级各类高校应届毕业生是根据国家批准设立、实施学历教育的普通本科、高职（专科）等全日制公办（民办）学校当年毕业生。上述学校中，完成专业课程学习翌年毕业的毕业生纳入征集范围。往届毕业生、成人教育、各类非学历教育、培训类学校及自考类学校学生不包括在各级各类学校应届毕业生范围之内。

征集的各级各类学校应届毕业生以男性为主，女性应届毕业生征集根据军队需要确定。高职（专科）应届毕业生放宽到23岁；本科及以上应届毕业生放宽到24岁。

应征入伍学生享受以下几项优惠政策。

（1）补偿及代偿。

对应征入伍的普通高等院校应届毕业生，由中央财政实施相应的补偿和国家助学贷款代偿。具体实施办法按照财政部、教育部、总参谋部的有关规定执行。高校翌年毕业的毕业班学生，报名应征入伍按规定填写打印《应届高校毕业生预征对象登记表》和《应征入伍高校毕业生补偿学费代偿国家助学贷款申请表》。被批准入伍的，申请表原件和入伍通知书复印件由其所在学校学生资助管理中心保存。第二年取得毕业证书后，按照应征入伍服义务兵役高等学校毕业生学费补偿国家助学贷款代偿有关办法，作为应届毕业生实施学费补偿和国家助学贷款代偿。

（2）升学考试优惠。

具有高等教育学历的士兵退役后，参加政法院校为基层公检法定向岗位招生时，优先录取；

退役后3年参加硕士研究生考试初试总分加10分,立二等功以上的,免试推荐入读硕士研究生;具有高职(专科)学历的,退役后面试入读成人本科,或经过一定考核,入读普通本科。

(3)就业安置优惠。

被批准入伍的各级各类学校应届毕业生(含翌年毕业的学生)退出现役后,由入学前户籍所在地按照国家有关安置政策接收安置。入伍的高校应届毕业生和翌年毕业班学生退出现役后1年内,可参照普通高等学校应届毕业生,凭用人单位录(聘)用手续,向就读高校再次申请办理就业报到证。各地公安部门依据退出现役高校毕业生所持的"全国普通高等学校毕业生就业报到证",为其办理从原籍到工作所在地的户口迁移手续。直辖市按照有关规定执行。

 课堂活动

"走进企业"主题实践活动

1. 活动目标

面对日益严峻的就业形势,为提高学生的就业忧患意识和就业能力,通过实践活动能让大学新生主动走出校园,接触企业,提前感受就业市场的氛围,了解就业市场的信息,找到自身与企业未来需求的距离,能提前制订自我提高计划,为将来的就业甚至创业做好相应的准备。

2. 活动要求

通过有针对性的调查了解和分析总结,提交一份相应的调查报告,并进行班内交流。活动可个人参与,也可小组参与(小组成员人数不得超过5人)。在提交的报告的相应位置,应有参加调查体验的现场本人或小组照片,或被了解企业出具的相关证明,以便核查。

1)选定主题,制订计划

结合自身性格特征、兴趣爱好及特长和专业情况,选定主题,并制订相应的计划。

2)联系老师,计划审批

确定实践内容和制订完计划后,首先提交指导老师进行审批,经指导老师同意实施和完成进一步指导后执行计划,展开活动。

3)执行计划,反馈总结

在目标和计划的指引下,完成任务,并根据体验情况进行分析总结,班内进行交流总结,以便更好地集中大家的调查信息,并通过班内讨论交流的方式取长补短,能更准确地把握就业市场的要求和自身的不足,并能在今后的学习生活中有侧重点地进行锻炼和提高,为将来的就业未雨绸缪。

3. 活动评价

活动评价见表6-2。

表6-2 活动评价

	考核项目	考核依据	得分
"走进企业"报告评分标准	实践内容	紧扣主题、目标明确	
	文字表达	文笔流畅、书写规范	
	实践效果	分工明确、团队合作	
	总计		

案例分析 6-1

"人生如卖菜"

我曾在一家公司工作,后来那家公司倒闭了,我就失业了。我只好重新去找工作,这一找,就找了半年。半年后,我依然在家里待业,苦闷极了。父亲问我:"这半年里难道就没有一家公司愿意录用你?"我说:"有,可是工资太低了,月薪大多只有一两千元。"父亲说:"一两千就一两千,先干起来再说。"我说:"那怎么行?我在原来那家公司月薪是五千元的,我一定要找一份月薪是五千元的工作。"父亲笑一笑说:"跟我去卖一天菜吧。"我想反正没事干,就答应了。

我和父亲卖的是菜花,在市场上一摆开,就有一个中年妇女来问:"这菜花怎么卖?"父亲说:"一块钱一斤。"中年妇女说:"人家的菜花最多九角钱一斤,你怎么要一块钱一斤?"父亲说:"我的菜花是全市最好的。"中年妇女撇撇嘴,连价都不还就走了。

我们的菜花确实是全市最好的,卖一块钱一斤合情合理。可是一连几个人来问过价后,都不买。我有点儿着急了,就对父亲说:"要不,我们也卖九角钱一斤吧?"父亲说:"急什么?我们的菜花这么好,还怕没人买?"

说话间,又有一个人来问价了。父亲依然说一块钱一斤。这人实在喜欢我们的菜花,就是嫌太贵了,他软磨硬泡,一定要父亲减一点儿,可父亲就是不松口。那人咬咬牙说:"减五分,九角五分钱一斤,我全要了。"父亲说:"少一分不卖。"那人叹一口气,走了。

那个人走后,时间就不早了,买菜的人越来越少,菜价开始往下跌。别人的菜花大都卖完了,剩下没卖的,已经降到六角钱一斤。我们再叫一块钱一斤就被人笑话了,只好降到七角钱一斤。我说:"我们干脆也卖六角钱一斤算了。"父亲说:"不行,我们的菜花是最好的。"

中午过后,菜价跌得更厉害。菜花不能隔夜卖,接下来价格跌得最惨,六角、五角、四角,黄昏时候,有人干脆论堆卖,两块钱一堆。我们菜花经过一天日晒,早已毫无优势了。天快黑时,一个老头过来踢一脚我们的菜花问:"这堆一块五,卖吗?"父亲扭头问我:"卖不卖?"我没好气地说:"反正不值钱了,卖了吧。"结果,老头用一块五角钱买走了我们的一大堆菜花。

回家的路上,我埋怨父亲说:"早上人家给九角五分钱一斤你为什么不卖?"父亲笑笑说:"是呀,那时候出手该多好,可早上总以为自己菜花值一块钱一斤,就像你现在总以为自己月薪必须五千元一样。"

父亲的话使我深有感触。人生其实就像卖菜一样,要卖个好价钱是不容易的,有时候,越想卖高价,越卖不出去,最后烂贱如泥。做人不能自视太高,还要善于把握时机。

第二天我就到一家公司去上班了,月薪两千元。

【分析】

现实是客观的,人是现实中的人。现实是不以人的意志为转移的客观存在的,有有利于自己的一面,也有不利于自己的一面。随着社会的发展,社会越来越需要各种各样的人才。社会也将尽可能地为大学生择业提供合适的环境,为大学生施展才华提供广阔的天地。但是另一方面,目前生产力还比较落后,社会为大学生提供的工作岗位不可能使人人满意,供需不平衡,人要学会适应社会、现实,而不是让社会、现实适应自己。

课后思考

1. 目前我国高校毕业生就业情况有哪些特点？
2. 什么是高校毕业生"三支一扶"计划？

 延伸阅读

1. 中共中央办公厅、国务院办公厅印发《关于进一步引导和鼓励高校毕业生到基层工作的意见》

网址：http://www.gov.cn/zhengce/2017-01/24/content_5163022.htm.

2. 高校毕业生就业创业百问（2017版）

网址：http://jyw.jvtc.jx.cn/info/1121/5017.htm.

第二节　就业协议书与劳动合同

 案例引导

未毕业不能签劳动合同？

小何是一名全日制高校应届毕业生，2019年6月即将从大学毕业。由于如今的就业市场竞争激烈，学校也允许应届生在最后一学年尽快找到工作。2018年11月，通过大型招聘会，小何得到了一家大型外企的青睐。可是公司的招聘负责人告诉小何，可能还不能签订劳动合同要等他2019年6月毕业后才能签订。小何常听说一些学长在求职时由于没有及时签订劳动合同权益受到侵害的例子，于是非常疑惑，如果公司不与自己签订劳动合同，那2019年6月前这段时间的工作公司是否会给自己购买基本医疗保险等社会保险呢？下面就让我们来学习这一节的内容来解答这些困惑。

在就业过程中,毕业生往往将注意力集中在收集材料、寻找单位、准备面试等方面,而忽视了了解和学习与之密切相关的就业制度、市场规范、法律法规,没有正确行使自己的权利和履行应尽的义务。在纷纭复杂的职场中,大学毕业生应正确行使自己的权利和履行应尽的义务。当自身合法权利得不到保障,甚至受到侵犯的时候,我们需要通过正当渠道和方式,依法维护自身的合法权益。

一、大学生相关就业权利与义务

1. 大学生就业权利

《中华人民共和国宪法》(以下简称《宪法》)、《中华人民共和国劳动法》(以下简称《劳动法》)、《普通高等学校毕业生就业工作暂行规定》等法律、法规和政策明确规定了毕业生在就业过程中,享有双向选择、自主择业、公平竞争、平等就业等权利。具体来说,包括以下几个方面的内容。

1) 接受就业指导权

毕业教育和就业指导是普通高等学校的一项主要职责和义务,也是高校教学工作的重要组成部分。学校一般通过授课、报告、讲座、咨询等方式,对毕业生进行毕业教育和就业指导,帮助毕业生了解国家的就业方针政策,树立正确的择业观念。学生有权从学校接受就业指导,学校应成立专门机构,安排专门人员对毕业生进行就业指导,包括:向毕业生宣传国家关于毕业生就业的有关方针、政策;对毕业生进行择业技巧的指导;引导毕业生根据国家、社会需要,结合个人实际情况进行择业,使毕业生通过接受就业指导,准确定位,合理择业。当然,随着毕业生就业完全市场化,毕业生也将由从学校接受就业指导转为主动到市场寻求和接受一些有益的社会上的合法机构的就业指导。

2) 就业信息知情权

就业信息是毕业生择业成功的前提和关键,只有在充分占有信息的基础上,才能结合自身情况选择适合自身发展的用人单位。学校和有关就业指导部门应该如实地、毫无保留地向毕业生及时提供就业信息。大学生就业信息知情权主要包括:了解就业形势与政策法规,及时获取用人单位的需求信息及用人单位的真实情况。毕业生就业信息知情权应包括三个方面的含义:

(1) 信息公开,即所有用人信息向全体毕业生公开,任何单位和个人不得隐瞒、截留需求信息。

(2) 信息及时,也就是毕业生获取的信息必须是及时、有效的,用人单位不能将过时无利用价值的信息传递给毕业生。

(3) 信息全面,毕业生有权获得准确、全面的就业信息,以便对用人单位有全面的了解,从而做出符合自身要求的选择,而不是盲目择业。

3) 被推荐权

高等学校,特别是在高职高专类院校,在就业工作中的一个重要职责就是向用人单位推荐毕业生。历年工作经验证明,学校的推荐往往在很大程度上影响到用人单位对毕业生的取舍。毕业生享有的被推荐权包含以下几个方面的内容。

(1)如实推荐,即高校在对毕业生进行推荐时,应实事求是,根据毕业生本人的实际情况向用人单位介绍、推荐,不能故意贬低或随意抬高毕业生在校的表现。

(2)公正推荐,学校对毕业生进行推荐应做到公平、公正,应给每一位毕业生以就业推荐的机会,不能厚此薄彼。公正推荐是学校的基本责任,也是毕业生享有的最基本的权益。

(3)择优推荐,学校根据毕业生的在校表现,在公正、公开的基础上,还应择优推荐,用人单位录用毕业生也应坚持择优标准,真正体现优生优用、人尽其才。这样才能调动广大毕业生和在校生学习的积极性。

4)自主选择权

根据国家有关规定,实行招生并轨改革的高校毕业生在国家就业方针、政策指导下自主择业。毕业生只要符合国家的就业方针和政策,就可以自主地选择用人单位,学校、其他单位和个人均不得干涉。任何将个人意志强加给毕业生,强令毕业生到某单位的行为都是侵犯毕业生自主选择权的行为。毕业生可结合自身情况自主与用人单位协商,要求学校予以推荐,直至签订就业协议。

5)公平竞争权

毕业生享有公平参与竞争的权利。除特殊行业和特殊岗位外,求职者不能因民族、种族、宗教信仰、性别、户籍、身高、相貌等因素受到歧视。《劳动法》第12条规定:"劳动者就业,不因民族、种族、性别、宗教信仰不同而受歧视。"第13条规定:"妇女享有与男子平等的就业权利。在录用职工时,除国家规定的不适合妇女的工种或者岗位外,不得以性别为由拒绝录用妇女或者提高对妇女的录用标准。"但在当前,毕业生的公平待遇权受到很大的冲击,也最为毕业生所担忧。由于各项配套措施落后,完全开放、公平的就业市场尚未真正形成,用人单位录用毕业生还不同程度地存在不公平、不公正的现象,如女生就业难仍然是困扰毕业女大学生的一大问题。公平受录用权是毕业生最迫切需要得到维护的权益。

6)平等择业权

毕业生在就业过程中与用人单位法律主体地位平等,信息知情应对称,对用人单位的工作内容、工作地点、工资福利等内容享有协商的权利。用人单位招录毕业生,应坚持公开、公平、公正的原则,任何凭关系、"走后门"以及性别歧视等都是对毕业生平等择业权的侵犯。

7)隐私保护权和享有劳动权益权

任何单位和个人都不得将毕业生的个人信息随意发布和使用;用人单位在招聘录用过程中不得侵犯毕业生个人的隐私权。享有劳动权益权包括取得劳动报酬的权利、休息休假的权利、获得劳动安全卫生保护的权利、接受职业技能培训的权利、享受社会保险福利的权利、提请劳动争议处理的权利等。

8)相关法律中规定的违约求偿权

毕业生、用人单位签订协议后,任何一方不得擅自毁约。如用人单位无故要求解约,毕业生有权要求对方严格履行就业协议,否则用人单位应对毕业生承担违约责任,支付违约金,毕业生有权要求用人单位进行补偿。

(1)解除协议权。

当履行协议后毕业生的权益或人身自由、人身安全受到用人单位严重侵害时,毕业生可以主动提出解除协议。《劳动法》第32条规定:"有下列情形之一的,劳动者可以随时通知用人单位解除劳动合同:(一)在试用期内的;(二)用人单位以暴力、威胁或者非法限制人身自由的手段强迫劳动的;(三)用人单位未按照劳动合同约定支付劳动报酬或者提供劳动条件的。"

(2)申诉权。

《劳动法》第77条规定:"用人单位与劳动者发生劳动争议,当事人可以依法申请调解、仲裁、提起诉讼,也可以协商解决。"第79条规定:"劳动争议发生后,当事人可以向本单位劳动争议调解委员会申请调解;调解不成,当事人一方要求仲裁的,可以向劳动争议仲裁委员会申请仲裁。当事人一方也可以直接向劳动争议仲裁委员会申请仲裁。对仲裁裁决不服的,可以向人民法院提起诉讼。"第83条规定:"劳动争议当事人对仲裁裁决不服的,可以自收到仲裁裁决书之日起十五日内向人民法院提起诉讼。一方当事人在法定期限内不起诉又不履行仲裁裁决的,另一方当事人可以申请人民法院强制执行。"此外,《中华人民共和国合同法》(以下简称《合同法》)第128条也规定:"当事人可以通过和解或者调解解决合同争议。当事人不愿和解、调解或者和解、调解不成的,可以根据仲裁协议向仲裁机构申请仲裁。涉外合同的当事人可以根据仲裁协议向中国仲裁机构或者其他仲裁机构申请仲裁。当事人没有订立仲裁协议或者仲裁协议无效的,可以向人民法院起诉。当事人应当履行发生法律效力的判决、仲裁裁决、调解书;拒不履行的,对方可以请求人民法院执行。"

(3)求偿权。

求偿权即向违约方要求承担违约责任、获得赔偿的权利。《合同法》第112条规定:"当事人一方不履行合同义务或者履行合同义务不符合约定的,在履行义务或者采取补救措施后,对方还有其他损失的,应当赔偿损失。"第122条规定:"因当事人一方的违约行为,侵害对方人身、财产权益的,受损害方有权选择依照本法要求其承担违约责任或者依照其他法律要求其承担侵权责任。"

2. 大学生相关就业义务

权利与义务是一对孪生姐妹,密不可分,毕业生在享有国家规定的权利的同时,还必须履行一定的义务。义务是指国家通过宪法和法律规定的公民从事某种行为的必要性。

1)服从国家需要的义务

虽然毕业生在就业时有了相当大的自主择业的权利,但是并不能排除服从国家需要的义务。当国家重点建设项目或某些行业急需人才的时候,应积极为国家的重点建设工程或项目服务,比如西部志愿者、"三支一扶"、服兵役等。

2)实事求是的义务

毕业生在向用人单位进行自我推荐、自我介绍和接受考察时,有义务全面地、实事求是地反映个人的情况,以利于用人单位的遴选,不得夸大其词、弄虚作假。

3)接受测试或考核的义务

用人单位为了招聘到符合要求的毕业生,一般都要通过一些测试或考核手段来了解毕业生的情况,通过比较,做出是否录用的决定。因此,毕业生应予以积极配合,充分展现自己的能力,接受用人单位的测试和考核。

4）自觉履约的义务

《合同法》第八条规定："依法成立的合同,对当事人具有法律约束力。当事人应当按照约定履行自己的义务,不得擅自变更或者解除合同。依法成立的合同,受法律保护。"毕业生应认真履行协议或合同,不得无故擅自变更或自行解除。如果单方违约,必须主动承担违约责任。

案例分析 6-2

大学生乙肝病毒携带者遭用人单位辞退

南京理工大学2009届毕业生袁某在毕业前与北京某机械有限公司签订了就业协议,可2009年8月袁某去公司报到后,却被告知因为是乙肝病毒携带者要被辞退。日前,袁某将该公司起诉到北京市昌平区人民法院,要求公司履行合同。

【分析】

根据《中华人民共和国就业促进法》等相关法律规定:用人单位招用人员,不得以是传染病病原携带者为由拒绝录用。除国家法律、行政法规和国务院卫生行政部门规定禁止乙肝病原携带者从事的工作外,不得强行将乙肝病毒血清学指标作为体检标准。而原告不属于拒绝录用的范围,因此,被告辞退原告的行为是对原告的就业歧视,是没有法律依据的。卫生部与劳动保障部联合出台了《关于维护乙肝表面抗原携带者就业权利的意见》,要求促进乙肝表面抗原携带者实现公平就业。故要求被告撤销辞退原告的决定,继续履行与原告的劳动合同。

案例分析 6-3

我的"抑郁"竟成了被炒的理由

背景:

2006年,武汉大学毕业的袁毅鹏与IBM(中国)公司签订了一份5年的劳动合同,担任上海分公司研发工程师一职。巨大的工作压力使他的健康出现了问题,他经常感到疲惫、头晕。2007年6月,他被诊断患有抑郁症。后来,袁毅鹏的部门领导劝其以病假形式去医院治疗。2007年8月,袁毅鹏持上海市精神卫生中心"建议边工作边治疗"的鉴定要求重新上班时却被IBM(中国)公司拒绝。双方为此展开为期4个多月的"拉锯战",袁毅鹏一度因心理压力过大而服药自杀,后被人救回。2008年2月27日,IBM(中国)上海分公司突然向袁毅鹏出具解除劳动合同通知书,以其多次违反公司纪律,严重影响公司正常工作秩序为由解除劳动合同。袁毅鹏认为IBM(中国)公司所执行的"不录用抑郁症员工"的政策是一种歧视性政策,便于2008年3月7日一纸诉状将IBM(中国)公司诉至上海浦东新区劳动争议仲裁委员会。而IBM(中国)公司认为,2007年6月袁毅鹏曾提出过辞职,因而,双方的劳动关系实际自那时已解除,IBM(中国)公司只是出于人道主义才以病假工资的形式支付其工资补助。2008年6月18日,上海市浦东新区劳动争议仲裁委员会裁决确认:双方按原劳动合同约定的岗位和条件继续履行劳动合同,并按每月9822元的工资标准从3月1日起至现在支付袁毅鹏的工资。同时说明,IBM(中国)上海分公司并非袁毅鹏劳动合同关系的用工主体,所做出的行为不具有法律效力。据了解,这是我国首起因员工抑郁症引发的劳动争议。

案情:

家住大连的小文(化名)被北京一家企业录用,然而,工作不到两个月,单位以小文患上抑郁症为由,将小文辞退。事后,小文将这家企业诉至北京市丰台区人民法院,小文认为单位侵犯了精神障碍患者的平等就业权,要求其赔偿各项损失共计7万余元。据了解,这起诉讼也是该市首例因抑郁症引发就业歧视的案件。

新员工培训时患上抑郁症

原告小文现年24岁,大连人,是2012年的应届本科毕业生,专业是出纳会计,被告是首都航天机械公司。小文说,早在2011年9月,首都航天机械公司便来到她所在学校招聘,最终,她与该公司达成就业意向。经过面试以及体检,双方于2011年10月月底签订了《普通高等院校毕业生就业协议书》。2012年6月月底,首都航天机械公司通过邮件和电话的形式,通知小文于2012年7月23日到单位入职报到,并参加新员工培训。小文说,2012年7月27日,小文与首都航天机械公司签订了劳动合同,岗位是出纳会计,合同期为5年,其中第一年为试用期。同年8月月初,小文参加了公司的集体培训,在这期间,小文表现出了抑郁症的症状。"因为那段日子特别忙碌,写毕业论文、到公司后面对的陌生环境等,各种因素导致我出现了抑郁症状,有些沉默寡言。"小文说,"虽然有抑郁症,但我觉得并没有影响到工作,至少在培训期间,我的各项工作还都完成得非常好。"但培训进行到一半时,公司负责培训的工作人员还是给小文家人打了电话,建议让小文回家休息。"回到大连后,经过一个多星期的心理辅导和治疗,我的抑郁症状完全消失了。"小文说。

"抑郁症"成了解聘理由

然而,正当她满怀热情地投入这份工作时,小文收到了一份解聘通知单。谈及被解聘的那天,小文语调低沉。对于初出校门的女孩来说,突然被解聘是一个不小的打击。小文说,2012年8月30日,她来到单位。当天下午,人力资源处的负责人将她叫到办公室,向她出示了一份通知书,并要求她在通知书上签字。她接过通知一看,原来是解聘通知。"那上面写着:因你患有抑郁类疾病,根据你我双方签订的《普通高等院校毕业生就业协议书》第二条第五款之规定,你不符合与公司订立劳动合同的条件,公司将你的档案退回学校。"小文说,看到这份通知后,她拒绝在通知书上签字,并一再解释自己抑郁症状完全消失,不会影响工作,她非常愿意在这个单位工作,但对方仍然坚持要求其签字,并叫来工会的负责人一起做说服工作。"考虑到这份通知是单方的,签不签字都一样,于是我就签了!"小文说,签完后,对方突然不理她了,她又赶紧将签名给划了。

待业近一年决定法律维权

从2012年8月30日被公司解聘,直到昨天才向法院递交起诉书,小文缘何时隔近一年才提起诉讼?"我一直不知道公司存在侵权!"小文说,事发后,她一直通过各种关系努力挽回机会。在大学老师的帮助下,她联系上了该公司一位领导。"虽然这次见面这位公司领导也表示我的精神状态很不错,但最后还是没能协商出结果来。"小文说,她本应该在毕业后走上工作岗位的,现在只能待业在家。她告诉记者:"这次解聘对我的人生影响非常大,尤其是在就业困难的大环境下,我已经不是应届生,很多校园招聘都无法参加。"无奈之下,她找到了一家专门从事就业歧视的公益机构——北京益仁平中心,在这家机构的协助下,小文委托了两名律师帮助自己维护权益,将首都航天机械公司告上了法院,认为其侵犯了精神障碍患者的平等就业权,要求其赔偿各项损失共计74 000元。

【分析】

(1)疾病,不是解聘的理由。根据《中华人民共和国劳动法》(以下简称《劳动合同法》)规定:"劳动者有下列情形之一的,用人单位可以解除劳动合同:(一)在试用期间被证明不符合录用条件的;(二)严重违反用人单位的规章制度的;(三)严重失职,营私舞弊,给用人单位造成重大损害的;(四)劳动者同时与其他用人单位建立劳动关系,对完成本单位的工作任务造成严重影响,或者经用人单位提出,拒不改正的……(六)被依法追究刑事责任的。"从上述《劳动合同法》的规定中可以发现,《劳动合同法》中并未规定患有抑郁症,用人单位便可以解除劳动合同。近几年来,因为员工患有抑郁症,单位便解除劳动合同的案例已经发生了多起。不少法律人士认为,用人单位的这种行为不但违法,而且涉嫌就业歧视。

(2)劳动能力鉴定亟待完善。按照《劳动合同法》的规定,在以下情形下,用人单位是可以解除劳动合同的:"(一)劳动者患病或者非因工负伤,在规定的医疗期满后不能从事原工作,也不能从事由用人单位另行安排的工作的;(二)劳动者不能胜任工作,经过培训或者调整工作岗位,仍不能胜任工作的。"用人单位提前30日以书面形式通知劳动者本人或者额外支付劳动者1个月工资后,可以解除劳动合同。从《劳动合同法》的规定可以看出,用人单位解除劳动合同的前提是患病员工在规定医疗期满后仍不能胜任原工作或者另行安排的工作。1995年1月1日开始执行的原劳动部《违反和解除劳动合同的经济补偿办法》(现已废止)规定,劳动者患病或者非因工负伤,用人单位如要解除劳动合同,需要经过劳动鉴定委员会的劳动能力鉴定。但在实践当中,劳动能力鉴定是否属于解除劳动合同的必经程序,存在一定的争议。若严格按照原劳动部的规定,医疗期满想要解除劳动合同经程序是要进行劳动能力鉴定的。但是在目前的《劳动合同法》中,却并没有明确劳动能力鉴定的程序,这就为有些用人单位在员工患病期间,单方面以员工不能胜任工作为由解除劳动合同提供了钻空子的机会。

二、大学生就业协议与劳动合同的签订

1. 就业协议的签订

1）就业协议书概述

（1）就业协议书的内涵。

"就业协议书"是《全国普通高等学校毕业生就业协议书》的简称，也称"三方协议"它是明确毕业生、用人单位、学校三方在毕业生就业工作中的权利和义务的书面表现形式。就业协议一般由国家教育部或各省、市、自治区就业主管部门统一制表。

（2）就业协议书的功能。

就业协议书的主要功能有三个：一是作为毕业生落实用人单位、用人单位同意接收毕业生的主要依据；二是毕业生就业主管部门编制毕业生就业计划、学校制订毕业生就业方案的重要依据；三是可以杜绝用人单位和毕业生在双向选择过程中的随意性，以保护双方的权益。

（3）就业协议书的结构组成。

①规定条款。按《普通高等学校毕业生就业工作暂行规定》的要求，为维护国家就业计划的严肃性，明确毕业生、用人单位、学校三方在毕业生就业工作中的权利和义务，经协商，毕业生、用人单位、学校三方签订如下协议：

毕业生应按国家规定就业，向用人单位如实介绍自己的情况，了解单位的使用意图，表明自己的就业意见，在规定的时间内到用人单位报到，若遇到特殊情况不能按时报到，需要征得用人单位同意。

用人单位要如实介绍本单位的情况，明确对毕业生的要求及使用意图，做好各项接收工作。凡取得毕业资格的毕业生，用人单位不得以学习成绩为由提出违约，未取得毕业资格的结业生，本协议无效。

学校要如实向用人单位介绍毕业生的情况，做好推荐工作，用人单位同意录用后，经学校审核列入建议就业计划，报教育部批准，学校负责办理派遣手续。

学校应在学生毕业前安排体检，不合格者不派遣，本协议自行取消，由学校通知用人单位。如用人单位对毕业生身体条件有特殊要求，原则上应在签订协议前进行单独体检，否则，以学校体检为准。

毕业生、用人单位、学校三方如有其他约定，应在备注栏注明，并视为本协议的一部分。

本协议经各方签字、盖章后生效。三方都应严格履行本协议，若有一方提出变更协议，须征得另两方同意，由违约方承担违约责任。本协议一式三份，毕业生、用人单位、学校各执一份，复印无效。

②签署意见与签字、盖章。这部分包括三个方面的内容。

一是毕业生情况及意见。毕业生情况包括姓名、政治面貌、毕业学校、毕业时间、专业、学历、生源地、身份证号码、家庭地址、联络方式等。在毕业生应聘意见栏中，要对是否愿到用人单位就业表明自己的意见，同时也要把与用人单位在洽谈中达成的基本条件写明，防止将来因态度不明而发生争议。在就业协议书中，"应聘意见"对毕业生非常重要，这是毕业生

行使自己权利的重要表现。

二是用人单位情况及意见。这项内容由用人单位填写。用人单位情况包括单位名称、单位机构码、联系人、联系电话、邮政编码、通信地址、单位性质、接收档案单位名称及详细地址、入户地址。用人单位意见一栏中包括用人单位意见和用人单位上级主管部门的意见。这是因为有的用人单位没有人事权,须上级主管部门审批,或者毕业生户口关系的落实须经上级主管部门审核。

三是学校意见。学校意见分为两个方面的内容:院(系)意见和学校毕业生就业部门意见。院(系)意见主要是基层意见,对毕业生就业去向进行初审;学校毕业生就业部门意见是代表学校的最终审核。

③备注。此栏是为毕业生、用人单位、学校三方共同约定其他合法条款而设计的。毕业生与用人单位签订就业协议书时一定要充分了解对方的基本情况,仔细阅读就业协议书的条款,如不同意或要增加某条款,要明确提出,并写进协议书中。

2)就业协议的签订流程与注意事项

(1)就业协议的签订流程(见图6-6)。

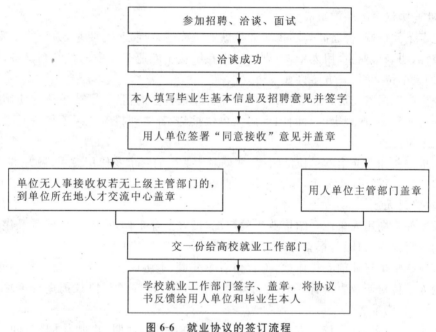

图6-6 就业协议的签订流程

第一,毕业生先按协议书的"说明"填写好协议书中由毕业生填写的基本内容。

第二,毕业生与用人单位达成就业协议后,在协议书上签名或盖章,用人单位在协议书上签署意见并盖公章。

第三,用人单位报上级主管部门审批、签署意见,加盖公章。

第四,用人单位在与毕业生签订协议书之日起的十个工作日内将协议书寄送学校就业工作部门。

第五,学生就业工作部门签字后加盖公章,将协议书反馈给用人单位和毕业生本人,同时列入就业建议方案。

（2）毕业生签订就业协议的注意事项。

就业协议一旦签署，就意味着大学生第一份工作基本确定，因此，应届毕业生要特别注意签约事项。在签三方协议前，要认真查看用人单位的隶属，国家机关、事业单位、国有企业一般都有人事接收权。民营企业、外资企业则需要经过人事局或人才交流中心的审批才能招收职工，协议书上要签署他们的意见才有效。应届毕业生还要对不同地方人事主管部门的特殊规定有所了解。签就业协议要留心五个细节。

第一，大学生签就业协议首先要看填写的用人单位名称是否与单位的有效印鉴名称一致，如不一致，协议无效；填写自己的专业名称时，要与学校教务处的专业名称一致，不能简写。

第二，外企、合资企业、私企一般采用试用期制，根据合同期的长度，可以试用1~6个月不等，但不得超过6个月。国家机关、高校、研究所一般采用见习期制，见习期通常为1年。

第三，不少单位为了留住学生，以高额违约金约束学生。学生在协商中要力争将违约金降到最低，通常违约金不得超过5000元。

第四，现行的毕业生就业协议属"格式合同"，但"备注"部分允许三方另行约定各自的权利义务。为了防止用人单位承诺一套，做一套，毕业生可将签约前达成的休假、住房、保险等福利待遇在备注栏中说明，如发生纠纷，可以此维护自己的合法权利。

第五，学生在签订协议时，要严格按照规定的步骤进行。等用人单位填写完毕、盖章后再到学校就业指导中心签字盖章。切忌自己填写完毕后就直接到学校毕业生就业指导中心盖章。这样带来的后果是，如给单位填写时，工资待遇等与过去承诺的大相径庭，那么学生会因为自己和学校已经签字盖章，而回天无力。或者逆来顺受，或者被迫违约，赔偿用人单位。

（3）就业协议的违约、解约及其责任

第一，违约表现。

①毕业生的违约表现：

a.毕业生签订就业协议后，又联系好了自认为更理想的就业单位，提出与原签约单位终止协议。

b.毕业生同时与多家用人单位签订就业协议书。

c.毕业生向用人单位提供不真实情况，蒙骗用人单位与其签约。

d.毕业生签约后因出国留学、参军、被选拔为公务员、考取研究生等原因，不能履行协议，而这些情况又未在协议书中说明。

②用人单位的违约表现：

a.用人单位招聘员工时介绍企业情况片面、失实。

b.用人单位在签订就业协议书后，又单方面提出附加条款。

c.用人单位拒绝接收应届毕业生。

d.用人单位违反有关法律、法规的规定，侵害了毕业生的合法权益。

③解决方法。学校不支持违约行为，对违反就业协议书的毕业生和用人单位，经双方共

同协商,同意解除原协议的,按协议书的有关条款办理,并依法承担赔偿责任。对协商调解不成的,毕业生可直接向人民法院起诉,由法院依法裁决。

第二,解约及其责任。毕业生和用人单位签订的就业协议书,经就业主管部门审核备案后,学校将列入就业方案。如因种种原因不能履行原协议,则需要办理解除协议手续,并报学校就业工作部门备案,方可申领新的就业协议书,重新办理签约手续。就业协议书的解除分为双方协商解除和单方解除。

①双方协商解除。双方协商解除是指毕业生和用人单位经协商一致,解除原订立的协议,使原协议不发生法律效力。协商解除就业协议,双方均不承担法律责任。此类解除应在就业方案上报主管部门之前进行。

②单方解除。单方解除包括单方面依法或依照协议解除和单方面擅自解除。单方面依法或依照协议解除,是指解除就业协议有法律上或协议上的依据,如学生未取得毕业资格证,此类单方解除,解除方无须承担法律责任。单方面擅自解除协议属于违约行为,解约方应该承担责任。

2. 劳动合同的签订

1)劳动合同与就业协议的关系

就业协议书不同于劳动合同。首先,就业协议书是国家教育部统一印制的,主要是明确三方的基本情况及要求。就业协议书制定的依据是国家关于高校毕业生就业的法规和规定,有效期为:自签约日起至毕业生到用人单位报到止的这一段时间。而劳动合同是受《劳动法》《合同法》的限定和保护的。有些用人单位,如许多外企在确定录用时(注:在到用人单位报到前),就同时要求和毕业生签订一份类似劳动合同的协议;而更多的用人单位则要求先签就业协议书,毕业生报到后再签订劳动合同。其次,就业协议是三方合同,它涉及学校、用人单位、学生三方,三方相互关联但彼此独立;而劳动合同是双方合同,它由劳动者和用人单位两方的权利、义务构成。最后,毕业生签订就业协议时仍然是学生身份,但是签订劳动合同时应当是劳动者身份。劳动合同一经签订,就业协议的效力则丧失。如果劳动合同与三方协议附件内容矛盾,以劳动合同为准。为了更好地理解,做一个形象的比喻:就业协议类似于"出嫁协议",而劳动合同类似于"夫妻协定"。前者发生在学生毕业之前,由学生、学校、用人单位三方共同签订"出嫁协议",以确定就业意向和相关权益,包括擅自解除协议方应支付的违约金;但是,"出嫁协议"只约束"婚前","婚后"的生活如何安排,应由"夫妻协定"明确。一旦学生毕业离校,学校就将脱离三方关系,毕业生和用人单位双方应确立劳动关系,签订劳动(聘用)合同,就业协议则同时终止。

2)劳动合同概述

(1)什么是劳动合同?

劳动合同分个人劳动合同和集体劳动合同两大类。这里所讲的劳动合同是针对毕业生与用人单位签订的个人劳动合同而言的。劳动合同是劳动者与用人单位之间依法确立劳动关系,明确双方权利和义务的协议。

(2)与大学生就业密切相关的《劳动合同法》中的基本内容。

第一,订立原则。

关于劳动合同的订立原则,《劳动合同法》第3条规定:"订立劳动合同,应当遵循合法、公平、平等自愿、协商一致、诚实信用的原则。依法订立的劳动合同具有约束力,用人单位与劳动者应当履行劳动合同约定的义务。"

第二,关于知情权。

为了充分保障劳动者知情权,《劳动合同法》第8条规定:"用人单位招用劳动者时,应当如实告知劳动者工作内容、工作条件、工作地点、职业危害、安全生产状况、劳动报酬,以及劳动者要求了解的其他情况;用人单位有权了解劳动者与劳动合同直接相关的基本情况,劳动者应当如实说明。"

第三,关于劳动合同的当事人。

订立劳动合同的双方当事人,也就是劳动法律关系主体。其中一方是劳方(用人单位),当事人中的用人单位一方必须是享有招工权,具有法人资格的单位或能够独立承担民事责任的用人单位和个人,如企业、事业单位以及个体工商户;而劳动者一方必须是年满16周岁及以上的能够独立承担民事责任的个人。订立劳动合同时,用人单位可以由法定代表人(厂长或经理,主要负责人)签订,也可以由其授权的劳资部门负责人签订;劳动者则由本人签订。

第四,关于劳动合同的订立及违法成本。

《劳动合同法》第10条规定:"建立劳动关系,应当订立书面劳动合同。已建立劳动关系,未同时订立书面劳动合同的,应当自用工之日起一个月内订立书面劳动合同。用人单位与劳动者在用工前订立劳动合同的,劳动关系自用工之日起建立。"《劳动合同法》第82条规定:"用人单位自用工之日起超过一个月不满一年未与劳动者订立书面劳动合同的,应当向劳动者每月支付二倍的工资。"

第五,关于劳动合同的内容。

劳动合同的条款分为法定条款和协商条款。法定条款是指法律、法规规定必须协商约定的条款,协商条款是根据工种、岗位的不同特点,以及双方各自的具体情况,双方选择协商约定的具体条款。

《劳动合同法》第17条规定:"劳动合同应当具备以下条款:(一)用人单位的名称、住所和法定代表人或者主要负责人;(二)劳动者的姓名、住址和居民身份证或者其他有效身份证件号码;(三)劳动合同期限;(四)工作内容和工作地点;(五)工作时间和休息休假;(六)劳动报酬;(七)社会保险;(八)劳动保护、劳动条件和职业危害防护;(九)法律、法规规定应当纳入劳动合同的其他事项。劳动合同除前款规定的必备条款外,用人单位与劳动者可以约定试用期、培训、保守秘密、补充保险和福利待遇等其他事项。"其中前9项为法定条款,最后1项是约定条款。

第六,关于劳动合同的期限。

《劳动合同法》第12条规定:"劳动合同分为固定期限劳动合同、无固定期限劳动合同和以完成一定工作任务为期限的劳动合同。"毕业生与用人单位签订的劳动合同一般是有固定期限的。有固定期限是指劳动合同中明确规定了有效期限,如半年、1年、3年等。

劳动合同的起算时间,一般应从劳资关系双方在劳动合同上签字之日起计算;如果在合同中明确了合同生效日期,则从生效日期起计算。关于劳动合同的截止时间,应以劳动合同期限最后一天的 24 时为准;如果有工作任务而超过最后一天 24 时的,应以完成工作任务的时间为准。

3)签订劳动合同时的有关注意事项

(1)未签合同先知法。

劳动合同是约束劳动者和用人单位行为以及处理今后纠纷的重要法律依据,劳动合同的每个环节,都需要劳动者有一定的法律常识,所以劳动者在签订劳动合同之前最好先了解一下都有哪些法律可以保护劳动者的合法权益。我国有关保护劳动者合法权益的法律、法规很多,其中以《劳动法》及《劳动合同法》等规定最为全面,它们是规定劳动关系的主要法律。劳动者在签订劳动合同前最简单有效的做法就是了解合同双方当事人的权利义务,劳动合同的订立、履行、变更、终止和解除,法律责任等规定,这样一旦日后用人单位违反合同规定,求职者就可以利用法律武器来维护自己的权益。

(2)合同形式、内容要合法。

一份具有法律效力的劳动合同,首先签订合同的程序应符合法律规定,并且应当用书面的形式予以确认,合同至少应一式两份,双方各执一份,求职者应妥善保管自己的劳动合同。在劳动合同的内容上,求职者一定要先确认自己签订的劳动合同是否具备产生法律约束力的条件:用人单位应是依法成立的劳动组织,能够依法支付工资、缴纳社会保险费、提供劳动保护条件,并能承担相应的民事责任等。

(3)工作内容应细化。

劳动合同应包含下列内容:劳动合同期限、工作内容、劳动保护和劳动条件、劳动报酬、劳动纪律、劳动合同终止的条件、违反劳动合同的责任等。工作内容跟求职者权利关系非常密切,但又是非常容易发生争执的部分,因此要格外留意。如果合同中说明岗位工种外延大或比较广,就意味着当事人在履行劳动合同期间从事的岗位工种变化范围较大。求职者可以要求用人单位对岗位工种适当细化。求职者如果对工作地点有要求,也可以要求用人单位在合同中明确,避免因用人单位地址搬迁、设立分支机构等原因调整工作地点而发生争执,损害劳动者的权益。

(4)合同细节要仔细审查。

求职者对试用期、培训、保守商业秘密、补充保险和福利待遇等希望在劳动合同中体现的内容,可提出在劳动合同中写明。这里特别要提示的是,待遇条款要明确。如工资水平、职务、工作条件、保险等有关自己利益的,这些条款不能含糊。如"按公司规定支付乙方工资""办理保险"等,这就比较含糊,都是按用人单位的规定,而一些用人单位根本就没有规定,全是凭感觉在办事。劳动合同中明确这些条款,如果用人单位违反了,劳动者想在合同有效期离职,用人单位是要付出代价的,是要支付补偿金的。另外,求职者也要留意劳动合同中对商业秘密和竞业限制的规定,注意劳动合同中对培训和违约金的约定是否合法。

(5)掌握其他细节。

签订劳动合同前,应仔细阅读关于相关岗位的工作说明书、岗位责任制、劳动纪律、工资支付规定,了解绩效考核制度、劳动合同管理细则和有关规章制度。因为这些文件中会涉及求职者多方面的权益,求职者遵守规定是其法定义务。这些文件作为劳动合同附件时,与劳动合同具有同样的法律效力。

(6)及时签订劳动合同。

特别要强调的是,求职者与用人单位签订劳动合同的时间应在试用期前,而不是试用合格后,用人单位与求职者存在劳动关系未订立劳动合同,求职者要求签订劳动合同的,用人单位不得解除劳动关系,并应当与其签订劳动合同。

另外需要注意的是,当劳动合同涉及数字时,应当使用大写汉字。若用人单位事先起草了劳动合同文本,要求求职者签字,求职者一定要慎重,对合同文本内容应仔细推敲,发现条款表述不清、概念模糊的,及时要求用人单位进行说明修订。

4)与劳动合同相关的几个问题

(1)试用期。

①了解试用期与实习期、见习期的区别。

实习期:与实习单位无劳动关系。应签订实习协议,如果在实习中发生事故,不能依据"工伤"的规定处理,应按民事伤害来处理。

见习期:是对应届毕业生进行业务适应及考核的一种制度,不是劳动合同制度下的概念,而是人事制度下的做法。

试用期:用人单位与劳动者之间在劳动合同中约定的,劳动者在用人单位试用工作的期限。

②试用期条款的规定。

a.不能任意约定试用期的长短。劳动合同法对试用期的长短做出限制性规定。根据劳动合同的期限规定了不同时间长短的试用期。劳动合同期限3个月以上不满1年的,试用期不得超过1个月;劳动合同期限1年以上3年以下的,试用期不得超过2个月;3年以上固定期限和无固定期限的劳动合同,试用期不得超过6个月。

b.限制试用期的约定次数。同一用人单位与同一劳动者只能约定一次试用期。劳动者在同一用人单位调整或变更工作岗位,用人单位不得再次约定试用期。

c.不得约定试用期的情形。以完成一定工作任务为期限的劳动合同或者劳动合同期限不满3个月的,不得约定试用期。非全日制用工不得约定试用期。

d.试用期包含在劳动合同期限内。劳动合同仅约定试用期的,试用期不成立,该期限为劳动合同期限。

e.劳动者在试用期的工资不得低于本单位相同岗位最低档工资的80%或者劳动合同约定工资的80%,并不得低于用人单位所在地的最低工资标准。

f.试用期内劳动者的各项劳动权利受法律保护。用人单位应为试用者缴纳社会保险费。

g.对在试用期中的劳动者,用人单位不得滥用解雇权。除有证据证明劳动者不符合录用条件、劳动者有违规违纪违法行为,不能胜任工作等情形外,用人单位不得解除劳动合同。用人单位在试用期解除劳动合同的,应当向劳动者说明理由。

(2)劳务派遣。

《劳动合同法》于2012年做了修订,此次修订重点是解决劳务派遣被滥用及不规范的问题。下面主要从劳动者权利的角度分析相关的修订内容。

①劳务派遣的含义。

劳务派遣又称劳动派遣、劳动力租赁，是指由派遣机构与派遣劳工订立劳动合同，由派遣劳工向要派企业给付劳务，劳动合同关系存在于派遣机构与派遣劳工之间，但劳动力给付的事实则发生于派遣劳工与要派企业之间。

②劳务派遣的实施范围。

《劳动合同法》第66条规定："劳动合同用工是我国的企业基本用工形式。劳务派遣用工是补充形式，只能在临时性、辅助性或者替代性的工作岗位上实施。前款规定的临时性工作岗位是指存续时间不超过六个月的岗位；辅助性工作岗位是指为主营业务岗位提供服务的非主营业务岗位；替代性工作岗位是指用工单位的劳动者因脱产学习、休假等原因无法工作的一定期限内，可以由其他劳动者替代工作的岗位。用工单位应当严格控制劳务派遣用工数量，不得超过其用工总量的一定比例，具体比例由国务院劳动行政部门规定。"这则条款用"只能"，对劳务派遣的范围做了严格的限制，有效地遏制了用工单位滥用劳务派遣，损害劳动者合法权益的行为。

③被派遣劳动者的权利。

a.同工同酬的权利。《劳动合同法》第63条规定："被派遣劳动者享有与用工单位的劳动者同工同酬的权利。用工单位应当按照同工同酬原则，对被派遣劳动者与本单位同类岗位的劳动者实行相同的劳动报酬分配办法。用工单位无同类岗位劳动者的，参照用工单位所在地相同或者相近岗位劳动者的劳动报酬确定……"特别提示："同工同酬"条款为2012年修订的劳动合同法的主要内容。

b.参加工会的权利。《劳动合同法》第64条规定："被派遣劳动者有权在劳务派遣单位或者用工单位依法参加或者组织工会，维护自身的合法权益。"

c.解除劳动合同的权利。

《劳动合同法》第65条规定："被派遣劳动者可以依照本法第三十六条、第三十八条的规定与劳务派遣单位解除劳动合同。"

④对劳务派遣违法行为进行相应处罚。

《劳动合同法》第92条规定："……劳务派遣单位违反本法规定的，由劳动行政部门责令限期改正；逾期不改正的，以每人五千元到一万元的标准处以罚款，对劳务派遣单位，吊销其劳务派遣业务经营许可证。用工单位给被派遣劳动者造成伤害的，劳务派遣单位与用工单位承担连带赔偿责任。"

(3)五险一金。

根据《劳动法》《中华人民共和国社会保险法》(以下简称《社会保险法》)、《住房公积金管理条例》等法律法规的规定，用人单位与劳动者建立劳动关系后，应当依法参加养老、医疗、失业、工伤、生育等社会保险，此外，还应当为劳动者缴纳住房公积金，以上统称"五险一金"。无论是社会保险还是住房公积金都是法律法规明确规定的，劳动者和用人单位必须缴纳。

劳动者依法享受社会保险待遇，有权监督用人单位为其缴费。职工基本养老保险、职工基本医疗保险、失业保险的缴费义务由用人单位与劳动者共同承担，工伤保险、生育保险的缴费义务全部由用人单位承担。社会保险的缴费标准是固定的（各地区有所不同，具体可查询当地社会保险经办机构的官方网站），不能由双方当事人自行约定。

《住房公积金管理条例》规定:"职工个人缴存的住房公积金和职工所在单位为职工缴存的住房公积金,属于职工个人所有。"(第3条)"职工住房公积金的月缴存额为职工本人上一年度月平均工资乘以职工住房公积金缴存比例。单位为职工缴存的住房公积金的月缴存额为职工本人上一年度月平均工资乘以单位住房公积金缴存比例。"(第16条)"职工和单位住房公积金的缴存比例均不得低于职工上一年度月平均工资的5%;有条件的城市,可以适当提高缴存比例。"(第18条)因此,在现实操作中,一般是劳动者和用人单位各缴一半存到劳动者的个人住房公积金账户里,俗称"一份付出,两份回报"。同时住房公积金的缴存额受到劳动者的月平均工资额和缴存比例的影响,它们是可变动的,所以不同单位员工的个人住房公积金是有差距的,甚至有些差距较大,求职者一定要留意。

(4)劳动争议的解决方式与处理程序。

劳动争议的处理方式为:劳动行政部门处理、协商解决、调解、仲裁、诉讼。

①协商。这是由当事人双方根据互谅互让的原则,自行解决纠纷的一种方式。

②调解。发生劳动争议,当事人不愿协商、协商不成或者达成和解协议后不履行的,可以向调解组织申请调解。当事人可以到下列调解组织申请调解:企业劳动争议调解委员会,依法设立的基层人民调解组织,在乡镇、街道设立的具有劳动争议调解职能的组织。当事人申请劳动争议调解可以书面申请,也可以口头申请。调解协议书由双方当事人签名或者盖章,经调解员签名并加盖调解组织印章后生效,对双方当事人具有约束力,当事人应当履行。自劳动争议调解组织收到调解申请之日起15日内未达成调解协议的,当事人可以依法申请仲裁。

③仲裁。

a.仲裁是劳动争议案件处理必经的法律程序。

b.仲裁案件的当事人。发生劳动争议的劳动者和用人单位为劳动争议仲裁案件的双方当事人。劳务派遣单位或者用工单位与劳动者发生劳动争议的,劳务派遣单位和用工单位为共同当事人。

c.仲裁案件的管辖。劳动争议由劳动合同履行地或者用人单位所在地的劳动争议仲裁委员会管辖。双方当事人分别向劳动合同履行地和用人单位所在地的劳动争议仲裁委员会申请仲裁的,由劳动合同履行地的劳动争议仲裁委员会管辖。

d.时效期间。提出仲裁要求的一方应当自劳动争议发生之日起1年内向劳动争议仲裁委员会提出书面申请。劳动关系存续期间因拖欠劳动报酬发生争议的,劳动者申请仲裁不受1年仲裁时效期间的限制;但是,劳动关系终止的,应当自劳动关系终止之日起1年内提出。

e.一裁终局的事项(快捷通道)。

《中华人民共和国劳动争议调解仲裁法》第47条规定:"下列劳动争议,除本法另有规定的外,仲裁裁决为终局裁决,裁决书自做出之日起发生法律效力:(一)追索劳动报酬、工伤医疗费、经济补偿或者赔偿金,不超过当地月最低工资标准十二个月金额的争议;(二)因执行国家的劳动标准在工作时间、休息休假、社会保险等方面发生的争议。"第48条规定:"劳动者对本法第四十七条规定的仲裁裁决不服的,可以自收到仲裁裁决书之日起十五日内向人民法院提起诉讼"。

④诉讼。发生劳动争议,对仲裁裁决不服的,除《中华人民共和国劳动争议调解仲裁法》另有规定的外,可以向人民法院提起诉讼。

劳动仲裁流程图如图 6-7 所示。

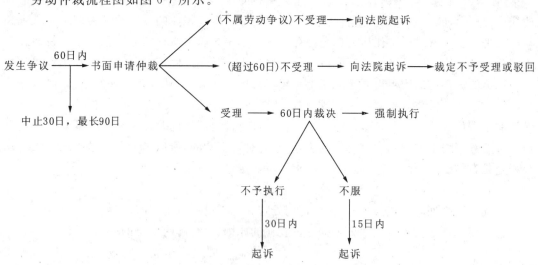

图 6-7 劳动仲裁流程图

 课堂活动

下列哪些情形不属于《中华人民共和国企业劳动争议处理条例》规定的劳动争议范围？
A．张某自动离职 1 年后，回原单位要求复职被拒绝。
B．郑某辞职后，不同意公司按存款本息购回其持有的职工股，要求做市场价评估。
C．秦某退休后，因社会保险经办机构未及时发放社会保险金，要求公司协助解决。
D．刘某因工伤致残后，对劳动能力鉴定委员会评定的伤残等级不服，要求重新鉴定。

 案例分析 6-4

同学，你的就业协议书签了吗？

背景：

在我国当前的就业体制下，就业协议书是教育部门制订就业计划的依据，是办理毕业生就业手续的依据，是确认就业意向和劳动需求的凭证，是进行劳动统计的重要依据。

案情：

小凡是某高职高专院校毕业生。2013 年 10 月，小凡在校园招聘会上被甲公司录用，并签订了就业协议书，甲公司、小凡、学校三方已经签字盖章。此后，小凡仍不断地参加校内招聘会，又选择了规模和待遇更好的乙银行。毕业后，小凡既没有在规定的时间到甲公司报到，也没有通知甲公司。后甲公司经询问得知小凡已经到乙银行上班去了。于是，甲公司正式通知小凡，请其履行所签的就业协议，否则将通过法律途径解决问题。在始终没有得到明确答复的情况下，甲公司向法院提起诉讼，状告小凡违约，要求其赔偿。由于小凡没有及时跟甲公司解约，导致乙银行无法和小凡签订就业协议，无法办理小凡的档案和户口等相关手续，无法签订正式合同，最终乙银行选择了其他竞争者。小凡本想谋求一份更好的工作，却换来"竹篮打水一场空"，还要承担违约责任，这是她始料未及的。

【分析】

本案例中,小凡的行为属于诚信缺失,就业协议"一女嫁二夫",最终陷入"竹篮打水一场空"的境地。小凡的行为存在两个问题:第一,没有意识到就业协议书的重要性和相关的法律效力;第二,反映了其行为的不当和责任心差。当小凡一方有变化时,她应该及时通知甲公司,以减少对方的损失。但在本案例中,小凡既没有及时告知甲公司她的选择,也没有及时解约,致使甲公司错过了再次招聘的好时机,也使自己不能与乙银行正式签约。因此,对于签订就业协议,大学生应珍惜与谨慎,既不能轻易草率地签订,也不能签订后因为遇到更好的单位就轻易违约。一则,协议书每位学生只有一份;二则,如果违约,学生将承担违约责任,如果解约不当,还会出现小凡这样的结果。显然轻易违约是不理性的,而且也涉及大学生的诚信问题。

案例分析 6-5

同学,《劳动合同法》你读懂了吗?

《劳动合同法》是调节劳动关系的基础实用的基本法律之一,在实践中应用非常广泛。在求职过程中,不少大学毕业生都遇到过各种刁难,引发劳动争议事件。但不少同学又对法律不了解,遇到问题时手足无措,甘愿"吃哑巴亏"或不能用正当的方式维权。下面摘录了有关劳动合同订立和劳动合同期限的3个典型案例呈现给大家,希望能够以点带面,促请各位毕业生对劳动合同内容的重视和对劳动争议实务的思考。

案情:

2006年12月,黄某与南通某商贸公司签订劳动合同,约定合同期为2007年1月1日起至2007年12月31日止,合同到期后双方未及时办理终止或续订劳动合同手续,黄某仍在公司安排的工作岗位上工作,这一行为视为双方同意以本合同约定的除合同期限以外的其他条件继续履行。合同签订后,黄某一直在公司从事电子产品销售业务。合同到期后,双方未续订劳动合同,黄某仍在原岗位工作。2009年5月,黄某以公司不续订劳动合同为由解除劳动关系,并主张赔偿双倍工资。

问题:法院会支持黄某的诉讼请求吗?

【分析】

法院认为,用人单位自用工之日起1个月内应与劳动者订立书面劳动合同,超过1个月不满1年未订立书面劳动合同的,应当向劳动者支付2倍的工资。但本案例中由于双方在劳动合同中已约定期满未续订的,视为同意以本合同约定的除合同期限以外的其他条件继续履行,可见双方之间的权利义务仍然是明确的,并不完全等同于劳资双方没有劳动合同,故黄某要求公司支付双倍工资的请求不予支持。

案例分析 6-6

大学生该如何维护好自身的权益？

大学生小王到某公司面试，双方约定试用期为 3 个月，月薪为 2000 元。但只是口头承诺，没有签订劳动合同。经过将近 1 个月的试用，小王觉得不适合自己，想离开公司。请问：

1. 小王需要提前向公司请示吗？应该提前多少天？
2. 是否必须要满 1 个月才能拿到薪水？
3. 当初小王没有签订劳动合同，是否受《劳动法》的保护？他应该怎样保障自己的权益？

【分析】

没签劳动合同也与公司形成了事实劳动合同关系，依然受《劳动法》的保护；根据《劳动法》关于试用期的有关规定，小王可随时解除劳动关系离开公司，不受 1 个月的限制，也没义务提前通知，但得完成工作上的交接。即使在公司只工作了 1 天，辞职后公司也得支付这一天的工资，不受所谓的 1 个月的限制。

《劳动法》规定："有下列情形之一的，劳动者可以随时通知用人单位解除劳动合同：（一）在试用期内的；（二）用人单位以暴力、威胁或者非法限制人身自由的手段强迫劳动的；（三）用人单位未按照劳动合同约定支付劳动报酬或者提供劳动条件的。"

案例分析 6-7

还未毕业，我的劳动合同该何去何从？

小何是一名全日制高校应届毕业生，2019 年 6 月即将从大学毕业。由于如今的就业市场竞争激烈，学校也允许应届生在最后一学年尽快找到工作。2018 年 11 月，参加大型招聘会后，小何得到了一家大型外企的青睐。可是公司的招聘负责人告诉小何，可能还不能签订劳动合同要等他 2019 年 6 月毕业后才能签订。小何常听说一些学长在求职时由于没有及时签订劳动合同权益受到侵害的例子，于是非常疑惑，如果公司不与自己签订劳动合同，那 2019 年 6 月前这段时间的工作公司是否会给自己购买基本医疗保险等社会保险呢？

【分析】

我们国家现行的劳动用工制度和档案管理制度绝大多数是一一对应的模式，一个萝卜一个坑，每人都有一处归属。所以，除了一些特殊情况，一人只能在一家单位工作或学习。

小何还是全日制大学的在校学生。全日制学校学生入学时需要将档案转入学校，如果是外地学生，甚至连户籍都需要转入就读学校。小何不能在读书期间在外与其他用人单位建立劳动关系。基本医疗保险、工伤保险等社会保险是基于劳动关系的，缺乏这一基础，社会保险也无法缴纳。只有当小何从学校毕业之后，才可以办理"劳动手册"，开始与其他用人单位签订劳动合同，这样社会保险、公积金等也可以开户缴纳了。

毕业生与用人单位确定就业意向后如何来维系呢,是否无法签订劳动合同就对双方缺乏保障呢?其实并非如此。高校毕业生就业办公室每年都会提供"就业协议书",供用人单位和应届毕业生确定用工意向时使用。这份协议并非劳动合同,但充分保障了应届毕业生和用人单位的权益。因此建议小何要求该单位与自己签订"就业协议书",防止时间长了双方的意愿发生变化。

无论是否签订"就业协议书",小何在毕业离开学校后,应该与单位重新签订劳动合同,以明确双方的劳动关系,不能以为"就业协议书"可以替代劳动合同。

某高校毕业生小南在与用人单位签订就业协议书时,因有些方面不知如何填写,就请教用人单位的招聘人员。招聘人员说不知怎么填写就空着吧,以后再补齐。所以岗位、薪金、违约金等关键内容都空着。就业协议书签完后,小南越想越不对劲,离签订正式的劳动合同至少还有几个月的时间,那些优厚的口头承诺会不会临时变卦?

中华人民共和国劳动合同法

中华人民共和国第十一届全国人民代表大会常务委员会第三十次会议决定对《中华人民共和国劳动合同法》做如下修改:

一、将第五十七条修改为:"经营劳务派遣业务应当具备下列条件:

(一)注册资本不得少于人民币二百万元;

(二)有与开展业务相适应的固定的经营场所和设施;

(三)有符合法律、行政法规规定的劳务派遣管理制度;

(四)法律、行政法规规定的其他条件。

经营劳务派遣业务,应当向劳动行政部门依法申请行政许可;经许可的,依法办理相应的公司登记。未经许可,任何单位和个人不得经营劳务派遣业务。"

二、将第六十三条修改为:"被派遣劳动者享有与用工单位的劳动者同工同酬的权利。用工单位应当按照同工同酬原则,对被派遣劳动者与本单位同类岗位的劳动者实行相同的劳动报酬分配办法。用工单位无同类岗位劳动者的,参照用工单位所在地相同或者相近岗位劳动者的劳动报酬确定。

劳务派遣单位与被派遣劳动者订立的劳动合同和与用工单位订立的劳务派遣协议,载明或者约定的向被派遣劳动者支付的劳动报酬应当符合前款规定。"

三、将第六十六条修改为:"劳动合同用工是我国的企业基本用工形式。劳务派遣用工是补充形式,只能在临时性、辅助性或者替代性的工作岗位上实施。

前款规定的临时性工作岗位是指存续时间不超过六个月的岗位;辅助性工作岗位是指

为主营业务岗位提供服务的非主营业务岗位;替代性工作岗位是指用工单位的劳动者因脱产学习、休假等原因无法工作的一定期间内,可以由其他劳动者替代工作的岗位。

用工单位应当严格控制劳务派遣用工数量,不得超过其用工总量的一定比例,具体比例由国务院劳动行政部门规定。"

四、将第九十二条修改为:"违反本法规定,未经许可,擅自经营劳务派遣业务的,由劳动行政部门责令停止违法行为,没收违法所得,并处违法所得一倍以上五倍以下的罚款;没有违法所得的,可以处五万元以下的罚款。

"劳务派遣单位、用工单位违反本法有关劳务派遣规定的,由劳动行政部门责令限期改正;逾期不改正的,以每人五千元以上一万元以下的标准处以罚款,对劳务派遣单位,吊销其劳务派遣业务经营许可证。用工单位给被派遣劳动者造成损害的,劳务派遣单位与用工单位承担连带赔偿责任。"

本决定自2013年7月1日起施行。

《中华人民共和国劳动合同法》已由中华人民共和国第八届全国人民代表大会常务委员会第八次会议于1994年7月5日通过,现予公布,自1995年1月1日起施行。

第一章 总 则

第一条 为了完善劳动合同制度,明确劳动合同双方当事人的权利和义务,保护劳动者的合法权益,构建和发展和谐稳定的劳动关系,制定本法。

第二条 中华人民共和国境内的企业、个体经济组织、民办非企业单位等组织(以下称用人单位)与劳动者建立劳动关系,订立、履行、变更、解除或者终止劳动合同,适用本法。

国家机关、事业单位、社会团体和与其建立劳动关系的劳动者,订立、履行、变更、解除或者终止劳动合同,依照本法执行。

第三条 订立劳动合同,应当遵循合法、公平、平等自愿、协商一致、诚实信用的原则。

依法订立的劳动合同具有约束力,用人单位与劳动者应当履行劳动合同约定的义务。

第四条 用人单位应当依法建立和完善劳动规章制度,保障劳动者享有劳动权利、履行劳动义务。

用人单位在制定、修改或者决定有关劳动报酬、工作时间、休息休假、劳动安全卫生、保险福利、职工培训、劳动纪律以及劳动定额管理等直接涉及劳动者切身利益的规章制度或者重大事项时,应当经职工代表大会或者全体职工讨论,提出方案和意见,与工会或者职工代表平等协商确定。

在规章制度和重大事项决定实施过程中,工会或者职工认为不适当的,有权向用人单位提出,通过协商予以修改完善。

用人单位应当将直接涉及劳动者切身利益的规章制度和重大事项决定公示,或者告知劳动者。

第五条 县级以上人民政府劳动行政部门会同工会和企业方面代表,建立健全协调劳动关系三方机制,共同研究解决有关劳动关系的重大问题。

第六条 工会应当帮助、指导劳动者与用人单位依法订立和履行劳动合同,并与用人单位建立集体协商机制,维护劳动者的合法权益

第二章 劳动合同的订立

第七条 用人单位自用工之日起即与劳动者建立劳动关系。用人单位应当建立职工名册备查。

第八条 用人单位招用劳动者时,应当如实告知劳动者工作内容、工作条件、工作地点、职业危害、安全生产状况、劳动报酬,以及劳动者要求了解的其他情况;用人单位有权了解劳动者与劳动合同直接相关的基本情况,劳动者应当如实说明。

第九条 用人单位招用劳动者,不得扣押劳动者的居民身份证和其他证件,不得要求劳动者提供担保或者以其他名义向劳动者收取财物。

第十条 建立劳动关系,应当订立书面劳动合同。

已建立劳动关系,未同时订立书面劳动合同的,应当自用工之日起一个月内订立书面劳动合同。

用人单位与劳动者在用工前订立劳动合同的,劳动关系自用工之日起建立。

第十一条 用人单位未在用工的同时订立书面劳动合同,与劳动者约定的劳动报酬不明确的,新招用的劳动者的劳动报酬按照集体合同规定的标准执行;没有集体合同或者集体合同未规定的,实行同工同酬。

第十二条 劳动合同分为固定期限劳动合同、无固定期限劳动合同和以完成一定工作任务为期限的劳动合同。

第十三条 固定期限劳动合同,是指用人单位与劳动者约定合同终止时间的劳动合同。

用人单位与劳动者协商一致,可以订立固定期限劳动合同。

第十四条 无固定期限劳动合同,是指用人单位与劳动者约定无确定终止时间的劳动合同。

用人单位与劳动者协商一致,可以订立无固定期限劳动合同。有下列情形之一,劳动者提出或者同意续订、订立劳动合同的,除劳动者提出订立固定期限劳动合同外,应当订立无固定期限劳动合同:

(一)劳动者在该用人单位连续工作满十年的;

(二)用人单位初次实行劳动合同制度或者国有企业改制重新订立劳动合同时,劳动者在该用人单位连续工作满十年且距法定退休年龄不足十年的;

(三)连续订立二次固定期限劳动合同,且劳动者没有本法第三十九条和第四十条第一项、第二项规定的情形,续订劳动合同的。

用人单位自用工之日起满一年不与劳动者订立书面劳动合同的,视为用人单位与劳动者已订立无固定期限劳动合同。

第十五条 以完成一定工作任务为期限的劳动合同,是指用人单位与劳动者约定以某项工作的完成为合同期限的劳动合同。

用人单位与劳动者协商一致,可以订立以完成一定工作任务为期限的劳动合同。

第十六条　劳动合同由用人单位与劳动者协商一致,并经用人单位与劳动者在劳动合同文本上签字或者盖章生效。

劳动合同文本由用人单位和劳动者各执一份。

第十七条　劳动合同应当具备以下条款:

(一)用人单位的名称、住所和法定代表人或者主要负责人;

(二)劳动者的姓名、住址和居民身份证或者其他有效身份证件号码;

(三)劳动合同期限;

(四)工作内容和工作地点;

(五)工作时间和休息休假;

(六)劳动报酬;

(七)社会保险;

(八)劳动保护、劳动条件和职业危害防护;

(九)法律、法规规定应当纳入劳动合同的其他事项。

劳动合同除前款规定的必备条款外,用人单位与劳动者可以约定试用期、培训、保守秘密、补充保险和福利待遇等其他事项。

第十八条　劳动合同对劳动报酬和劳动条件等标准约定不明确,引发争议的,用人单位与劳动者可以重新协商;协商不成的,适用集体合同规定;没有集体合同或者集体合同未规定劳动报酬的,实行同工同酬;没有集体合同或者集体合同未规定劳动条件等标准的,适用国家有关规定。

第十九条　劳动合同期限三个月以上不满一年的,试用期不得超过一个月;劳动合同期限一年以上不满三年的,试用期不得超过二个月;三年以上固定期限和无固定期限的劳动合同,试用期不得超过六个月。

同一用人单位与同一劳动者只能约定一次试用期。

以完成一定工作任务为期限的劳动合同或者劳动合同期限不满三个月的,不得约定试用期。

试用期包含在劳动合同期限内。劳动合同仅约定试用期的,试用期不成立,该期限为劳动合同期限。

第二十条　劳动者在试用期的工资不得低于本单位相同岗位最低档工资或者劳动合同约定工资的百分之八十,并不得低于用人单位所在地的最低工资标准。

第二十一条　在试用期中,除劳动者有本法第三十九条和第四十条第一项、第二项规定的情形外,用人单位不得解除劳动合同。用人单位在试用期解除劳动合同的,应当向劳动者说明理由。

第二十二条　用人单位为劳动者提供专项培训费用,对其进行专业技术培训的,可以与该劳动者订立协议,约定服务期。

劳动者违反服务期约定的,应当按照约定向用人单位支付违约金。违约金的数额不得超过用人单位提供的培训费用。用人单位要求劳动者支付的违约金不得超过服务期尚未履行部分所应分摊的培训费用。

用人单位与劳动者约定服务期的,不影响按照正常的工资调整机制提高劳动者在服务期期间的劳动报酬。

第二十三条 用人单位与劳动者可以在劳动合同中约定保守用人单位的商业秘密和与知识产权相关的保密事项。

对负有保密义务的劳动者,用人单位可以在劳动合同或者保密协议中与劳动者约定竞业限制条款,并约定在解除或者终止劳动合同后,在竞业限制期限内按月给予劳动者经济补偿。劳动者违反竞业限制约定的,应当按照约定向用人单位支付违约金。

第二十四条 竞业限制的人员限于用人单位的高级管理人员、高级技术人员和其他负有保密义务的人员。竞业限制的范围、地域、期限由用人单位与劳动者约定,竞业限制的约定不得违反法律、法规的规定。

在解除或者终止劳动合同后,前款规定的人员到与本单位生产或者经营同类产品、从事同类业务的有竞争关系的其他用人单位,或者自己开业生产或者经营同类产品、从事同类业务的竞业限制期限,不得超过二年。

第二十五条 除本法第二十二条和第二十三条规定的情形外,用人单位不得与劳动者约定由劳动者承担违约金。

第二十六条 下列劳动合同无效或者部分无效:

(一)以欺诈、胁迫的手段或者乘人之危,使对方在违背真实意思的情况下订立或者变更劳动合同的;

(二)用人单位免除自己的法定责任、排除劳动者权利的;

(三)违反法律、行政法规强制性规定的。

对劳动合同的无效或者部分无效有争议的,由劳动争议仲裁机构或者人民法院确认。

第二十七条 劳动合同部分无效,不影响其他部分效力的,其他部分仍然有效。

第二十八条 劳动合同被确认无效,劳动者已付出劳动的,用人单位应当向劳动者支付劳动报酬。劳动报酬的数额,参照本单位相同或者相近岗位劳动者的劳动报酬确定。

第三章 劳动合同的履行和变更

第二十九条 用人单位与劳动者应当按照劳动合同的约定,全面履行各自的义务。

第三十条 用人单位应当按照劳动合同约定和国家规定,向劳动者及时足额支付劳动报酬。

用人单位拖欠或者未足额支付劳动报酬的,劳动者可以依法向当地人民法院申请支付令,人民法院应当依法发出支付令。

第三十一条 用人单位应当严格执行劳动定额标准,不得强迫或者变相强迫劳动者加班。用人单位安排加班的,应当按照国家有关规定向劳动者支付加班费。

第三十二条 劳动者拒绝用人单位管理人员违章指挥、强令冒险作业的,不视为违反劳动合同。

劳动者对危害生命安全和身体健康的劳动条件,有权对用人单位提出批评、检举和控告。

第三十三条　用人单位变更名称、法定代表人、主要负责人或者投资人等事项,不影响劳动合同的履行。

第三十四条　用人单位发生合并或者分立等情况,原劳动合同继续有效,劳动合同由承继其权利和义务的用人单位继续履行。

第三十五条　用人单位与劳动者协商一致,可以变更劳动合同约定的内容。变更劳动合同,应当采用书面形式。

变更后的劳动合同文本由用人单位和劳动者各执一份。

第四章　劳动合同的解除和终止

第三十六条　用人单位与劳动者协商一致,可以解除劳动合同。

第三十七条　劳动者提前三十日以书面形式通知用人单位,可以解除劳动合同。劳动者在试用期内提前三日通知用人单位,可以解除劳动合同。

第三十八条　用人单位有下列情形之一的,劳动者可以解除劳动合同:

(一)未按照劳动合同约定提供劳动保护或者劳动条件的;

(二)未及时足额支付劳动报酬的;

(三)未依法为劳动者缴纳社会保险费的;

(四)用人单位的规章制度违反法律、法规的规定,损害劳动者权益的;

(五)因本法第二十六条第一款规定的情形致使劳动合同无效的;

(六)法律、行政法规规定劳动者可以解除劳动合同的其他情形。

用人单位以暴力、威胁或者非法限制人身自由的手段强迫劳动者劳动的,或者用人单位违章指挥、强令冒险作业危及劳动者人身安全的,劳动者可以立即解除劳动合同,不需事先告知用人单位。

第三十九条　劳动者有下列情形之一的,用人单位可以解除劳动合同:

(一)在试用期间被证明不符合录用条件的;

(二)严重违反用人单位的规章制度的;

(三)严重失职,营私舞弊,给用人单位造成重大损害的;

(四)劳动者同时与其他用人单位建立劳动关系,对完成本单位的工作任务造成严重影响,或者经用人单位提出,拒不改正的;

(五)因本法第二十六条第一款第一项规定的情形致使劳动合同无效的;

(六)被依法追究刑事责任的。

第四十条　有下列情形之一的,用人单位提前三十日以书面形式通知劳动者本人或者额外支付劳动者一个月工资后,可以解除劳动合同:

(一)劳动者患病或者非因工负伤,在规定的医疗期满后不能从事原工作,也不能从事由用人单位另行安排的工作的;

(二)劳动者不能胜任工作,经过培训或者调整工作岗位,仍不能胜任工作的;

(三)劳动合同订立时所依据的客观情况发生重大变化,致使劳动合同无法履行,经用人单位与劳动者协商,未能就变更劳动合同内容达成协议的。

第四十一条 有下列情形之一,需要裁减人员二十人以上或者裁减不足二十人但占企业职工总数百分之十以上的,用人单位提前三十日向工会或者全体职工说明情况,听取工会或者职工的意见后,裁减人员方案经向劳动行政部门报告,可以裁减人员:
(一)依照企业破产法规定进行重整的;
(二)生产经营发生严重困难的;
(三)企业转产、重大技术革新或者经营方式调整,经变更劳动合同后,仍需裁减人员的;
(四)其他因劳动合同订立时所依据的客观经济情况发生重大变化,致使劳动合同无法履行的。
裁减人员时,应当优先留用下列人员:
(一)与本单位订立较长期限的固定期限劳动合同的;
(二)与本单位订立无固定期限劳动合同的;
(三)家庭无其他就业人员,有需要扶养的老人或者未成年人的。
用人单位依照本条第一款规定裁减人员,在六个月内重新招用人员的,应当通知被裁减的人员,并在同等条件下优先招用被裁减的人员。

第四十二条 劳动者有下列情形之一的,用人单位不得依照本法第四十条、第四十一条的规定解除劳动合同:
(一)从事接触职业病危害作业的劳动者未进行离岗前职业健康检查,或者疑似职业病病人在诊断或者医学观察期间的;
(二)在本单位患职业病或者因工负伤并被确认丧失或者部分丧失劳动能力的;
(三)患病或者非因工负伤,在规定的医疗期内的;
(四)女职工在孕期、产期、哺乳期的;
(五)在本单位连续工作满十五年,且距法定退休年龄不足五年的;
(六)法律、行政法规规定的其他情形。

第四十三条 用人单位单方解除劳动合同,应当事先将理由通知工会。用人单位违反法律、行政法规规定或者劳动合同约定的,工会有权要求用人单位纠正。用人单位应当研究工会的意见,并将处理结果书面通知工会。

第四十四条 有下列情形之一的,劳动合同终止:
(一)劳动合同期满的;
(二)劳动者开始依法享受基本养老保险待遇的;
(三)劳动者死亡,或者被人民法院宣告死亡或者宣告失踪的;
(四)用人单位被依法宣告破产的;
(五)用人单位被吊销营业执照、责令关闭、撤销或者用人单位决定提前解散的;
(六)法律、行政法规规定的其他情形。

第四十五条 劳动合同期满,有本法第四十二条规定情形之一的,劳动合同应当续延至相应的情形消失时终止。但是,本法第四十二条第二项规定丧失或者部分丧失劳动能力劳动者的劳动合同的终止,按照国家有关工伤保险的规定执行。

第四十六条 有下列情形之一的,用人单位应当向劳动者支付经济补偿:

（一）劳动者依照本法第三十八条规定解除劳动合同的；

（二）用人单位依照本法第三十六条规定向劳动者提出解除劳动合同并与劳动者协商一致解除劳动合同的；

（三）用人单位依照本法第四十条规定解除劳动合同的；

（四）用人单位依照本法第四十一条第一款规定解除劳动合同的；

（五）除用人单位维持或者提高劳动合同约定条件续订劳动合同，劳动者不同意续订的情形外，依照本法第四十四条第一项规定终止固定期限劳动合同的；

（六）依照本法第四十四条第四项、第五项规定终止劳动合同的；

（七）法律、行政法规规定的其他情形。

第四十七条　经济补偿按劳动者在本单位工作的年限，每满一年支付一个月工资的标准向劳动者支付。六个月以上不满一年的，按一年计算；不满六个月的，向劳动者支付半个月工资的经济补偿。

劳动者月工资高于用人单位所在直辖市、设区的市级人民政府公布的本地区上年度职工月平均工资三倍的，向其支付经济补偿的标准按职工月平均工资三倍的数额支付，向其支付经济补偿的年限最高不超过十二年。

本条所称月工资是指劳动者在劳动合同解除或者终止前十二个月的平均工资。

第四十八条　用人单位违反本法规定解除或者终止劳动合同，劳动者要求继续履行劳动合同的，用人单位应当继续履行；劳动者不要求继续履行劳动合同或者劳动合同已经不能继续履行的，用人单位应当依照本法第八十七条规定支付赔偿金。

第四十九条　国家采取措施，建立健全劳动者社会保险关系跨地区转移接续制度。

第五十条　用人单位应当在解除或者终止劳动合同时出具解除或者终止劳动合同的证明，并在十五日内为劳动者办理档案和社会保险关系转移手续。

劳动者应当按照双方约定，办理工作交接。用人单位依照本法有关规定应当向劳动者支付经济补偿的，在办结工作交接时支付。

用人单位对已经解除或者终止的劳动合同的文本，至少保存二年备查。

第五章　特别规定

第一节　集体合同

第五十一条　企业职工一方与用人单位通过平等协商，可以就劳动报酬、工作时间、休息休假、劳动安全卫生、保险福利等事项订立集体合同。集体合同草案应当提交职工代表大会或者全体职工讨论通过。

集体合同由工会代表企业职工一方与用人单位订立；尚未建立工会的用人单位，由上级工会指导劳动者推举的代表与用人单位订立。

第五十二条　企业职工一方与用人单位可以订立劳动安全卫生、女职工权益保护、工资调整机制等专项集体合同。

第五十三条　在县级以下区域内，建筑业、采矿业、餐饮服务业等行业可以由工会与企业方面代表订立行业性集体合同，或者订立区域性集体合同。

第五十四条　集体合同订立后,应当报送劳动行政部门;劳动行政部门自收到集体合同文本之日起十五日内未提出异议的,集体合同即行生效。

依法订立的集体合同对用人单位和劳动者具有约束力。行业性、区域性集体合同对当地本行业、本区域的用人单位和劳动者具有约束力。

第五十五条　集体合同中劳动报酬和劳动条件等标准不得低于当地人民政府规定的最低标准;用人单位与劳动者订立的劳动合同中劳动报酬和劳动条件等标准不得低于集体合同规定的标准。

第五十六条　用人单位违反集体合同,侵犯职工劳动权益的,工会可以依法要求用人单位承担责任;因履行集体合同发生争议,经协商解决不成的,工会可以依法申请仲裁、提起诉讼。

第二节　劳务派遣

第五十七条　经营劳务派遣业务应当具备下列条件:

(一)注册资本不得少于人民币二百万元;

(二)有与开展业务相适应的固定的经营场所和设施;

(三)有符合法律、行政法规规定的劳务派遣管理制度;

(四)法律、行政法规规定的其他条件。

经营劳务派遣业务,应当向劳动行政部门依法申请行政许可;经许可的,依法办理相应的公司登记。未经许可,任何单位和个人不得经营劳务派遣业务。

第五十八条　劳务派遣单位是本法所称用人单位,应当履行用人单位对劳动者的义务。劳务派遣单位与被派遣劳动者订立的劳动合同,除应当载明本法第十七条规定的事项外,还应当载明被派遣劳动者的用工单位以及派遣期限、工作岗位等情况。

劳务派遣单位应当与被派遣劳动者订立二年以上的固定期限劳动合同,按月支付劳动报酬;被派遣劳动者在无工作期间,劳务派遣单位应当按照所在地人民政府规定的最低工资标准,向其按月支付报酬。

第五十九条　劳务派遣单位派遣劳动者应当与接受以劳务派遣形式用工的单位(以下称用工单位)订立劳务派遣协议。劳务派遣协议应当约定派遣岗位和人员数量、派遣期限、劳动报酬和社会保险费的数额与支付方式以及违反协议的责任。

用工单位应当根据工作岗位的实际需要与劳务派遣单位确定派遣期限,不得将连续用工期限分割订立数个短期劳务派遣协议。

第六十条　劳务派遣单位应当将劳务派遣协议的内容告知被派遣劳动者。

劳务派遣单位不得克扣用工单位按照劳务派遣协议支付给被派遣劳动者的劳动报酬。

劳务派遣单位和用工单位不得向被派遣劳动者收取费用。

第六十一条　劳务派遣单位跨地区派遣劳动者的,被派遣劳动者享有的劳动报酬和劳动条件,按照用工单位所在地的标准执行。

第六十二条　用工单位应当履行下列义务:

(一)执行国家劳动标准,提供相应的劳动条件和劳动保护;

(二)告知被派遣劳动者的工作要求和劳动报酬;

(三)支付加班费、绩效奖金,提供与工作岗位相关的福利待遇;
(四)对在岗被派遣劳动者进行工作岗位所必需的培训;
(五)连续用工的,实行正常的工资调整机制。
用工单位不得将被派遣劳动者再派遣到其他用人单位。

第六十三条　被派遣劳动者享有与用工单位的劳动者同工同酬的权利。用工单位应当按照同工同酬原则,对被派遣劳动者与本单位同类岗位的劳动者实行相同的劳动报酬分配办法。用工单位无同类岗位劳动者的,参照用工单位所在地相同或者相近岗位劳动者的劳动报酬确定。

劳务派遣单位与被派遣劳动者订立的劳动合同和与用工单位订立的劳务派遣协议,载明或者约定的向被派遣劳动者支付的劳动报酬应当符合前款规定。

第六十四条　被派遣劳动者有权在劳务派遣单位或者用工单位依法参加或者组织工会,维护自身的合法权益。

第六十五条　被派遣劳动者可以依照本法第三十六条、第三十八条的规定与劳务派遣单位解除劳动合同。

被派遣劳动者有本法第三十九条和第四十条第一项、第二项规定情形的,用工单位可以将劳动者退回劳务派遣单位,劳务派遣单位依照本法有关规定,可以与劳动者解除劳动合同。

第六十六条　劳动合同用工是我国的企业基本用工形式。劳务派遣用工是补充形式,只能在临时性、辅助性或者替代性的工作岗位上实施。

前款规定的临时性工作岗位是指存续时间不超过六个月的岗位;辅助性工作岗位是指为主营业务岗位提供服务的非主营业务岗位;替代性工作岗位是指用工单位的劳动者因脱产学习、休假等原因无法工作的一定期间内,可以由其他劳动者替代工作的岗位。

用工单位应当严格控制劳务派遣用工数量,不得超过其用工总量的一定比例,具体比例由国务院劳动行政部门规定。

第六十七条　用人单位不得设立劳务派遣单位向本单位或者所属单位派遣劳动者。

第三节　非全日制用工

第六十八条　非全日制用工,是指以小时计酬为主,劳动者在同一用人单位一般平均每日工作时间不超过四小时,每周工作时间累计不超过二十四小时的用工形式。

第六十九条　非全日制用工双方当事人可以订立口头协议。

从事非全日制用工的劳动者可以与一个或者一个以上用人单位订立劳动合同;但是,后订立的劳动合同不得影响先订立的劳动合同的履行。

第七十条　非全日制用工双方当事人不得约定试用期。

第七十一条　非全日制用工双方当事人任何一方都可以随时通知对方终止用工。终止用工,用人单位不向劳动者支付经济补偿。

第七十二条　非全日制用工小时计酬标准不得低于用人单位所在地人民政府规定的最低小时工资标准。

非全日制用工劳动报酬结算支付周期最长不得超过十五日。

第六章 监督检查

第七十三条 国务院劳动行政部门负责全国劳动合同制度实施的监督管理。

县级以上地方人民政府劳动行政部门负责本行政区域内劳动合同制度实施的监督管理。

县级以上各级人民政府劳动行政部门在劳动合同制度实施的监督管理工作中,应当听取工会、企业方面代表以及有关行业主管部门的意见。

第七十四条 县级以上地方人民政府劳动行政部门依法对下列实施劳动合同制度的情况进行监督检查:

(一)用人单位制定直接涉及劳动者切身利益的规章制度及其执行的情况;

(二)用人单位与劳动者订立和解除劳动合同的情况;

(三)劳务派遣单位和用工单位遵守劳务派遣有关规定的情况;

(四)用人单位遵守国家关于劳动者工作时间和休息休假规定的情况;

(五)用人单位支付劳动合同约定的劳动报酬和执行最低工资标准的情况;

(六)用人单位参加各项社会保险和缴纳社会保险费的情况;

(七)法律、法规规定的其他劳动监察事项。

第七十五条 县级以上地方人民政府劳动行政部门实施监督检查时,有权查阅与劳动合同、集体合同有关的材料,有权对劳动场所进行实地检查,用人单位和劳动者都应当如实提供有关情况和材料。

劳动行政部门的工作人员进行监督检查,应当出示证件,依法行使职权,文明执法。

第七十六条 县级以上人民政府建设、卫生、安全生产监督管理等有关主管部门在各自职责范围内,对用人单位执行劳动合同制度的情况进行监督管理。

第七十七条 劳动者合法权益受到侵害的,有权要求有关部门依法处理,或者依法申请仲裁、提起诉讼。

第七十八条 工会依法维护劳动者的合法权益,对用人单位履行劳动合同、集体合同的情况进行监督。用人单位违反劳动法律、法规和劳动合同、集体合同的,工会有权提出意见或者要求纠正;劳动者申请仲裁、提起诉讼的,工会依法给予支持和帮助。

第七十九条 任何组织或者个人对违反本法的行为都有权举报,县级以上人民政府劳动行政部门应当及时核实、处理,并对举报有功人员给予奖励。

第七章 法律责任

第八十条 用人单位直接涉及劳动者切身利益的规章制度违反法律、法规规定的,由劳动行政部门责令改正,给予警告;给劳动者造成损害的,应当承担赔偿责任。

第八十一条 用人单位提供的劳动合同文本未载明本法规定的劳动合同必备条款或者用人单位未将劳动合同文本交付劳动者的,由劳动行政部门责令改正;给劳动者造成损害的,应当承担赔偿责任。

第八十二条 用人单位自用工之日起超过一个月不满一年未与劳动者订立书面劳动合

同的,应当向劳动者每月支付二倍的工资。

用人单位违反本法规定不与劳动者订立无固定期限劳动合同的,自应当订立无固定期限劳动合同之日起向劳动者每月支付二倍的工资。

第八十三条　用人单位违反本法规定与劳动者约定试用期的,由劳动行政部门责令改正;违法约定的试用期已经履行的,由用人单位以劳动者试用期满月工资为标准,按已经履行的超过法定试用期的期间向劳动者支付赔偿金。

第八十四条　用人单位违反本法规定,扣押劳动者居民身份证等证件的,由劳动行政部门责令限期退还劳动者本人,并依照有关法律规定给予处罚。

用人单位违反本法规定,以担保或者其他名义向劳动者收取财物的,由劳动行政部门责令限期退还劳动者本人,并以每人五百元以上二千元以下的标准处以罚款;给劳动者造成损害的,应当承担赔偿责任。

劳动者依法解除或者终止劳动合同,用人单位扣押劳动者档案或者其他物品的,依照前款规定处罚。

第八十五条　用人单位有下列情形之一的,由劳动行政部门责令限期支付劳动报酬、加班费或者经济补偿;劳动报酬低于当地最低工资标准的,应当支付其差额部分;逾期不支付的,责令用人单位按应付金额百分之五十以上百分之一百以下的标准向劳动者加付赔偿金:

(一)未按照劳动合同的约定或者国家规定及时足额支付劳动者劳动报酬的;

(二)低于当地最低工资标准支付劳动者工资的;

(三)安排加班不支付加班费的;

(四)解除或者终止劳动合同,未依照本法规定向劳动者支付经济补偿的。

第八十六条　劳动合同依照本法第二十六条规定被确认无效,给对方造成损害的,有过错的一方应当承担赔偿责任。

第八十七条　用人单位违反本法规定解除或者终止劳动合同的,应当依照本法第四十七条规定的经济补偿标准的二倍向劳动者支付赔偿金。

第八十八条　用人单位有下列情形之一的,依法给予行政处罚;构成犯罪的,依法追究刑事责任;给劳动者造成损害的,应当承担赔偿责任:

(一)以暴力、威胁或者非法限制人身自由的手段强迫劳动的;

(二)违章指挥或者强令冒险作业危及劳动者人身安全的;

(三)侮辱、体罚、殴打、非法搜查或者拘禁劳动者的;

(四)劳动条件恶劣、环境污染严重,给劳动者身心健康造成严重损害的。

第八十九条　用人单位违反本法规定未向劳动者出具解除或者终止劳动合同的书面证明,由劳动行政部门责令改正;给劳动者造成损害的,应当承担赔偿责任。

第九十条　劳动者违反本法规定解除劳动合同,或者违反劳动合同中约定的保密义务或者竞业限制,给用人单位造成损失的,应当承担赔偿责任。

第九十一条　用人单位招用与其他用人单位尚未解除或者终止劳动合同的劳动者,给其他用人单位造成损失的,应当承担连带赔偿责任。

第九十二条　违反本法规定,未经许可,擅自经营劳务派遣业务的,由劳动行政部门责令停止违法行为,没收违法所得,并处违法所得一倍以上五倍以下的罚款;没有违法所得的,可以处五万元以下的罚款。

劳务派遣单位、用工单位违反本法有关劳务派遣规定的,由劳动行政部门责令限期改正;逾期不改正的,以每人五千元以上一万元以下的标准处以罚款,对劳务派遣单位,吊销其劳务派遣业务经营许可证。用工单位给被派遣劳动者造成损害的,劳务派遣单位与用工单位承担连带赔偿责任。

第九十三条 对不具备合法经营资格的用人单位的违法犯罪行为,依法追究法律责任;劳动者已经付出劳动的,该单位或者其出资人应当依照本法有关规定向劳动者支付劳动报酬、经济补偿、赔偿金;给劳动者造成损害的,应当承担赔偿责任。

第九十四条 个人承包经营违反本法规定招用劳动者,给劳动者造成损害的,发包的组织与个人承包经营者承担连带赔偿责任。

第九十五条 劳动行政部门和其他有关主管部门及其工作人员玩忽职守、不履行法定职责,或者违法行使职权,给劳动者或者用人单位造成损害的,应当承担赔偿责任;对直接负责的主管人员和其他直接责任人员,依法给予行政处分;构成犯罪的,依法追究刑事责任。

第八章 附 则

第九十六条 事业单位与实行聘用制的工作人员订立、履行、变更、解除或者终止劳动合同,法律、行政法规或者国务院另有规定的,依照其规定;未做规定的,依照本法有关规定执行。

第九十七条 本法施行前已依法订立且在本法施行之日存续的劳动合同,继续履行;本法第十四条第二款第三项规定连续订立固定期限劳动合同的次数,自本法施行后续订固定期限劳动合同时开始计算。

本法施行前已建立劳动关系,尚未订立书面劳动合同的,应当自本法施行之日起一个月内订立。

本法施行之日存续的劳动合同在本法施行后解除或者终止,依照本法第四十六条规定应当支付经济补偿的,经济补偿年限自本法施行之日起计算;本法施行前按照当时有关规定,用人单位应当向劳动者支付经济补偿的,按照当时有关规定执行。

第九十八条 本法自2008年1月1日起施行。

修正案自2013年7月1日起施行。

修正案公布前已依法订立的劳动合同和劳务派遣协议继续履行至期限届满,但是劳动合同和劳务派遣协议的内容不符合本决定关于按照同工同酬原则实行相同的劳动报酬分配办法的规定的,应当依照本决定进行调整;本决定施行前经营劳务派遣业务的单位,应当在本决定施行之日起一年内依法取得行政许可并办理公司变更登记,方可经营新的劳务派遣业务。具体办法由国务院劳动行政部门会同国务院有关部门规定。

第三节　离校、就业报到与档案转迁

案例引导

"我的身份证丢了要补办,我的户口和档案是不是在你们这里?"小伙子手里拿着一张皱皱巴巴的报到证询问省就业指导服务中心的工作人员,工作人员一看报到证,该小伙已经毕业五年了。"一毕业我就到一家公司打工,报到证一直放在身上,以为我的手续会自动放到就业指导中心呢。"前两天,小伙子要买机票发现身份证不见了,赶紧补办,才想起这件事情,现在赶着出差。工作人员表示,这种情况只能是先拿报到证和户口迁移证办理落户,不可能马上完成身份证补办。由于没有及时拿报到证办理落户手续,小伙子办不了身份证,从而耽误了自己工作。

就业报到证、档案、户口这些在我们就业程序中重要的证件你了解它们吗?这些毕业生本应须知的材料又有多少人能说得清呢?随着近年来社会多元化的发展,冲淡了高校毕业生对就业报到证、档案、户口等重要证件的认知,甚至有些人误以为现在已经是市场经济了,这些证件的作用不再像计划经济时代那么重要了。因为这些错误的认识,一些毕业生不去及时办理就业报到证,随意丢弃档案成为弃档族,最后由此失去了就业、落户、提拔等涉及自身利益的许多机会。因此是时候将这些重要的证件向广大毕业生重新进行说明和解释了,那么毕业后就业报到证、档案、户口是如何办理的?需要注意哪些问题呢?阅读了本节,你就会了解。

一、离校

毕业鉴定是毕业生临近毕业时,通过回顾自己大学期间的德、智、体等方面的综合表现,为自己所做的准确、客观的评价和总结,以便在今后的学习、工作中取得更大的进步。因此,毕业生应高度重视此项工作。要认真、实事求是地做好自我鉴定。

1. 毕业鉴定的内容

(1)思想道德素质方面:对党的领导和党的路线、方针、政策等方面的认识和理解,参加学校组织的各项思想政治教育活动的情况;遵守国家各项法规和制度及校纪校规的情况;参加集体活动,团结同学的情况;参与社会实践活动的情况等。

(2)学习方面:学习态度和学习自觉性方面的表现;学习成绩和专业知识的掌握程度;科研活动成果及创新能力方面的表现。

(3)身心素质方面:参加各项体育活动的情况;体育达标情况及体育特长;身体健康情况;心理健康状况等。

(4)综合能力方面:自己的专长和特点;交际与沟通能力;对社会的认知和适应能力等。

(5)存在的主要缺点、问题及今后的努力方向。

2. 毕业鉴定的注意事项

毕业生进行毕业鉴定时应当注意以下事项：第一，要认真听取老师和同学们的意见；第二，要实事求是，不能有虚假内容，更不能满纸空话、套话，要使人看了鉴定如见其人，以便用人单位对你有所了解；第三，态度要端正，字迹要工整；第四，奖励和处分要写清楚，尤其是对处分切不可隐瞒。

3. 毕业生离校手续的办理

毕业生一般要在离校前办理离校手续，主要包括：
(1)到所在院(系)领取离校手续单；
(2)到校党团部门办理党团组织关系转递手续；
(3)到图书馆办理清缴图书及借书证等手续；
(4)到财务部门办理费用核对及清退手续；
(5)到宿舍管理部门办理退宿手续，交还宿舍钥匙；
(6)到教务部门交还借用的教学仪器和用具；
(7)享受国家助学贷款的毕业生，到贷款管理部门办理有关手续；
(8)领取毕业证、就业报到证和户口迁移证。

二、就业报到

1. 什么是就业报到证

就业报到证的全称是"全国普通高等学校本专科毕业生就业报到证"，就业报到证由原来的就业派遣证转化而来，它是由国家教育部统一印制、省级高校毕业生就业主管部门签发，列入当年国家就业方案的毕业生才有的有效证件(见图6-8)。

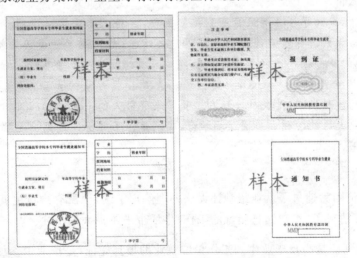

图6-8　全国普通高等学校本专科毕业生就业报到证

高校毕业生就业报到证是由省高等院校毕业生就业工作办公室负责签发。就业报到证一人一份，由其他部门印制或签发的就业报到证无效。毕业生对就业报到证要妥善保管，不论什么原因,凡自行涂改、撕毁的就业报到证一律作废。

就业报到证分为上下两联,它上联为蓝色(简称报到证)联、下联为白色(简称通知书)联,其中上联报到证由毕业生本人持有,用于到用人单位报到的凭证,并交用人单位人事部门保存,下联通知书由学校存入学生档案袋。

就业报到证上除了个人和单位信息外,还有报到期限一栏。毕业生在领取就业报到证后,应在规定的报到期限内到用人单位报到。倘若因某种原因不能按期报到的,应事先书面通知用人单位说明理由,并取得用人单位许可,否则,就会被视为自动放弃就业手续,用人单位有权拒绝接收。

2. 就业报到证的作用

不少毕业生不把就业报到证当回事,认为它就是一张"介绍信"。殊不知,报到证是存入个人档案的必备材料。除此之外,它还有很多隐性功能。

(1)就业报到证是证明毕业生为纳入国家统一招生计划(统招)的学生材料,而高校的成人教育毕业生和自学考试毕业生是没有这个证的。有部分省份也为非普通高等学校的毕业生发就业报到证,但它们所发的并不是教育部统一印制的全国普通高等学校本专科毕业生就业报到证,而是××省成人高校(或自考)本专科毕业生就业报到证。

(2)就业报到证是接转毕业生的个人档案和户籍的依据,各地公安部门凭毕业生的就业报到证、毕业证、户口迁移证等相关材料为毕业生办理落户手续。

 案例分析 6-8

就业报到证丢失,黑户坐不上飞机

家住阜新市的张倩 2015 年大学毕业后,来到沈阳工作。由于就业报到证丢失,身份证又已经过期的张倩吃尽了苦头。

据张倩介绍,她大学毕业后只身来到沈阳工作,为将来的生活考虑,她很希望将户口落到沈阳。但是当她到沈阳市户籍部门办理落户手续时,却发现学校发放的就业报到证已经丢失,而此时她的身份证也已经过期了。已经彻底变成了"黑户"的张倩为此很是闹心。张倩说道:"大学毕业已经 1 年多了,户口问题一直是让我苦恼的大事,我现在已经成了'黑户',身份证又已经过期,这给我的生活和工作带来了极大的不便。2018 年 3 月,深圳公司总部要求我们东北大区的管理人员回深圳学习,我就是由于身份证过期而无法购买飞机票,无奈只好留在沈阳。"

【分析】

案例中张倩因为遗失了就业报到证无法办理落户手续,而没有户口也就不能补办身份证,无形之中张倩成了"黑户",这给她的工作、生活带来了极大的不便。

(3)就业报到证是高校毕业生到工作单位就业的报到凭证,是毕业生参加工作时间的初始记载和凭证。毕业生就业后的工龄由毕业生到档案接收单位报到之日开始计算,在毕业生以后的职称评定中还要用到。

案例分析 6-9

寻找遗失的工龄

小郝是江西省景德镇人,2008年从省内一所大学毕业后来到深圳的一家民营单位工作,合同期为3年。他的档案按规定寄回了景德镇市教育局毕业分配办公室。2011年小郝合同期满后回到了家乡景德镇,同年小郝参加了国企景德镇昌河飞机工业(集团)有限公司(以下简称"昌飞")的招聘,并最终被昌飞录用。小郝在进厂办理手续时突然发现找不到毕业报到证了,这时他才猛然想起自己毕业时由于疏忽没有按时到景德镇市教育局毕业分配办公室去办理报到手续。昌飞人事部的工作人员告诉小郝,没有就业报到证,他从2008—2011年参加工作的工龄就不能作为连续工龄。为此,小郝找到景德镇市教育局毕业分配办公室,希望开具有关证明,但工作人员答复小郝,由于他当年没有及时报到,这期间的工龄也就无法计算了。

【分析】
在上述案例中,小郝毕业时由于未能及时到档案接收单位——景德镇市教育局毕业分配办公室报到,从而导致其到昌飞工作之前的工龄无法连续,同时也意味着小郝在今后的职称评定和干部评定等方面都要受到影响。

简单地说,就业报到证是高校毕业生就业时所有人事、工作等关系的龙头,也是毕业生所有其他证书的龙头。毕业生应妥善保管好自己的就业报到证,切勿因一时疏忽而遗憾终生。

(微视频:毕业季提醒——就业报到证关系重大勿疏忽)

3. 领取就业报到证

1)就业报到证签发流程

每年的6月月初,省高校毕业生就业工作办公室统一对各高校毕业生的就业方案进行审核,审核材料主要有两块。一是各高校提供的毕业生与用人单位签订并经学校就业工作部门鉴证的就业协议书原件、毕业生升学、参军入伍等所有毕业后去向的证明材料。二是高校根据毕业生就业协议书在《××省高校毕业生就业信息管理与监测系统》中制作的应届毕业生就业方案。因此,毕业生应该最迟在6月上旬将已经与用人单位签订的就业协议书等交给学校毕业生就业部门,否则,就会耽误就业报到证手续的办理了。耽误就业报到证手续的办理的后果是毕业生所有的就业关系被转回了生源地就业部门,若毕业生再要将就业报到证进行更改,我们称为就业报到证的改签,手续就比较麻烦了。

毕业生就业报到证签发流程图如图6-9所示。

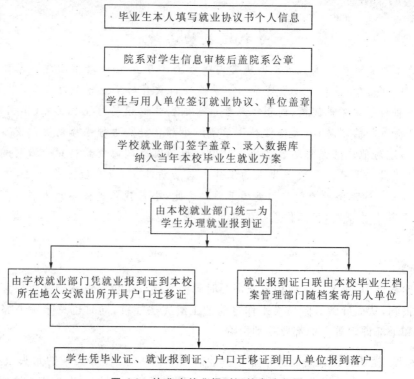

图6-9　毕业生就业报到证签发流程图

2）领取报到证需要什么条件

未能按时领取就业报到证的原因一般为不具备毕业资格的学生。只要你取得毕业资格，高校就业部门就会为你办理就业报到证，并及时发到你的手上。

此外还要注意：毕业时升学的毕业生是不签发就业报到证的。因为无论是"专升本"还是考取研究生，只不过是学习时间延长罢了，毕业后的相关手续由新就读的高校接收。在以新的学历毕业后从学校转入社会时，才会由学校帮助办理就业报到证。这里特别要强调的是，升入成人高校就读的毕业生，因为已经脱离了普通高等教育的范畴，学校会将其就业报到证签发到生源所在地毕业生就业部门。正如前面所讲：成人高校的毕业生是不签发全国统一的高校毕业生就业报到证的。

3）就业报到单位

毕业后，你应该去哪里报到呢？其实在就业报到证的单位一栏上已经清楚地注明了你的报到单位。报到单位一般有两类。

第一类：用人单位。适用就业方案上报时已落实正规接收用人单位（行政单位、事业单位、国有企业等），此类单位有独立的人事接收权，可以接收毕业生的户口和档案。

第二类：生源所在地的毕业生档案托管机构（人才交流中心或教育局毕业分配办公室等）。适用就业方案上报时未落实用人单位或用人单位无独立人事接收权（如个体、民营等非公有制单位）等情况。

4. 就业报到证改派及补办

1) 就业报到证改派

在你毕业后的 2 年内,如果因为工作变动等原因可申请改签就业报到证,我们一般称为"改派"。改派时毕业生凭原就业报到证、毕业学校出具的证明和新单位的就业接收函(或就业协议书)在省就业办的办证大厅办理,重新改签新就业报到证。值得注意的是:若原就业报到证是开往原用人单位的,改签时还需要提供原用人单位的解约函。

这里要提醒的是,如果毕业生毕业已经超过 2 年,工作出现了变动,按规定是不能进行改派的,只能办理人事调动。办理改派手续时,原则上应由本人前往办理,如果委托他人办理改派,应有委托人的委托书。

2) 就业报到证遗失补办

毕业生在毕业 1 年内如果遗失了就业报到证可以申请补办,毕业生先要在省、市级日报上申明原报到证作废,同时毕业生本人要提出申请,到原所在学校出具证明,证明的内容应包含学校、届别、姓名、报到证号码、遗失原因等内容,由毕业生本人凭证明材料到学校毕业生就业指导服务中心申请补办报到证。目前,江西省高校毕业生就业指导服务中心只受理江西省高校毕业生的报到证遗失补办手续,且只有毕业后次年 7 月 1 日前申请办理遗失的毕业生可补办报到证原件,超过此期限的毕业生只能补办"报到证遗失证明"(效力等同于就业报到证原件)。为方便广大毕业生就业报到证遗失补办,江西省高校毕业生就业指导服务中心推出了毕业生就业报到证线上自主办理服务。2009 届以后毕业的学生均可通过"江西微就业"微信服务公众号申请就业报到证遗失补办。

案例分析 6-10

江西院校外省籍毕业生如何改派

毕业生小邓咨询:我是 2015 届江西某高职院校毕业生,湖北籍生源,毕业后报到证开回生源地,但一直未落实就业单位,也未办理择业代理等手续,2018 年经厦门市人事局批准调入,请问我改派手续如何办理?(厦门人事局叫我办理改派)我能不能在湖北省高校毕业生就业指导中心办理改派手续呢?

【分析】

案例中小邓要到厦门就业,需要办理改派手续。小邓是从江西高校毕业的,他的报到证是由江西省高校毕业生就业指导中心签发的,因此小邓报到证改派也必须通过江西省就业指导中心改签。但小邓是 2015 年毕业的,毕业已经 3 年了,按照我省规定,毕业超过 1 年以上办理报到证改派,省就业指导中心不再办理原件而是开具"报到证遗失证明"(效力等同于就业报到证原件)。因此,小邓可以通过"江西微就业"公众号自助办理报到证改派。具体程序:第一步,关注"江西微就业"微信服务号;第二步,进入"报到证遗失证明",下载电子证书后用彩色打印机打印。

鉴于办理就业报到证的各种情况不一,办理条件也不相同,我们将常见的情况制作了一张图(见图 6-10)来进行说明。

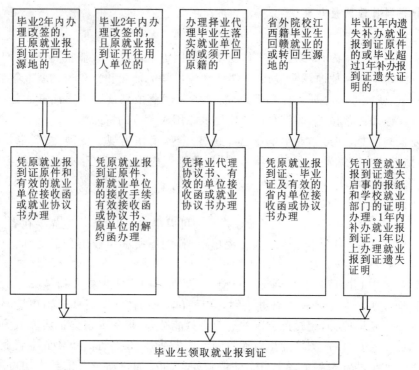

图6-10 江西省高校毕业生就业报到证改签及补办流程图

就业报到证的查询。在就业报到证补办的证明中需要注明一些基本信息,或是一些单位在报考时要核对就业报到证信息。然而许多毕业生都对自己的就业报到证的信息一无所知,但这是可以在省高校毕业生就业信息网上查询得到的,只要登录该网,点击"办事大厅"—"信息查询中心"—"报到证查询"后输入自己的毕业年份、姓名和就业报到证序列号等信息即可查询得到。

5. 使用就业报到证的注意事项

1) 领到就业报到证后要及时去报到

就业报到是我们正式迈入职场的标志,人生从此翻开了新的一页。

就业报到的期限一般是1~2个月,高校毕业生在领取就业报到证后,应该在规定的期限内到报到证签往的单位报到,办理相关手续。按规定没在报到期限内报到的或不报到的,视为自动放弃就业手续,接收单位有理由认为你不符合报到条件,可以拒绝接收。

案例分析6-11

注意你的报到期限,小心别黑户

笔者曾接待过一个10年前毕业的学生小李,当初小李毕业时,因没有落实单位,他的档案寄回了生源地的教育局毕业分配办公室。小李想着自己刚毕业,应该到外面闯一闯,所以也不急于回家,因此小李也没有按就业报到证上规定的时间回生源地教育局毕业分配办公室报到。结果他的就业报到证和户口迁移证均已过期,而小李今年就要回家结婚了,这时才发现当年因没有按时回生源地教育局毕业分配办公室报到,也没办理落户手续,现在成了"黑户",已经过期的证件是无法办理户口的,没有户口又不能办理结婚证。

【分析】

在毕业初期,有很多聘用制形式就业或暂时没有找到单位的毕业生,认为自己目前暂时没有正规的接收单位,现阶段对个人档案也没有要求,所以无所谓报到不报到,这些毕业生领到就业报到证后大多没有及时去档案接收单位报到。殊不知,有正规接收单位的毕业生不仅要及时到单位报到,以聘用制形式就业或暂时没有找到单位的毕业生,其户口、档案关系回生源地,该类毕业生也一定要在规定时间内按照就业报到证上注明的报到单位报到,并及时办理落户。否则,以后会成为没有户籍的"黑户"人员,由此将会带来许多麻烦,如无法考研、无法考公务员、无法转正定级、无法晋升职称、无法计算工龄、无法办理结婚登记、无法办理营业执照、无法在外地办理暂住证明、身份证丢失无法补办、身份证到期无法换发等,后患无穷。

2) 报到手续可以缓办吗

如果某些就业问题还未处理好,不想马上将就业手续转回到家庭所在地,可以选择办理择业代理。择业代理是为方便毕业生因各种原因在一定时间内未能及时就业,又能获得广阔的择业空间与充足的择业时间的服务举措。它为毕业生在 2 年内随时办理就业报到手续提供了便利。

3) 用人单位拒绝报到怎么办

遇到用人单位拒绝接收报到时,应主动向用人单位说明情况,不要与对方争吵,及时与学校取得联系,由学校分清责任,按有关规定妥善处理。

三、档案转迁

毕业生走向社会,离不开档案户口。一旦失去了档案户口,工作、生活、学习都将受到影响,甚至是根本性的影响。

档案对大家来说是既熟悉又陌生。说熟悉是因为人人都知道自己有一份档案材料,而且都知道其在计划经济时代有着重要的作用;说陌生是因为很少有人清楚他自己的档案材料里面究竟有些什么,加上档案的保密性质,许多人都没有见过自己的档案材料。

根据《中华人民共和国档案法》的规定,档案是指过去和现在的国家机构、社会组织以及个人从事政治、军事、经济、科学、技术、文化、宗教等活动直接形成对国家和社会有保存价值的各种文字、图表、声像等不同形式的历史记录。

1. 学籍档案和人事档案

大学毕业生的档案是指通过全国统一考试录取的大学生在校期间的档案材料,它主要包括该生的高考成绩、大学期间的学习成绩、表现情况、受到的奖励或处分、家庭状况等内容,这是大学毕业生的学籍档案。

大学生毕业后,毕业生学籍档案里放入了就业报到证,然后由学校将档案转交毕业生就业单位的人事部门或专门的档案接收机构。这时该毕业生的学籍档案就成了人事档案,人事档案主要是由人事、组织、劳资等部门在培养、选拔和使用人员的工作活动中形成的,是个人经历、学历、社会关系、思想品德、业务能力、工作状况以及奖励等方面的原始记录,是个人参与社会活动的记载和个人自然情况的真实反映。

案例分析 6-12

档案管理不善,人事关系无法调动

小蒲是某高校 2010 年的应届毕业生,毕业后在北京一家物流公司工作。当初由于单位无法落实她的人事关系,她便直接把档案留在学校,而没有转到人才中心。2008 年 11 月,她拿着在学校办的身份证到工商银行办储蓄卡时,银行职员告诉她,她的身份证已经无效,需要重办第二代身份证。她打电话到学校咨询,学校老师告诉她,由于她毕业后 2 年一直没有到学校办理转迁手续,学校已经把她的户口档案打回原籍,她需要回宁波老家办理相关手续。由于工作繁忙,重办身份证的事被小蒲暂时搁置下来,对被打回原籍的档案,她也一直没有过问。转眼到了 2013 年,单位终于可以落实她的人事关系了,但是由于没有管理,小蒲在老家的档案还是学籍档案,这就意味着她需要办理参加工作后的所有手续,并经过 1 年转正定级后才能正式调动。

【分析】

案例中小蒲毕业后一直将档案留在学校,且未回学校办理档案转迁手续,直到其档案被学校寄回生源地后,小蒲也没有回生源地办理报到手续,致使小蒲的档案在其毕业多年后仍然是学籍档案而非人事档案,这使得小蒲在后面办理人事调动时麻烦重重。

2. 解码人生——档案的作用

1) 档案对个人的作用

真正能证明你学习经历的就是你的档案。档案里面有你各个时期的学籍卡、成绩单、各方面的评语、获奖证明,还有你的党团材料。这些都是原始材料,不可复制。我们从以下几个方面来说明档案对你今后工作学习生活等方面产生的影响。

(1) 档案与工龄。很多大学毕业生找到工作后,没有及时办理参加工作手续,工作几年后仍然是学生身份,从而影响了自己的转正定级,也影响到工龄和退休金的计算。

(2) 档案与福利。毕业生在个人办理养老保险、继续深造(如出国、考研)、考公务员等事关个人切身利益的问题时,都要用到档案。

(3) 档案与因公出国政审。因公出国政审也必定要依据人事档案进行政治审查,如果档案材料不全,政审机构就会拒绝审查。

(4) 补办档案与原始材料。虽然现在有的单位可以补办新档案,但以前的经历、工资、职称等历史原始材料将不复存在,势必造成一定的损失。

可以说每个人都在以自己的实践活动谱写着自己的历史,同时将其转化为文字在档案中不断补充、不断添入新的内容。所以说人事档案将伴随每个人的一生并发挥着重要的作用。

2) 档案对用人单位的作用

对于用人单位来说，档案的作用主要体现在为单位人事部门提供依据。档案是历史的真实记录，通过档案，可以清楚地了解过去的工作轨迹，总结经验教训，为领导科学决策和科学管理提供重要的参考和依据。现代企业为了做到知人善任、选贤举能，将尽可能地全面、准确地了解员工，通常会将考察现状与查阅档案材料中的思想言行、业务水平、个人素质、历史情况等原始材料有机结合。尤其会将档案中的学业成绩及思想表现情况作为接收毕业生的重要依据。在用人过程中形成的定级、调资、任免、晋升、奖惩等方面的呈报、审批材料都会汇总，归入本人档案，作为考核依据。

因此用人单位在人事任免、考核时，都经常要用到员工人事档案，考查其德、能、勤、绩等情况，从而全面准确地了解个人的情况，为人力资源正确选拔和使用起到了重要的参考作用。

案例分析 6-13

弃档很容易，后果很严重

小胡 2007 年从江西省一所大学毕业后，签约到广东一家公司，在去报到的路上，因突发事件被迫转去杭州，从此便一直在杭州工作至今。2012 年 4 月月底，小胡要领结婚证，才发现户口本不见了。前思后想，原来户口迁移证随档案在 5 年前被学校派遣到广东了。而自己在杭州工作后，没有及时与广东那家公司解约并到学校办理改派，造成现在广东方面不给落户，杭州方面没法落户的问题。"弃档很容易，后果很严重。"小胡后悔莫及。

相比小胡，方林似乎不算最倒霉的。方林 2007 年从江西一所大学毕业后在广东一家私企工作至 2012 年 7 月。2012 年 7 月中旬跳槽到一家事业单位，7 月月底，与新单位签订合同的时候，方林发现自己因为档案一直存放在学校，导致工龄为零。

相比之下张伟应该算是一个幸运儿。张伟 2008 年从学校毕业后在杭州找了一份工作，这份工作在张伟看来并不稳定，于是他将档案托管在杭州市人才服务中心，至 2012 年他已经有了 4 年的工龄。

【分析】

案例中方林的档案一直保存在学校，档案中没有任何工作经历的记录，工龄自然也就为零，这是个不小的损失。小胡没有及时与原公司解约，时间一长，就变成"死档"。造成这种现象的主要原因是部分毕业生对自身档案缺乏正确的认识，不了解其在个人工作和生活中的重要性。从这些案例中可以看出，如果个人档案管理不当会出现较大的麻烦。

3) 大学毕业生档案转递过程中存在的问题

大学毕业生人事档案引发的问题主要有三种：一是毕业后没有及时将档案存放在就业单位、人才市场或生源地，导致工龄为零或缺失；二是毕业生辞职后，没有及时与单位解约，或是解约后没有及时到学校办理改派手续，导致出现"死档"；三是毕业生自己保存档案，档案的完整性、真实性得不到保障。如果材料丢失，处理起来很麻烦。

目前,出境、计算工龄、工作流动、考研、考公务员、转正定级、职称申报、办理各种社会保险以及升学等都需要个人档案,特别是在国有企业、事业单位,人事档案相当重要。然而,近些年毕业生对自己的档案不管不问已不是个别现象。"说起来重要,排起来次要,用起来需要,忙起来忘掉。"这种"人事档案无用论"正在一些毕业生里流行,导致"弃档"现象越来越严重,尤其是大中专院校的毕业生,放弃人事档案者呈逐年上升的趋势。

据了解,在各院校、各级毕业生就业主管部门和各地人力资源部门的人才交流中心,被毕业生遗弃的档案都不少。"弃档族"主要由三个部分组成:一是小老板或自由职业者;二是私企打工人员;三是由于没有找到工作或选择到非户口所在地工作的大学生。有不少毕业生认为人事档案可有可无,有的甚至认为,现在都是聘用制了,户口都放开管理了,人事档案也没有什么用处了。有些毕业生工作几年后发现自己无法按期转正定级、申请职称,在办理养老保险手续时也遇到麻烦,才知道是自己忽视了档案的存放管理。

(微视频:关注大学生就业——毕业后要给户口档案找个家)

3. 毕业了,我们的档案去哪儿了

毕业生在择业期内,档案及户口可以根据以下情况分别处理。

(1)未落实就业单位的毕业生档案去向(见图6-11)。

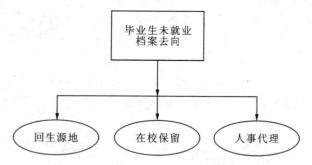

图6-11　未落实就业单位的毕业生档案去向

第一种情况:档案转回生源地。

毕业生未就业即毕业生在毕业离校办理派遣手续时,尚未落实就业单位,或应聘的就业单位没有人事接收权的,根据毕业生本人意愿,依据"全国普通高等学校本专科毕业生就业报到证"将档案转至其入学前户籍所在地(生源地)的人才交流中心。

第二种情况:档案在校保留。

对毕业离校时尚未落实就业单位的毕业生,本人要求其人事档案保留在学校的,学校要按规定在择业期内进行保管,保留期限不超过2年。

第三种情况:办理人事代理或就业代理。

毕业离校时尚未落实就业单位的毕业生与省、市高校毕业生就业指导服务机构签订了

人事代理协议或就业代理协议的,可依据《人事代理协议书》或《就业代理协议书》办理报到手续,将其档案转入该省、市毕业生档案管理机构。

 案例分析 6-14

毕业后没有落实单位,档案放在哪里呢?

小周是某高校 2018 年的应届本科毕业生,由于种种原因在临近毕业的时候还没有找到合适的工作。就在小周为毕业后去向发愁的时候,学校开始要求毕业生确认登记自己档案的接收地址。小周听说还没有落实工作单位的毕业生可以选择把档案留在学校,还听说要把档案留在学校还需要同学校签订一个什么协议。也有同学跟小周说现在时代不同了,档案没有什么用处了,根本不用管它。小周不知道档案对自己到底有什么影响,以自己现在的情况到底应该如何处置档案?

【分析】
广大毕业生在忙于找工作的同时,别忘记给自己寻找档案的合法管理机构,以确保自身的合法权益和应有的社会、政治待遇得到保障。案例中根据小周的情况,他的档案可以有三种去向:①根据国家相关政策规定,毕业生毕业后暂时找不到就业单位的,其档案可免费由学校保管 2 年;②档案转回到生源地的毕业生就业主管部门接收;③办理人事代理。小周可以根据自己的情况选择上述三种档案接收方式之一。

这里要特别提醒的是有些同学误以为既然学校免费保存,就无须再到人才交流机构托管了。其实,学校保存的只是你的"学籍档案",而真正发挥作用的是你的人事档案,如你的转正定级、职称评定等相关事宜都是由学籍档案转换成人事档案后才能进行的,因此广大同学在毕业后如无特殊情况应尽量将档案转往人才交流机构托管,避免因档案管理不善给自己带来损失。

(2)已落实就业单位的毕业生档案去向(见图 6-12)。

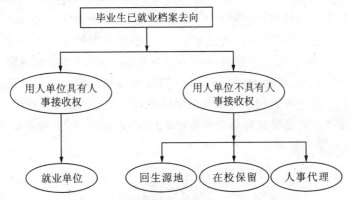

图 6-12 已落实就业单位的毕业生档案去向

第一种情况:毕业生与具有人事接收权单位签约。择业期内毕业生已落实正规就业单位,毕业生即可依据就业报到证办理派遣手续,将档案及户口转至用人单位人事部门。

第二种情况：毕业生虽有就业单位，但单位不具备人事接收权（如民营企业等），毕业生暂时处于灵活就业状态，其档案去向与未就业学生档案去向相同。

(3)升学的毕业生档案去向(见图6-13)。

参加专升本考试被录取的毕业生，可凭录取通知书将档案及户口转到所考取的院校。

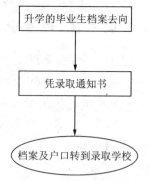

图6-13 升学的毕业生档案去向

案例分析 6-15

善待自己的档案，别把档案变死档

小张2007年毕业，毕业前跟河北唐山的一家企业签署了协议，就业报到证写的是这家企业，档案派到了唐山当地的人才中心了，但小张毕业后并没有去这家企业工作。这家企业就把小张的档案邮回了学校，小张2007年9月从学校把档案拿出来，到现在一直放在自己手里，现在想把档案落回老家，但老家没法接收，档案断档了，老家的人才交流中心说小张档案里没有转正定级表、干部介绍信、工资证明信，让小张去跟唐山的企业要，唐山的企业说小张没在该企业工作过，不给开这些材料，小张现在不知道该怎么办了。

【分析】

案例中小张犯了两个错误。一是小张错误地将档案拿回自己保管。档案管理是很严格的事情，只有具有人事管理权的地方才能保管档案，如各地的人才交流中心等，小张的档案因为放在自己手中造成时间一长变成了死档，这也意味着他今后的职称评定、干部提拔等都将受到影响。二是小张未能及时与唐山的企业解除协议，并办理改派手续，造成他的档案和户口均无处接收。正确的做法是，小张应及时与唐山的企业解除就业协议，然后到学校办理改派，根据就业报到程序将档案派回原户籍所在地的人才交流中心。

所以，大学生毕业时还是应好好处理自己的档案，谨记一点，永远不要让档案留在自己的手中，否则，后果很严重。

（微视频：毕业生如何档案转递——就业报到的正确打开方式）

四、人事代理

1. 什么是人事代理

人事代理是指政府人事部门所属的人才交流机构本着充分尊重毕业生自主择业的原则,高效、公正、负责地为各类毕业生解决在择业、就业中遇到的人事方面的有关问题,并提供以档案管理为基础的社会化人事管理与服务。人事代理工作由县(市)以上(含县、市)政府人事部门所属的人才交流服务机构负责。

2. 人事代理的服务内容

(1)向毕业生提供人事法律、法规和政策方面的宣传咨询服务。

(2)为毕业生保管、整理人事档案及提供档案借阅、传递服务。

(3)负责档案工资的核定调整,工龄连续计算。

(4)为毕业生办理见习期满后的转正定级,专业技术职务资格评审。

(5)代办养老保险、失业保险、医疗保险等社会保险业务。

(6)负责管理毕业生的组织关系。

(7)为毕业生挂靠户口关系。

(8)负责接转毕业生的人事关系手续。

(9)为毕业生办理出国(出境)政审呈报手续。

(10)承办与人事管理相关的其他事宜。

3. 人事代理的作用

1)保护毕业生的合法权益

不同体制的单位,其人事劳动政策有显著区别,毕业生在不同体制单位中频繁流动会有许多人事问题需要衔接处理。而毕业生人事代理业务对毕业生流动中个人的档案保存、工龄的连续计算、社会保险的接续、职称评定等问题都能发挥很好的衔接作用,能够使毕业生在人才流动中的合法权益得到有效的保护,实现单位人向社会人的转化。

2)帮助毕业生从烦琐的事务中解脱出来

人事代理机构可以为毕业生迅速办理各项与其息息相关的福利及劳动人事事务,毕业生可以全身心地投入自己的工作学习中,免去后顾之忧。

4. 人事代理程序

毕业生的情况不同,毕业生人事代理手续办理程序也有所不同,具体程序如下。

(1)择业期内已联系到接收单位的毕业生将有接收单位签章的就业协议书交到省、市人才交流中心,由省、市人才交流中心审核后签署人事代理意见。毕业生将就业协议书送交学校,由学校统一办理就业报到证、户口迁移证,并将毕业生档案交到省、市人才交流中心。毕业生持就业报到证、户口迁移证等材料到接收单位报到,就业单位无集体户口的,可直接落入省、市人才交流中心集体户口。

(2)择业期内暂未联系到正规接收单位及准备升学、出国的毕业生,持就业协议书到省、市人才交流中心,由省、市人才交流中心审核签署人事代理意见。毕业生将就业协议书交至学校,由学校统一办理就业报到证、户口迁移证,将其档案送交省、市人才交流中心。毕业生持就业报到证、户口迁移证、身份证等材料到省、市人才交流中心报到,签订人事档案管理合同,户口落入省、市人才交流中心集体户口。

(3)择业期满仍未联系到接收单位的毕业生,可由学校将其就业报到证开到生源地的人事部门,由生源地的人事部门所属的人才交流中心负责接收并管理毕业生的人事关系。

(微视频:人事代理很重要,及时办理莫轻心)

课堂活动

你像哪种动物

活动目的:

(1)提高学生与人交往的能力。

(2)提高学生的语言交流技巧。

活动说明:

(1)将各种各样的动物的漫画给大家看,也做成图片贴在教室的墙上,或者做成幻灯片,让大家分别描述不同动物的性格,主要是当他们遇到危险时的反应,比如说,乌龟遇到危险以后,就会缩到壳里。

(2)让学生回想一下,当他们面对矛盾的时候会有什么反应,面对矛盾,他们的第一反应是什么?这一点和图中的哪种动物最像?如果图里面没有的动物,也可以说其他的动物,最主要是要言之有理。

(3)让每个人描述一下,他所选择的动物性格,说出理由。比如说:"我像刺猬,看上去浑身长满刺,很难惹的样子,其实我很温驯。"

相关讨论:

(1)你所选的动物和别人所选的动物是不是有什么奇怪的地方?你所用的你所选动物的哪一部分性格,别人注意到了吗?

(2)当不同的动物性格的人碰到一起的时候,应该如何相处?

活动总结:

(1)每个人都有自己特定的思维模式,从而决定了他的行为模式,不同的思维模式的人碰到一起,总是不可避免地要面临冲突,当冲突出现的时候,也许正视问题,互相尊重才是更好的解决问题的方法。

(2)在合作和沟通的过程中,要认真地考虑自己和对方冲突的根源所在,根据彼此的特点进行调整;最终,尽管存在冲突,不同类型的人仍然可以在一定程度上互补,也可以做得很好;作为领导者的经理层人物应该善于观察和利用这一点,才能构成一个更好的团队。

案例分析 6-16

毕业生就业协议不是劳动合同

小程是某科技大学研究生。2013年4月,临近毕业的小程与某股份公司及学校签订就业协议书,并约定违约金为2万元。同年6月2日,小程被派遣到该股份公司在上海的子公司工作,后双方签订了为期3年的劳动合同。2014年11月9日,小程提出辞职。在上海子公司的要求下,他支付了2万元违约金。此后,小程将该股份公司和上海子公司告上法庭,认为就业协议是自己与该股份公司签订的,上海子公司无权按照该协议向他收取违约金,因此要求退还这笔违约金。

法庭上,该股份公司称,小程提前离职违反就业协议,理应支付违约金,上海子公司代母公司收取违约金并无不当,要求驳回小程的诉讼请求。

法院审理后认为:高校学生在签订劳动合同前,不需要缴纳社会保险、不纳入失业登记、不享受失业救济,因此不具有劳动法上劳动者的主体身份;毕业生就业协议书并非劳动合同,而是一般的民事协议,应适用民法通则而非劳动法。

法院认为就业协议的功能在于确保协议一方当事人按照协议到约定地点工作。本案中,小程毕业后,该股份公司将他派遣到上海子公司工作,因此小程与该股份公司之间的协议已履行完毕。此后该股份公司再要求小程依照协议支付违约金,缺乏依据。

【分析】

大学生要学会运用法律武器维护自己的合法权益,同时在毕业就业时也要根据要求签订正规的劳动合同。案例中的小程就是因为签有正式的劳动合同,在合法权益受到侵犯时能用来讨回公道。

 课后思考

1.对于毕业学生来说,档案主要有哪几种?档案的作用是什么?
2.毕业鉴定的内容是什么?对于毕业生而言,进行毕业鉴定时要注意哪些事项?

第七章　职业适应与发展

在年轻人的颈项上,没有什么东西能比事业心这颗灿烂的宝珠更迷人的了。

——哈菲兹

内容提要

学完本章后,你应当能够掌握如何从学生角色向职业角色的转变,能够详细了解客观的职业环境,并建立对工作环境客观合理的期待,最终学会如何适应并发展职业生涯。

第一节　环境变化与角色转换

案例引导

莓莓大学刚毕业,进入一家著名外企工作。外企薪酬高,但压力也很大,工作很辛苦,在刚开始的几个月中,她一直无法适应外企的工作方式。一次,在辛苦了一天将要下班的时候,领导突然交代了一项文字任务,要求莓莓必须在第二天下午三点前将任务完成。在这之前,莓莓已经连续加班了三个晚上,而且其中有两个晚上都熬了通宵,但是,她不能拒绝执行任务,只好硬着头皮答应下来。当天晚上,莓莓继续熬夜,但由于太累,不小心睡着了,工作基本没怎么做。第二天,公司又有其他事情,她一忙就忘记了领导交代的任务,结果,在下午三点领导过来拿交代她写的材料,她才想起来,只好不停地道歉,但是领导什么都不听,而是强调:"不用道歉,我要的是结果,不管什么原因,你没有完成任务,就是你的问题。"莓莓非常窘迫,只好保证在三个小时内一定将工作完成。

一、学生角色与职业角色的区别

大学四年一晃而过,完成学业后的大学生终须告别校园、走向社会,扮演职业角色,如何顺利完成角色转变、适应职场、胜任岗位,是每一位大学生都需要思考的问题。职业角色由角色权利、角色义务和角色规范三要素组成。职业角色与学生角色的区别主要表现在以下几个方面。

1. 角色权利不同

社会赋予角色的权利,就是角色履行义务时依法应有的支配权利和应享受的权益的总称,或是应取得的精神或物质报酬。学生角色的权利主要是依法接受教育,并取得经济生活的保障或资助,接受外界的给予,即接受和输入,主要是要求理解。而职业角色的主要权利是依法行使职权,开展工作,运用自己的知识和能力,向外界提供自己的劳动,即运用和输出,并在履行义务的同时取得报酬。大学生在学校里,学习和生活较为自主、自由,时间可弹性安排,课程和活动可随自我意愿选择是否参与,节假休息日也较长。而职业人在单位里,时间上要遵守考勤制度,工作任务得按时完成,不遵守劳动纪律的,轻者影响考核和工资待遇,重者会受到处分,甚至有解除劳动合同的风险,节假日较少,还得经常加班加点工作。

2. 角色义务不同

职业角色的角色义务就是角色的社会责任。学生角色的主要责任是接受教育、储备知识、锻炼能力。而职业角色责任则是以特定的身份去履行自己的职责,依靠自己的本领或技能去创造社会效益和经济效益,以实际行动来承担社会责任。学生角色责任的履行,关系到学生本人掌握知识和培养能力的程度;而职业角色责任的履行,不仅影响职业人本身,也影响到所在学校、单位和行业的声誉。同时,作为职业人,必须适应社会、服从领导和管理,适应上级的管理风格,在工作中犯了错误则必须承担相应的成本和风险的责任,并承担相应的社会责任。

3. 角色规范不同

角色规范,是对角色扮演者的行为规定,不同的社会角色,就会有不同的行为规范和准则,包含书面的和不成文、约定俗成的两种表现形式。大学生的规范主要反映在国家制定的《大学生日常行为准则》和学校制定的《大学生手册》之中,它们告诉学生怎样做人、如何发展等。职业角色对从业者行为模式的规范因为职业的差异而相应地非常具体,并且要求严格。大学生是受教育者,在违反角色规范时,主要还是以教育帮助为主。而职业人一旦违背职业规范,就必须承担相应的责任,甚至被追究法律责任。关于大学环境和工作环境的比较,美国佛罗里达大学的管理学教授丹尼尔·费尔德曼有一些详细的阐述(见表7-1)。

表7-1 大学环境与工作环境对比

大学环境	工作环境
1.弹性的时间安排	1.更固定的时间安排
2.能够逃课	2.不能旷工
3.更有规律,更个别的反馈	3.无规律和不经常的反馈
4.长假和自由的节假日休息时间	4.没有暑假,节假日休息时间很少
5.对问题有正确的答案	5.很少有问题的正确答案
6.教学大纲提供清晰的任务	6.任务模糊、不清晰
7.人数上的个人竞争	7.按团队业绩进行评估
8.工作循环周期较短;每学期十七周	8.持续数月或数年的更长时间的工作循环
9.奖励以客观性标准和优点为基础	9.奖励更多以主观标准和个人判断为基础

续表

你的教授	你的老板
1. 鼓励讨论	1. 通常对讨论不感兴趣
2. 规定完成任务的交付时间	2. 分派紧急的工作,交付周期很短
3. 期待公平	3. 有时很独断,并不总是公平
4. 知识导向	4. 结果(利益)导向
大学的学习过程	工作的学习过程
1. 抽象性、理论性的原则	1. 具体的问题解决和决策制定
2. 正规的、结构性的和象征性的学习	2. 以工作中发生的临时性事件和具体的生活为基础
3. 个人化的学习	3. 社会性、分享性学习

(资料来源:葛海燕,高桥.大学生就业指导[M].北京:清华大学出版社,2006.)

二、学生角色与职业角色的转换

学生角色与职业角色存在较大的差异,如何适应职场、顺利完成角色转换,是摆在每一个毕业生面前的现实问题。而实现学生角色到职业角色的转换,并非瞬间发生和完成的,它是一个过程,需要从以下几个方面进行坚持不懈的努力。

1. 确定合理的职业角色定位

确定职业角色定位是进行学生角色与职业角色转换的第一步,它建立在对职业角色正确理解的基础上,并需要通过自身的不断努力来实现。

1) 正确理解职业角色

所谓职业角色是指社会和职业规范对从事相应职业活动的人所形成的一种期望行为模式。有多少种职业就有多少种职业角色,每个社会成员都扮演一定的职业角色,如教师、经理、服务员等。职业角色的定位由职业的内在要求和外在期望决定。每一种职业都有其自身内在的要求,也是职业稳定性的具体表现,从事相应职业的人必然要求塑造成一定的角色。比如,教师的角色要求其因材施教,服务员的角色要求其热情周到等。职业者在做好内在角色定位后,在职业角色外在展示上,逐渐被社会赋予一定的角色期望。如人们为难之时期望警察出现和作为,认为法官应该刚正不阿、公正执法,等等。其实人们对职业角色的期望就是职业角色内在要求的外在表现。在当今的市场经济条件下,了解职业角色的相关知识,可以帮助我们正确认识自己的角色定位,扮演好自己的角色,履行好角色义务,更好地适应职业的发展。

2) 做好职业角色定位

社会是个大熔炉,与学校相比,在生活环境、文化氛围、人际关系等方面都有着很大的差异,难免使毕业生产生强烈的心理反差。在这个过程中,学生首先要调整自己的心态,一方面认真领会社会规则,另一方面要迅速地完成角色转变,清楚自身所处职场环境的特征和要求,认清自己在工作环境中的位置和所承担的工作角色,以及该角色的性质、职责范围和自己所承担的义务。在此基础上,细致地定位好自己的角色,明白角色要求,养成独立的生活、工作能力，锻炼一定的心理承受能力，尽快使自己进入特定的职场状态，努力在工作中塑造职业角色原型，以满足社会对职业角色的期望。如果迟迟进入不了角色，依然以自我为中心，或者不清楚自身所处职业的角色定位及要求，就会加大与新的社会角色的心理距离，造成对新环境与工作的严重不适应。

此外，尽管在大学期间，大学生被要求做好职业生涯规划，明确职业目标，但不少学生只是停留在理论的意识层面，缺少在实践中的可行性指导。毕业生走上工作岗位，成为一个社会的职业人，开始在实践中探索职业之路。这更需要毕业生在实践中不断全面认识自我，并通过反思和学习，将个人生活、事业与家庭联系起来，在客观的职业角色和工作中提升自我、发现机会，不断调整自己的职业定位，敢于实践，善于请教，把理论知识和实际工作有机结合起来，融入新环境、新群体，在工作中不断突破自我，实现职业的发展。

2. 培养良好的角色意识

不同的社会角色有着不同的行为规范和准则，要更好地遵守角色规范，履行角色义务，承担角色责任，就必须在确定合理的职业角色定位的基础上，有清晰的角色意识。

1）调整心态，尽快适应

职场和社会与学校相比，在生活环境、人际关系等方面都有了很大的变化，毕业生初入职场难免会有心理反差及不适应。有些毕业生踌躇满志，却不能领会职场规则，处处碰壁而倍感失落。因此大学生需要具备良好的心态和心理承受能力，保持谦虚好学的态度，从基层做起，不断锻炼，提高业务水平，尽快实现角色的转换。

2）增强角色意识，促进角色转换

毕业生进入新单位后，应认清自己在工作环境中所承担的工作角色，以及该角色的性质、职责范围，弄清楚工作关系中自己的职责和义务。毕业生苦读十余载，对学生角色的体验十分熟悉，学生的角色生活使大学生们养成了一种习惯的学习方式和生活方式。刚走上工作岗位，大学生常常会表现出对学生角色的依恋，自觉不自觉地将自己置于学生角色之中，以学生角色来要求自己和对待工作，以学生的思维方式来观察和分析事物，而这些与全新的职场环境和要求不相适应。

大学生应从意识和态度层面关注到角色的转换，尝试了解和适应新的观念、生活方式、思维模式及行为规范，认清自己所承担的工作角色，弄清楚工作关系中上级赋予自己的职权和自己承担的义务，从主观上主动适应角色的转换。

3. 顺利进入新角色

1）珍惜机会，留下良好的第一印象

毕业生走上工作岗位，留给别人的第一印象相当重要。给人留下良好的第一印象能使毕业生在较短时间内获得同事们的认同和领导的肯定。第一印象是指某种客观事物首次作用于人的感官，在人的头脑中产生的对事物整体的反映，包括事物的外观、行为特点、价值评判等。如果给人的第一印象不好，以后则很难转变。第一印象的作用表现在以下几个方面。

(1) 前摄作用，即先入为主。第一印象是在毫无意识基础的情况下获得的，在人的大脑中嵌入较深。

(2) 光环作用，亦称晕轮效应。在人们的交往中，突出一个人的某一特点，掩盖住这个人的其他特点和本质的作用,称光环作用。

(3)定势作用,也叫定势效应。第一印象如何,会对以后的心理活动形成一种准备状态或心理倾向,从而影响以后的心理活动。

影响第一印象的因素是多方面的,既同刺激客体的行为过程有关,又与反映主体本身的价值取向、知识经验以及需求程度等因素密不可分。留下良好的第一印象有以下几点值得注意:衣着整洁、仪表讲究、举止得体、虚心谨慎、守时守信、工作主动、严守秘密、待人真诚。多做实事和小事,尽快融入集体。许多初涉职场的大学毕业生常常抱怨"理想与现实有很大的差距",在单位里自己"吃的是杂粮,干的是杂活,做的是杂人"。其实,又有哪个初入职场的年轻人不是从端茶、倒水、买盒饭干起的呢?初入职场的毕业生不妨抱着多学一点、多做一点的心态,多从诸如打水、扫地、打字、复印这样的琐事做起,这样就容易和大家打成一片,融入新的环境中去。要建立为现实负责任的观念,少谈一些好高骛远的事情,这样会让周围的人觉得你踏实肯干。要放下架子,虚心向同事请教,他们会耐心释疑。多做实事和小事,少点高谈阔论,这样就会获得大家的认同。很多职场过来人认为,能把"小儿科"当回事并认真做好的人,肯定是敬业、有责任感的员工。对那些连不很起眼或者不很重要的工作都能一丝不苟努力完成的人,总是会有意外的机会。施展才华的机会和平台,往往在不经意间获取。"一屋不扫,何以扫天下"的意义正在于此。

初来乍到,毕业生需要尽快熟悉"圈子"里的人和事,多听、多看,用谦虚诚恳的态度向同事学习业务知识,主动与同事接触,积极参加单位组织的一些业余活动,或与同事在一块儿聊聊天,增进友谊,这样更有利于初入职场者融入集体。

2)正确面对职场挫折

在角色转换的过程中,难免会有不顺和挫折,或者是理想与现实的落差,或者是才能不能充分发挥,或者是人际关系紧张,或者是工作不被理解,等等,这些都是初入职场有可能会面临的问题,毕业生需要正确对待。也许上级并非你所想象的那么难处,也许变换一个思路,就会豁然开朗。初入职场,重要的是不断学习和领悟,不怨天尤人、自暴自弃,要"吃一堑,长一智",改变视角,在工作中不断总结应对挫折的方法,提升应对挫折的能力和职业能力,以顺利完成从学生角色到职业角色的转变。

3)乐业勤业,建立和谐的职业氛围

(1)安心做好本职工作是角色转换的基础。大学生要尽快融入工作环境,用饱满的热情和充沛的精力投入新的工作中,在安于工作、乐于工作中完成角色的转变。毕业生如果在刚进入工作岗位时心不在焉、眼高手低、贪大好功,甚至身在曹营心在汉,便不能顺利实现角色的转换。在进入职业角色时,毕业生要勤于工作,甘于吃苦,善于观察,勤于思考,在辛勤工作和刻苦钻研中不断提高业务水平,探索职业角色的内在要求和内涵。另外,要用虚心的态度向领导、同事们、前辈们学习,包括其专业精神、为人处世的方法、专业技能等。实践证明,一个人在学校学习的东西是有限的,更多的知识和能力需要在工作和实践中学习、积累。大学生只有放下架子,才能不断进步,尽快完成角色的转变。

(2)控制情绪,主动沟通。毕业生应意识到校园文化和职场文化的不同,学会控制自己的情绪,不要把喜怒哀乐全表现出来,更不能随便发脾气,影响工作。要懂得从实际情况出发去处理问题,不能生搬硬套理想化的模式。初入职场,不仅要善于学习,更要懂得与人积极沟通合作,建立和谐的人际关系和职业氛围,为职业生涯的发展奠定基础。刚入社会的职业人,一般要经历"新鲜兴奋—观察思考—协调发展"这样一个发展变化的过程。学会与不同的人相处,不要习惯性地像在学校里一样,以对待周围老师和同学的方式与同事、上司相处,不要试图去改变别人,而要试着适应不同的人,求同存异。正确地给自己定位,大学生不是天之骄子,而是与别人一样的工作者,从最基础的工作开始,老老实实做人,踏踏实实做事。

(3)愉悦他人,制造正能量。在职场中,不仅需要积极融入,更需要设想如何能让别人愉快地接受自己,让别人感觉愉悦,用自身的魅力来感染他人,营造充满正能量的工作氛围。真正的人格魅力来自内心,确切地说,来自内心对他人的态度,如果我们能使自己激励、感染、影响、愉悦身边的人,那将会达到超越职业化的境界。社会的发展需要的是"复合型人才",职业生涯的成功是对个体综合素质的考验,而这些能力和素质是需要不断在实践中获取的。要做到职业角色的顺利转换,毕业生需要使自己胜任工作、适应环境,不断提高人际交往的能力,塑造自身良好的人格魅力,主动建立新的社交圈子,心胸宽广,与人和谐友善相处,努力处理好与领导、同事之间的合作关系,以及与客户之间的业务关系,随时调整自己的知识结构与能力结构、思维方式和行为方式,增强团队合作意识。这样才能奋发有为,促进职业的顺利发展。

 **课堂活动**

你心目中的职场

活动目的:

通过活动,使学生明白自己的学习目标和方向,珍惜自己在学校的学习时光,学会自主学习和分析问题的能力。

材料准备:

笔记本、笔。

分四组,每组10人讨论"你心目中的职场"。讨论完后,小组成员在组内分享,每人分享完后,其他小组成员都给予掌声鼓励。

 案例分析 7-1

新人,搭建好你的职场框架

背景:

初入职场的新人,往往会以不同的姿态展示自己。小银和小雪两个人,学历、能力相当,进了同一个单位,在由学生角色向职业角色转换的过程中,两人本着不同的态度,采取了不同的路径和策略,当然也造就了不同的职业境况。

案例:

某职业技术学院去年进了两个新人——小银和小雪。两人的学历、能力相当,而个人的工作态度却大不一样。因为学校属于事业单位,很多人进来之后都想着自己端的也算是"铁饭碗"了,于是在工作方面都不是很积极,小银就是这些不积极人中的一分子。从进单位的那天开始,小银就向同事们宣称:在这样的单位,干和不干一个样,反正也不会下岗,工作上的事情就算再怎么努力也不会有多大起色,应该好好地享受生活。小银说这话的时候,或许是不想被人认为他是个只会工作不会玩乐的人,想和同事们套套近乎。但是,他的言辞却过于极端,大伙儿听了都不是个味儿。因为是新人,同事们对他也不好多说什么。可后来,这话传到了领导耳朵里,小银就因此被找去谈话了。领导和小银谈话的时候,从工作态度说到了职场规划,说得入情入理。可小银对此很不服气,他嘴上不说,心里却依然认为自己根本就没错,所以工作依旧不见起色。后来,见谈话没收到效果,领导对小银的谈话就渐渐由鼓励到劝解,最后变成了训斥。被训的次数多了,小银也自暴自弃,工作起来漏洞百出。结果就形成了一个恶性循环——越差越训,越训越差。虽然后来小银也曾试图补救,开始学着认真工作,但是他的工作还是不易得到认可,因为别人对他的印象已经形成,想要改变这种印象是很不容易的。另一个新人小雪则不一样。她对工作极为认真,每天都干劲十足,很多活儿都抢着做,待人接物这方面也做得很出色。比如,她每天都是很早就到了单位,然后开始打扫、整理办公室,等到其他同事到的时候,她都已经把这类事情做完了。而且她为人谦虚好学,对工作上的事情常常是不懂就问,积极上进。她常说自己是新人,所以比别人多做一点、多学一点是应该的,因为那对她的能力是一种很好的锻炼。结果可想而知,小雪在单位混得如鱼得水,人人夸奖。随着时间的推移,小雪已经由一个新人变成了单位的得力干将了。在去年的工作绩效考评中,两个新人一个遥遥领先,另一个则不幸垫底。虽然最终小银的考评结果也算合格,但是如果以后都是这样,那么小银前途堪忧。前几日,在开全体职工大会时,领导当众表扬了小雪,批评了小银,还把他们俩都当成了典型。如今,对于小银而言,是悔不当初。此后如果想有所发展的话,恐怕得付出比刚开始时更多的努力。而小雪,等待她的将会是一片美好的职场前景,因为她赢在了起点。

【分析】

关于从学生角色到职业角色的转换,我们可以从以上案例中得出如下启示。

(1)正确理解学生角色和职业角色的区别,清楚自己的职业角色定位。小银刚到单位,还沉浸在无忧无虑的学生角色中,不明白职业角色更多的是要看努力、看结果,因而便有了一个落后的开始;而小雪则能很快领会社会规则和职场规则,明白自己作为一个事业单位员工的职业角色,知道应从哪些方面提升自我、融入集体,因而便有了一个领先的开始。

(2)在角色转换的过程中,第一印象起着至关重要的作用,它为后期的职业角色的发展奠定了基础。初入职场给别人留下良好的第一印象,再加上后期的不断努力,一个新人在以后的职场中将会顺风顺水,甚至扶摇直上。

(3)职业角色的顺利转换有利于整个职业框架的搭建。在职场中,新人开始工作的时候正如建房子时搭的框架。框架搭得好,后面的工作就容易多了,但是如果框架搭得不好,那么后面的工作将会大受影响,弄不好只有返工重搭,而那样所付出的代价将会是先前的很多倍。所以,职场中的新人如果想要站稳脚跟,甚至还想此后能大展宏图的话,那么,开始时搭建的框架就一定要比别人更高、更好。

(4)从小事入手,尽快融入职场,营造良好的职业氛围。在这一方面,小银和小雪形成了强烈的反差,因此也造就了不同的结果。初入职场,要明白端茶、打印、倒水等琐事中也蕴含着职业技能提升的窍门和职业发展的关键。在处理这些琐事的过程中,一方面可以打造良好的人际关系,尽快融入集体;另一方面,可以从小事中不断体会企业文化和企业精神,学习更多的职业技能。

案例分析 7-2

职场新人小王的困惑

背景：

职场新人小王是毕业近半年的大学生，学的是新闻专业，经多方努力，进入一家国家级杂志社做编辑。小王很高兴，也很珍惜这份来之不易的工作，决心好好努力，争取有一番作为。但工作几个月后，她便发现自己与职场格格不入，甚至产生了辞职的念头。

案例：

小王大学毕业经过一番努力，进入一家国家级杂志社做编辑，专业对口，也符合她安静的性格。开始时，小王信心十足，热情高涨，但工作一段时间后，小王的情绪却一点点紧张和焦虑起来，出现了失眠和做噩梦的情况，甚至一度想辞职不干了。原来小王工作几个月来，对业务还不熟悉，领导给她分配的工作也很少，并且都是些别人不愿意写的东西，乏味又出不了彩的版面才会安排给她。小王更多的时候是帮别人修改稿子，无非就是改改错字，调调句式，毫无技术含量。而那些老编辑还总说小王改得不对，把他们的稿子改坏了，这令她非常气愤："给他们改稿子本来就不是我的职责，改不好，我还要挨骂。"而且直到现在，小王在办公室里都还只是个跑腿打杂的角色。"每个人都可以指使我，热午饭、买电话充值卡、拖地、擦桌子、给广告商送杂志……我简直成了他们的保姆。"小王说。更让小王觉得可气的是，工作稍微出错，领导便会毫不留情地斥责和讽刺挖苦她，无论谁发现她哪里做得不好了，都会批评一通，她感觉自己毫无尊严。慢慢地，小王就进入一种惶惶不可终日状态之中，她认为每天的工作都是一种折磨，领导、同事就是跟她过不去，总是找她的毛病，情绪上她也和领导、同事们处于对立状态，但又没有办法，只能自己不痛快，所以失眠、噩梦都找上了她。"我也想过辞职，但我们这些应届生在现在的形势下，没有关系是很难找到工作的。我该怎么办呢？"

【分析】

这是一个典型的职场新人适应的问题，大学毕业生初入职场，要完成从学生角色到职业角色的转变。在这个转变过程中，难免遭遇到尴尬和困惑，因此，要处理好以下几个方面的问题。

（1）适应从学生角色到职业角色的转变。不少人初入职场，"仿佛做了插班生"，不能融入工作团队，找不到工作归属感。如果同事态度不友好，领导不重视其发展，其精神上的压力就更大了。其实从学生角色到职业角色转变的核心是肩头要担担子，而担担子就意味着没有商量，不可推拒，只能面对，所以提前有了心理适应，遇到困难就会多一些承受。小王的情况就是这样，她希望自己能尽快地进入工作状态，但是同事们却把她当保姆和出气筒，领导也只给她安排一些琐碎的事情，在她看来根本得不到锻炼和成长。而如果小王能从琐碎的工作中担担子，承担责任和压力，一段时间后，她就会发现曾经横在面前的那条看似不可逾越的人际鸿沟已经在不知不觉中躲到了自己身后，而职业也真正开始发展起来。

(2)适应领导、团队的工作风格。不管在哪里工作,都会遇到不同的领导,领导不可能是同一个面孔,提前有心理准备,遇到自己不太适应的领导风格时,也能想明白领导不是针对我一个人。这样会减少自己钻牛角尖的机会,也不会对自己的身体造成伤害。同时应该明白,职场讲究团队合作,每个人都会面临融入团队的问题,提前在内心想好团队里面人与人是不同的,多理解别人,同事关系就会好,当你遇到困难的时候,就能得到帮助。

(3)学会做人,主动沟通。学会做人,首先要学会尊重别人。老同事遇到新手大多希望对方低调、谦虚、尊重自己,这是一种很普遍的心态。那么,新人不妨迎合他们的这种需要,尽可能地尊重他们。而且新人对业务一点都不熟悉,多尊重老同事、谦虚地向他们请教也非常有利于自己的成长。只要让对方感觉到自己的诚恳和求知心切,一般的人都会给一些指点和建议的。同时,要不断交流、主动沟通,主动寻找交流的机会,适当地向同事敞开心扉。如果把自己"裹"在壳里,别人说什么你都不感兴趣,也不愿意向别人透露你的信息,当然很难融入工作团队。如果发现关系比较紧张,像小王那样感觉到同事有意为难自己,交流和沟通就更有必要了。如果总是不说话,只在心里郁闷,除了影响自己的情绪外,没有任何积极的意义,如果同事总是拿自己撒气,你完全可以心平气和地让他指出你的不足之处。

(4)用成长的眼光看待职业适应。适应本身就是一段成长的过程。从学校出来,即使专业对口,也并不能立即胜任工作,每个人都需要在工作中得到历练和成长。提前在内心认清这种周期性,当工作不能立即有成绩时,要知道自己需要继续努力。

案例分析 7-3

你是老板想要的新人吗?

背景:

角色的转变无处不在,从我们打算进入职场开始,由学生角色到职业角色的转换就已经开始。面试官、领导、未来同事等从接触我们开始,就已经在用职场人士的标准来审视我们,其实投简历面试的过程,也是职业角色转换的过程。

案例:

作为一家杂志社的编辑部主任,每年我都会参加几场或大或小的招聘会招贤纳才。对优秀人才,我求贤若渴,但为了节约时间和精力,面对条件不符的求职者递送简历,我会快刀斩乱麻地直接说"No"。在一次招聘会上,面对求职者那青春稚嫩、激情渴望的眼神,我耐着性子向前来问询的人一一答疑。按说,我是不必亲赴现场招聘的,随便委派一个人过来狂收一大摞简历,回去后再一一遴选条件符合者过来面试便可万事大吉,但我想,既然是去招聘,就要对自己的单位负责,也要对那些投给你简历的求职者负责,没有哪家企业愿意打着招聘的大旗在烦躁吵嚷的招聘会上为了提升影响力,招摇撞骗。我之所以亲自去招聘人才,是因为在现场就可以对有意向的求职者来个暗中面试。若对方符合我们职位的要求,我便会以聊天的方式,同其交谈,通过粗略的观察,悄悄地给这位求职者打分,我将求职者的印象分分为10分到100分不同等级,包含职业素养、言谈举止、礼貌妆容等。交谈完毕,我会留下简历,并在简历背后注明印象不等的分数等级,以便在正式面试时作为参考。后来的事实证明,这些印象分往往是同他们的最终表现成正比的。一次,同时过来三位应聘者,两男一女,单从行为表现上判断,前面这对男女生分明是一对情侣。他们将简历递给我,女生开门见山地对我说:"你们招情侣吗?我们都是中文系毕业,你放心,我们绝对不会因为爱情影响工作。"我抬眼,望着女孩自信的眼神,有些被她的干练折服,于是笑着不紧不慢地说:"我们只看简历和个人能力。"那男生扯了扯女孩的衣角,羞赧地低下了头。我刚低头翻看他们的简历,女孩又继续发问:"那你们单位一个月能给多少薪水?有五险一金吧?是不是双休?提供住宿吗?"我说我们会公平对待每一位员工,也会给能力强的人提供较好的施展才华的平台。女孩低声对男孩说:"那就好,只是在这样一个城市,月薪要是低于3000元,是没法生存的,如果没有双休,我会受不了!"我抬头看看这位化着淡淡的烟熏妆的女孩,悄悄地将刚刚在她简历背后写下的"70分"顺手划掉。女孩的言外之意,分明是说如果她到我们单位,月薪至少不能低于3000元,除五险一金外,还要保证她的双休,否则,即便她勉强进来,也会"骑驴找马",将我们杂志社作为谋取高薪的跳板,而且,自始至终,她都没说如果加入我们的团队,她能给团队带来什么、会如何做,等等,更没有表现出想加入我们团队的渴望。这样的求职者,让我心存几分疑虑。作为一名求职者,薪资待遇事关个人切身利益,询问也是必要的,作为招聘方完全可以理解,但在招聘单位还没有正式决定录用你之前,这样的询问,还是点到为止较为合适。在老板还不知道你真实能力的前提下,不要提太多要求,你首先要做的,是知道如何迈进这个门槛,然后在实习期内尽情施展才华,为单位创造效益,以实际行动让人对你钦佩,那时候即便你不提,领导也自会给你合适的待遇,因为聪明的领导不会亏待每一位优秀的员工。这对情侣后面站着的另一位等待递送简历的男生一直微笑着,他在心直口快的女生后面,一直插不上话。待我皱着眉头回答完女生的盘问后,他们才欣然离去。"面试"了那么多人,我开始有点烦躁,喝了一口水,单刀直入地问这位等待已久的男生:"你希望一个月给你多少薪水?"那男生轻轻对我说:"老师,我现在只是希望您能给我一次施展才华的机会,我相信自己的能力会被您认可的。我喜欢媒体工作,我热爱文字!"我仔细翻阅他的简历,果不其然,读书期间,他曾先后在都市报实习过,并参与报道过两次大的暗访活动,还在全国各大媒体上发表过很多不同题材的文章。我轻声问他:"对待遇真的没有什么要求吗?"他微笑着说:"我相信领导们都是明智的,如果能够录用我,领导们定会根据我的工作能力给我一份合适的薪资的。"我被该男生的回答惊呆了,抬头见他衣着得体,素雅大方,眉目俊朗,于是笑说:"你回去等电话通知面试吧。"男生欣喜地回答道:"谢谢,我等您的好消息!再见,老师。"看着男生渐去的背影,我突然发觉,刚才离开的那对情侣,还没有和我说再见就已消失得无影无踪。我拿起笔,悄悄地在这位男生的简历背后,写下了"90分"的字样。后来,我们也通知那对情侣来正式面试了,但通过几番考量,我们最终选择了那位谦逊的男生。女生离开前对她男友愤愤地说:"从简历上来看,我们并不逊于那个男生,他们为什么不录用我们?他们究竟要招什么样的人?"听到女孩的质问,我由衷地感觉我们的选择是对的。一个连没被录用的小挫折都承受不了的新人,将来在工作中还怎么能够承受更大的挫折和压力?怎么面对激烈的职场竞争?怎么与领导、同事和谐相处?我们招聘的新人,条件非常简单,就是具备职场素养、适应本职工作、品行兼优的人。这个新人,不会自始至终都将个人利益放在首位,不会一直想着单位会给自己提供什么,而是通过自己的努力,用实际行动赢得领导和同事的青睐,以获得与自己的付出成正比的回报。

【分析】

从这个简短的招聘过程中,我们可以看出在从学生角色到职业角色转换的过程中,还需要注意以下几点。

(1)尽早树立角色转换的意识。从学生角色到职业角色的转变不是一朝一夕的事情,需要在不断努力和积累中完成。而要顺利完成这一转变,不能等到进入职场之后才考虑,要在准备进入职场之前就入手,储备相关知识,并用职场人士的标准来塑造自己。

(2)深刻理解职业角色与学生角色的不同。在职业角色中,我们首先需要不断付出,而不能首先想到回报。我们要通过自己的努力付出来赢得相应的回报。这对情侣尽管也很优秀,但还没进入职场就只关注回报,显然从一开始就没能取得用人单位的好感。

(3)正确看待角色转换中的一些挫折。该女生由于没能被录用而发出的一系列质问,反映出她还没有从这次挫折中吸取教训、总结经验,因而也引发了用人单位对其挫折承受能力的怀疑。在职业转换过程中,要"吃一堑,长一智",为下一次的成功积累经验。

(4)从小事入手,善于沟通,树立乐业勤业的意识。其实从整个招聘会现场的两组人的对比来看,那个男生相对于那对情侣更胜一筹的地方在于,他重视小事且善于沟通。谈吐、仪表乃至一些小事的交流,尽显该男生细微之处的沟通能力,这为职业角色的转换提供了坚实的后盾。

课后思考

1. 学生角色与职业角色有什么区别?
2. 大学毕业生如何才能顺利进入新角色?

延伸阅读

适应环境、转变角色、努力做好本职工作

无论是刚参加工作的青年职工,还是已经在具体岗位上工作的人员,都可能面临一个共同的问题:所从事的岗位与本人所学专业不对口,或者并不是自己所喜欢的岗位。如何解决好这个矛盾,主动调整个人的心态,在本职岗位上更好地进行工作呢?

结合我的工作和体会,我个人认为首先需要有干一行爱一行的敬业精神。现实生活中,社会分工是客观存在的,每个岗位都需要具体的人员去工作。只有热爱本职工作,才可能在工作中积极主动学习,认真总结经验教训,不断改进工作方法和工作思路,在思想上才能够变被动为主动,适应新的工作环境,从而更好地完成本职工作。我是2000年大学毕业同年分配到市质检所工作。在质检所5年的工作中,我更换了5个不同的岗位,食品室、化工室、精密仪器室、办公室、建材监督科,在每个岗位的变换过程中,我都经历了不同的思想体验。从自己大学学习的专业来看,从事检验工作是自己的专业,并且在从事检验工作的过程中,自己主动开拓了食品及化工的多个检验检测新领域。在精密仪器室的工作中,在没有一个

检验设备和检验项目的情况下,通过调研市场、考察设备、调试安装、配制标准试剂、反复实验等过程,不断完善了所里的微量及痕量检测手段,2002年精密仪器室所有检验项目顺利通过了省局计量认证和审查验收,德州市无公害农副产品检测中心也在精密仪器室的基础上正式揭牌成立,我自身也得到了锻炼和提高,担任了食品化工室的副主任,并被评为青年岗位能手。这些工作对于我自己来说基本上是一直在延续我大学的专业,让我在实践中积累了很多的专业技能和经验。但是,社会分工是客观存在的,面临环境的改变,最好的办法就是改变自己去适应新的环境,迎接新的挑战。2004年,我从食品化工检验室调到办公室担任副主任,在大学学习和工作后从事检验工作的时间里,已经习惯了和试剂仪器设备打交道。而办公室的工作又是琐碎复杂的,需要和各种各样的人交往。面临工作环境的巨大改变,我也曾彷徨过,为什么要放弃自己已经熟悉的专业而去做一项自己很陌生的工作,但是作为单位的一员,要按照领导的总体要求,到组织需要的地方去,主动去干好每一项工作。因此,我没有因为自己专业的不对口而为自己开脱,也没有怨天尤人,萎靡不振,而是认识到只有主动改变自己去适应现在的工作,自身才能得到更大的提高,只有怀着一颗敬业的心,才会把工作干实干好。我利用业余时间学习各种写作的技巧,坚持不断地练习,积累写作经验,经过无数个挑灯夜读,从开始被领导撕碎的材料,到起草所内的各类讲话和文件。在工作中用心体会,摸索学习,多看多听,注意领导的一言一行和为人处事的办法,对照自己所面对的问题,把各项事情想细想全,并且做在前面。从一味地按照客观检验数据说话,到上下协调组织各项大型的活动,经过努力,我连续两年被评为市局宣传工作先进个人,在全省食品实验室的验收现场会和全市名优产品展览会组织中受到了领导的肯定和好评。在工作中,我也慢慢开始熟悉并且喜欢上了办公室的工作。说实话,现在回想起来,放弃检验检测的各项技术本领,确实感觉有点遗憾,但是我并不后悔,因为我在新的岗位上锻炼了自己,在新的环境中实现了自己的价值。

其次,要做到爱一行精一行,真正地干好本职工作并取得成绩,仅仅靠敬业是不够的,换一个角度考虑问题,每一项工作,都有各自的特点,只有认真去工作,才会发现其中具有吸引力的地方,只有把本职工作干好了,个人能力才能得到大家的认可。2005年,根据所里的要求,刚刚适应了办公室各项工作的我,被调到建材监督科负责监督抽样工作,同样面临环境的改变和角色的转变,从一个后勤管理人员直接到了工作的一线,如何让自己的科室完成各项工作任务,如何协调各企业的社会关系,成了我新的课题。业务工作的特点和后勤科室有很大的不同,需要直接和企业的负责人打交道,被拒之门外是常有的事情,只有认真细致地做他们的思想工作,才能把工作做下去。我和同志们一起下企业到基层,经常在县里一待就是半个月,困了累了就在车上休息,当时,所里有人开玩笑说,自己是从一个舞文弄墨的笔杆子,成了扛砖钻窑的工人。记得有一次在齐河的预制板厂,企业负责人不理解我们的工作,以没有工人为由拒绝进行试压实验,为了开展工作,我和同志们决定自己动手搬运砖头进行水泥板的试压现场检验,在37度的高温下,整整搬了一下午,终于赢得了企业负责人的理解和认可。经过我和同志们的努力,建材科顺利完成了全年的工作任务,并且在工作中,我接触到了社会不同的层面,增强了自己的社会阅历和处理问题的能力,在工作的一线体会到了质监工作的艰辛,这些是坐到办公室里无法体会得到的。

经历得越多,经验越能得到积累,各项能力也越能得到提升。在市局领导的信任下,

2005年年底,我有幸被调到市局办公室工作,新的环境同样带给我新的挑战,只有从以前的工作模式中跳出来,放下原有的工作成绩,以一个新人的态度从头做起,保持爱岗敬业的心态才能做好各项工作。虽然自己以前从事过办公室的工作,但是机关办公室又和所里不同,需要更加严谨认真的态度,刚到办公室不久,一次因为没有做好电话通知记录,导致了一位领导同志没能按时参加会议,这件事让我更加认识到了办公室工作无小事,需要踏踏实实、认认真真地做好每件事情。通过在机关的工作,在不断学习和提高的同时,我也发现了自己的缺点和不足:一是政治理论基础不够扎实;二是对待工作的细心和耐心程度还有待进一步加强;三是做事容易冲动,有工作的热情但多方面思考问题的能力还不够。

在今后的工作中,办公室作为局机关的重要部门,我更要严格要求自己,努力做到三个方面。一是做到政治上坚定。作为在领导身边工作的办公室人员,政治素质的高低,是鉴定一个办公室人员是否合格的重要标志。因此要发挥好参谋助手的作用,搞好决策服务,保持清醒的政治头脑。二是做到业务上精通。办公室工作是一项全局性、业务性很强的工作,工作人员不仅要有良好的政治思想素质,还要有搞好本职工作的过硬本领,多接触领导,学习领导的工作方法、工作作风,在潜移默化中提高观察、思考和解决问题的能力,成为本职工作的行家里手。三是做到作风上过硬。办公室工作任务繁重、庞杂,经常加班加点,几乎没有节假日,不分上下班,因此,要树立起求真务实、顽强拼搏、埋头苦干的工作作风。

今天通过我自己的工作经历,和大家谈了我工作以来的一点体会和看法,不当之处请大家批评指正。如何适应环境转变角色做好每项工作,对于我们在座的每一位青年来说,都是十分重要的,让我们以年轻人应有的蓬勃的朝气,青春的活力,面对所从事的每项工作,在实践中不断学习、不断进步,在平凡的工作岗位上,努力工作,贡献自己的青春和力量。

第二节 大学生职业生活适应

案例引导

有个鲁国人擅长编草鞋,他的妻子擅长织白绢。他想迁到越国去。友人对他说:"你到越国去,一定会贫穷的。草鞋,是用来穿着走路的,但越国人习惯于赤足走路;白绢,是用来做帽子的,但越国人习惯于披头散发。凭着你的长处,到用不到你的地方去,这样,你还能靠什么赚钱生活呢?"这个故事告诉人们:一个人要发挥其专长,就必须适合社会环境需要。如果脱离社会环境的需要,其专长也就失去了价值。因此,我们要根据社会的需要,决定自己的行动,更好地去发挥自己的专长。

一、初入职场主要面临的问题

"人民网——麦可思 2010 届大学毕业生'职场新人'跟踪调查"的结果,98%的被调查者遭遇过职场问题。职场新人主要面临的三大问题为:个人发展空间小,找不到发展方向(30%);经济压力太大(21%);工作压力、强度太大(14%)。

对2009届大学毕业生"职场新人"的调查结果显示,97%的被调查者遭遇过职场问题。其面临的三大问题为:个人发展空间小,找不到发展方向(27%);经济压力太大(19%);现在掌握的知识、能力不能满足工作需要(18%)。三大问题影响到毕业生的工作忠诚度,存在"经济压力太大"问题者离职比例最高。职场新人感觉"工作压力、强度太大",很大程度上来源于其"掌握的知识、能力不能满足工作需要"。归纳起来,初入职场的大学毕业生主要面临着以下三个方面的职场问题。

1. 职业发展方向模糊

很多大学毕业生带着满腔的热情投入全新的工作,但当其真正进入职业角色后,又感觉现实的工作与理想的职业相差甚远,因此产生职业困惑,乃至离职或者频繁跳槽。发生以上现象的原因:一方面是职场新人自身职业目标模糊,缺乏长远的职业规划,而一旦个人确定了长远的职业发展方向,便能在择业乃至平凡的工作岗位上寻找到自身职业发展的突破点;另一方面是缺乏相应的职业角色意识和职业角色转换的能力。例如,小周是一名广告业务员,大学学广告专业,虽然在本行业摸爬滚打只有一年多的时间,但她已经先后在三家广告公司工作过。她的第一份工作是广告设计。一段时间后,老板让她改做业务。她觉得做业务既累又不挣钱,之后她跳到另一家公司,这家公司的老板不太信任新人,对她的工作非常不支持,她根本没有机会单独完成一个广告创意。初入职场非常不顺心的她,现在又开始寻找下一个工作单位,准备再次跳槽。如果小周有明确的职业生涯目标,那么做业务和领导对新人的不支持,都不能成为其职业发展的障碍;相反,做业务能够得到第一线的客户资源和体验,有利于广告策划及创意,而博取信任也是可以通过自身的努力实现的。

2. 存在一定的经济压力

根据"人民网——麦可思2010届大学毕业生'职场新人'跟踪调查",被调查者中,因"经济压力太大"而离职的比例较之往年的调查结果在提高。毕业生希望离职后找到更称心的工作,通过不断跳槽促使雇主加薪来增加收入。同时,调查也显示,收入层次越低的群体,越容易为"经济压力太大"所困扰。其实,受"经济压力太大"困扰的群体并非因为收入层次低,而是由其消费习惯造成的:这部分群体的收入虽然相对少,但他们的支出却比其他人多。初入职场,毕业生处于基层工作岗位,待遇处于起步阶段,而同时开销增大,房租、职业形象塑造、人际交往增多的需要等都是毕业生不可缺少的开支,物价的不断上涨等,都客观上造成了初入职场毕业生的经济压力。这是毕业生初入职场的必经阶段,应合理对待。初入职场的毕业生应该对消费支出合理预算,调整消费结构,改变消费习惯,并不断在职场上积累经验、锻炼能力,通过职位和阅历的提升来逐渐改善经济条件。

3. 职业技能亟待提高

大多数毕业生在校期间缺少应有的实践经验,学的理论知识多,而实际动手能力弱。这一方面是因为大学校园的教育模式强调学生理论知识的掌握、共性发展,忽略学生个性的养成以及学生职业能力的培养。另一方面,学生自己缺乏职业目标领域的技能学习和实践经历,导致在职场上不能更好地适应用人单位的需求。

二、了解工作环境

适应工作岗位大学生顺利完成由学生角色向职业角色的转变,解决初入职场面临的种种问题和困惑,需要在不断深入了解工作环境的基础上提升自我,以逐渐适应岗位的需要。

1. 主动了解工作环境

工作世界是我们生存和提升价值的平台,初入职场的毕业生在此展示自己的才华,实现自身价值,而其前提是对工作环境有充分的了解。不断融入工作环境,才谈得上创造价值。

1)了解行业及行业发展趋势

初入职场,非常有必要对自己所处的行业进行细致的了解和分析,包括所属行业的发展状况、发展趋势、行业规则及行业管理措施。比如,从事金融行业,需要了解该行业的特点和规范,了解国内外的发展状况及相关政策。从事美容美发行业,需要了解该行业国内及本地区的发展状况、国际国内流行趋势和先进美容技术、行业规范和管理制度等。从事服装业,需要了解服装行业的发展趋势、流行色和流行款式、服装技术发展潮流等。家有家法,行有行规,进入一个新行当,应充分了解和掌握该行业的信息,这样才有助于尽快实现从门外汉到内行的转变。

2)熟悉企业内外部环境

刚到新单位,需要细致了解企业的历史和现状、文化精神和核心价值理念等。对公司章程、工作纪律、服务规则、奖励办法、人事薪酬等规章制度也要深入了解,这样,毕业生就能更好地规范自己的职业行为,哪些该做、哪些不该做、哪些必须遵守,做到心中有数。

3)熟悉岗位职责

充分了解工作职责和工作内容,是初入职场的重要一课。同时,需要了解单位的工作评价机制。工作评价的标准分正式和非正式两种。正式标准一般是可衡量的,它的形式如产量或生产率、销售的增加额以及利润等,往往数量目标和质量目标并重;非正式标准较难描述,它一般由上司来决定,主要有工作态度、穿着方式、与工作团队的和谐程度等。

2. 爱岗敬业,提高业务能力 爱岗敬业是走上工作岗位的基础

初入职场的毕业生应尽快全身心投入工作岗位,用积极的态度面对工作。许多毕业生本来一腔热血、满怀理想地投入工作中,但在实际工作中一遇到困难,如复杂的人际关系、独断的领导、陈旧的设备、落后的管理方式等,便会动摇自己的理想,产生消极抱怨的态度,或者三心二意,不安心做本职工作,这是职场大忌。在职场中,只有经过对复杂的社会环境、社会文化和社会规范的观察、认知、模仿、认同、内化等一系列的学习和实践过程,才能不断地适应职场和提升自己。比如,小王毕业后要进入一家私企,规划5年后要进入世界五百强企业,为此,他希望积累管理经验,而公司想在销售方面培养他,并对他进行了相关的培训。小王认为这与自己的职业目标相违背,便集中精力朝自己的个人目标努力,对公司交代给自己的任务也不上心,久而久之,领导不再信任他。阅历不深的他还曾把自己的职业目标公开告诉同事们,领导知道后,认为他迟早要离开,便不再交给他一些核心的工作,培训和晋升的机会也没有了,而小王离他个人的目标也越来越远了。毕业生需要在爱岗敬业的基础上,放下架子,向有经验的领导、同事们虚心学习,细心观察他们分析问题、解决问题的方法,勤于思考,结合自身所学努力解决现实的问题,勇于承担责任,在工作和实践中学习、锻炼,不断提升业务能力。

三、适应职业

毕业生要克服初入职场的种种困难,不断适应职场,并以长远的眼光和策略来发展职业,以实现自身职业的成功。关注未来职业发展,需了解职业发展的特点,建立和谐的人际关系,提升职业素养,以克服职业倦怠,促进自身职业的合理发展,实现自身的职业成功。

1. 职业发展阶段

职业生涯是一个长期的发展过程,在不同的人生阶段,有着不同的职业需求和人生追求,因此,一些职业生涯专家提出了职业发展阶段理论,其中最常见的、应用最广泛的是舒伯的生涯发展阶段理论。1953年,他根据自己生涯发展形态研究的结果,参照前人的研究,将生涯发展阶段划分为成长、探索、建立、维持与衰退五个阶段,具体如下。

1) 成长阶段(0—14岁)

成长阶段属于认知阶段。在这个阶段,儿童开始发展自我概念,学会以各种不同的方式来表达自己的需要,且经过对现实世界不断地尝试,调整自己的角色。这个阶段的任务是:发展自我形象,发展对工作世界的正确态度,并了解工作的意义。这一阶段包括以下三个时期:

一是幻想期(4—10岁):以"需要"为主要考虑因素,在这个时期,幻想中的角色扮演很重要。

二是兴趣期(11—12岁):以"喜好"为主要考虑因素,喜好是个体抱负与活动的主要决定因素。

三是能力期(13—14岁):以"能力"为主要考虑因素,能力逐渐具有重要作用。

2) 探索阶段(14—25岁)

探索阶段属于学习打基础的阶段。该阶段的青少年,通过学校的活动、社团休闲活动、打零工等机会,对自我能力及角色、职业做了一番探索,因此选择职业时有较大弹性。这个阶段发展的任务是:使职业偏好逐渐具体化、特定化,并实现职业偏好。这个阶段也分为以下三个时期:

一是试探期(15—17岁):考虑需要、兴趣、能力及机会,做暂时的决定,并在幻想、讨论、课业及工作中加以尝试。

二是过渡期(18—21岁):进入就业市场或专业训练,更重视现实,并力图实现自我观念,将一般性的选择转变为特定的选择。

三是试验承诺期(22—24岁):生涯初步确定并试验其成为长期职业生活的可能性,若不适合则可能再经历上述各时期以确定方向。

3) 建立阶段(25—44岁)

建立阶段属于选择安置阶段。经过上一阶段的尝试,不合适者会谋求变迁或做其他探索,因此该阶段较能确定在整个职业生涯中适合自己的职位,并在31岁至40岁开始考虑如何保住该职位并固定下来。这个阶段发展的任务是统筹、稳固并求上进。这个阶段包括以下两个时期：

一是尝试期(25—30岁)：个体寻求安定，也可能因生活或工作上若干变动而尚未感到满意。

二是稳定期(31—44岁)：个体致力于工作上的稳定，大部分人处于最具创意的时期，由于资深往往业绩优良。

4) 维持阶段(45—65岁)

维持阶段属于升迁和专精阶段。个人仍希望继续维持属于自身的工作职位，同时会面对新员工的挑战。这一阶段发展的任务是维持既有成就与地位。

5) 衰退阶段(65岁以上)

由于生理及心理机能日渐衰退，个体不得不面对现实，从积极参与走向隐退。这一阶段，个体往往注重发展新的角色，寻求不同方式以替代和满足需求。

2. 建立和谐的人际关系

人际关系是人与人之间心理上的关系和距离，是以一定的群体为背景，在互相交往的基础上，经过认识的调节、感情的体验、行为的交往等手段而形成的，是人们长期交往的结果。美国哈佛大学就业指导小组对几千名被解雇的职员进行了综合调查，结果发现：在这些被解雇的职员中，人际关系不好的比不称职的人高出2倍多；每年调动人员中，因人际关系不好而无法施展其所长的占90%以上。美国《幸福》杂志所属的名人研究会对美国500位年薪50万美元以上的企业高级管理人员和300名政界人士所做的调查表明：93%的人认为人际关系畅通是事业成功的最关键因素。可见，人际关系与事业成败息息相关。毕业生进入工作岗位，首先面临的是工作环境的适应。除了适应业务工作和技术要求外，不可忽视的就是人际关系问题。毕业生建立良好人际关系可从以下几个方面入手。

1) 端正态度，胜任本职工作

"态度决定一切"，与你的经验、才智相比，最先让与你共事的人对你产生好或坏的印象的是你的工作态度。你是否热爱本职工作，你是否工作认真，你是否兢兢业业，你是否吃苦耐劳，是别人观察你的重点。你的工作态度将决定你的人生态度。因此，一个不热爱本职工作的人，绝对不会给别人留下好的印象。毕业生胜任本职工作，做出工作业绩，是赢得同事赞誉和领导信任的基本条件，更是建立和谐人际关系的基本前提。此外，毕业生在职业岗位上要谦虚谨慎，不能自视学历高、文化水平高而看不起别人，尤其是看不起基层一线人员，放不下架子，进而不愿从基层踏实做起，不向实践学习，结果反而被别人看不起。这样相互轻视，互不相容，必然会导致人际关系的紧张和不和谐。

2) 主动积极，拓展社交圈子

大学毕业生从校园进入工作单位后，往往有一个孤独期。昔日好友各奔东西，原有的人际关系圈被打破，面对陌生的环境，大学毕业生要寻找一种新的归属感。环境对新来者或多或少会存在排斥感，尤其是单位里的老同事，如果新来者不积极主动接触老同事，就很难融入新环境。性格开朗者会很快调整适应新环境，而性格内向者就需要大胆突破性格束缚，主动伸出友谊之手，主动表示你的友好态度，积极拓展自己新的社交圈。因此，要想让别人喜欢你，首先你要喜欢别人。

3) 尊重领导,服从单位安排

在上学以后的 10 多年时间里,除家庭关系以外,大学生大都是与同龄人接触较多,比如好同学、好朋友、邻居的好伙伴等,相处过程中一般比较随意。走上工作岗位之后,与上司的关系是被领导与领导的关系,是下级服从上级的关系,这种关系与师生间的关系不同,它具有既共担责任又各负其责,既顾全整体又注重本职的特点,而且,与领导的关系往往对人的处境、经济利益和晋升带来一定的影响。因此,到了工作岗位以后,大学毕业生应学会处理好与上司之间的关系,尊重领导,服从单位安排。如果在国家机关、事业单位、企业等单位工作,你作为下级,应该服从上级,首先做到尊重领导。一般担任领导职务的人,应该都具有领导的人格和风度,他们担负着上一级领导赋予他们的责任。因此,服从单位的工作安排,遵照领导布置的任务进行工作,是我们的职责。除特殊情况外,都应该无条件地服从上级领导对工作的分配。个人如果有意见,可以正面向领导提出,经过领导研究后,要愉快地接受任务。特别要注意防止在领导布置工作时,无理拒绝、顶撞或发生口角,要学会通过正常渠道和正确方式反映个人的意见。

4) 尊重同事,营造良好的工作氛围

作为职场新人,处理好与周围同事之间的关系,不仅有利于提高业务技能,也有利于职业适应,尽快融入集体。处理好同事之间的关系,可从以下几点开始。

(1) 学会尊重同事,以诚待人,多虚心向同事请教。初涉职场,从零开始,所有人都是你的老师,不论其职务尊卑、收入多少、年龄大小和文化高低,你都要尊重他们的人格、情感和劳动,虚心请教,才能赢得他们的尊重。

(2) 全身心投入工作中,多从细节入手,坚信"一屋不扫,何以扫天下",在工作中赢取同事的信任。

(3) 关心同事,了解其困难,并给予力所能及的帮助。一个人每前进一步,都离不开别人的支持与帮助,在同事有困难时应当热情帮助,不能袖手旁观,更不能幸灾乐祸、损人利己。患难见真情,只有热情帮助他人的人才能得到别人的帮助,才能得到别人的认可和赞扬。

(4) 平等待人,不在背后议论同事的长短和隐私。不以貌取人、待人,不要把同事分成三六九等,也不能领导至上、群众至下,更不能有用则交、无用远离。

3. 提升职业素养

职业素养是指职业内在的规范和要求,是在职业中表现出来的综合品质,包含职业道德、职业意识、职业形象、职业技能等方面。毕业生要完成从学校到社会的角色转变,将职业素养体现为态度和行为习惯,不是一日之功,不会一帆风顺、一蹴而就,需要一个积累和准备的过程。多项调查和研究表明,大学生的职业适应和角色转化期大概需要 3 年的时间。常常有人告诫毕业生:你毕业后的一两年,也许是你一生中最痛苦,变化最大,对人生的认识、体会和感悟最多的时期。那么,如何才能提升大学生的职业素养呢?

1) 培养职业道德

职业道德是指从事一定正当职业的人在特定的工作和劳动岗位上进行职业活动时,从思想到行为都应当遵循的道德规范。美国著名的《哈佛商业评论》评出了职业人应该遵循的 9 条职业道德:诚实、正直、守信、忠诚、公平、关心他人、尊重他人、追求卓越、承担责任。爱岗敬业、诚实守信、办事公道、服务群众、奉献社会也一直是我国各行业职业道德的共同规范。不同历史时期和历史年代,同样的行业其职业道德也存在差异,而行业的差异,对行业行为要求和规范不一,也形成了差异性的职业道德。比如,教师的首要职业道德是"为人师表、严谨治学",法官的首要职业道德是"刚正不阿,公正严明",军人的首要职业道德是"服从命令,听党指挥"。

2) 增强职业意识

职业意识是职业人在特定的社会条件和职业环境影响下,在教育培养和职业岗位任职实践中形成的某种与所从事的职业有关的思想和观念。它反映了一个人对职业的根本看法和态度,是职业认知和职业行为的统称。职业意识包含了职业认知、职业情感、职业意志、职业行为等方面,它集中地表现为一种爱岗敬业的精神。职业意识的培养和提升有利于提升劳动者的职业素质,激发其良好的职业态度和创造热情,从而实现劳动者的职业价值和人生价值。

3) 形成良好的职业形象

职业形象是社会公众对职业人的感受和评价,职业人从事职业活动时的形象就是职业形象。一个人的职业形象是公众对其着装、言谈、举止、能力、气质、职业精神、性格等外在形象和内在涵养的综合印象。良好的职业形象具有下列特征。

(1) 良好的职业机制。职业的运行机制主要包括职业的性质和社会地位、职业的体制和运营方式、职业道德规范和行为准则以及从业人员的选择与培养等。

(2) 职业人的外在美。在没有详细了解的前提下,从业者的外在形象如服饰、发型、语言、举止等,往往给人一种很深的印象,外在美是塑造良好职业形象的先决条件。

(3) 职业人的内在美。与外在美相比,内在美的境界更高,更能够持久树立良好的职业形象。和蔼的态度、谦逊的作风和诚信的为人都是内在美的主要表现。

4) 提高职业技能

职业技能是各企业对求职者重点考查的内容,是企业在用工过程中最关心的内容之一。毕业生可结合自身特点在知识、能力、素质等方面学习和提高,充分发挥自我潜能,培养创新思维、创新意识和能力,以增强社会竞争力。

毕业生需要在实践中正确认识自我,提高实践能力。人的一生中,要从事各种各样的社会交往生活和社会生产活动,必须具备多种能力。如果我们对某项职业感兴趣,但缺乏从事这种职业的能力,那么将来即使做这方面的工作,完成工作任务也是一件困难的事情,达到优秀绩效的可能性就更小。例如一位学习广告设计专业的大学生,对广告比较感兴趣,也进入了一家广告公司,但他缺乏设计的创新能力。虽然他的计算机应用能力较强,专业的理论知识也学习得不错,工作也很努力,但他总是设计不出有创意的作品,得不到领导和同事的认可。因此说,科学的职业生涯规划需要对自我的职业能力进行测试和分析,并做出恰当的评价,这样就可以结合自己的职业兴趣,选择适合自己的职业岗位,并在选定的职业中充分施展自己的才华。

职业能力虽然会受到先天遗传、学校教育的固有影响,但职业能力不是一成不变的,会在实践的基础上得到发展和提高,大学期间的学习以及将来长期从事某一专业劳动,能促使人的职业能力向高度专业化方向发展。例如:计算机文字录入人员,随着工作的熟练和经验的积累,手眼协调能力会越来越强,录入的速度会越来越快,准确性会越来越高。因此,必须向大学生说明,大学的教育培训、知识积累就是促进职业能力提高的最有效途径之一。在校期间学到的知识是职业能力形成的理论基础,学到的技能是职业能力形成的实践基础,在校期间的人际交往、团队协作、环境适应也都会对以后更好地胜任工作有极大的帮助。同时,大学生还必须明白,职业能力的培养是一个终身学习的过程,即便毕业以后,也要时刻"充电",保持高昂的学习激情,这样才能在激烈的社会竞争中立足并取得成功。

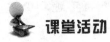

讨论:企业喜欢什么样的员工

活动目的:

通过活动,使学生明白自己的学习目标和方向,珍惜自己在学校的学习时光,学会自主学习和分析问题的能力。

材料准备:

笔记本、笔。

分四组,每组10人讨论"企业喜欢什么样的员工"。讨论完后,小组成员在组内分享,每人分享完后,其他小组成员都给予掌声鼓励。

 案例分析7-4

第一份工作决定职场前途

背景:

老师、家长和职场前辈都不厌其烦地告诉我们,先就业再择业,别挑剔第一份工作,因为它只是一个跳板,积累了一定的经验,你就可以往高处跳。事实是,我们如果一开始做了舒适的工作,就再也不愿尝试艰辛的工作,自然也就失去了往高处跳的机会;如果一开始做那种烦琐艰辛的工作,则以后的每份工作都可以轻松胜任。

案例:

朱娟大学毕业后,在一家大公司找到了一份文员的工作。这份工作虽然没有多少含金量,工资也不高,但好在舒适又体面,也不用承受多大压力。

初入职场,有很多东西要学,朱娟也算勤勤恳恳,可是1年以后,一切都熟悉了,她就觉得工作跟玩似的,无非就是做做表格,复印一些文件,帮领导跑跑腿,无聊又无趣,根本没有任何上升的空间。

眼看着同时入职的新人一个个升了职,加了薪,或者变成部门里的骨干,可自己还是拿着当初的薪水,还是一个无关紧要的人物,朱娟的心里也不是滋味。很多次,她想要调岗,去做物流,或者跑销售,但一打听,这些工作都挺烦挺累,加班是常态,更别想有时间坐在办公室里聊天。放弃目前舒适的工作去受罪,实在不甘心,于是,她只得一边羡慕别人一边纠结。

朱娟在文员的岗位上一干就是3年,后来部门大换血,新的领导带来了新的文员,被逼无奈,她只得接受人事部的调岗决定。好在有几个岗位可以选择,她选择做计划员,这份工作虽然不及文员轻松,但含金量颇高,很受公司重视,而且工资也高出很多。

刚开始,朱娟觉得自己因祸得福,一次人事变动,让自己有了更好的工作。可是好景不长,她很快就开始叫苦不迭了。这份工作要求了解公司产品,随时跑生产现场,和各个部门协调,还有大量的数据录入,忙得脚不沾地、焦头烂额,别想坐下来聊天休息,连喝口水的时间都没有,就连周末也是电话不断,都是些急需处理的棘手问题。

2个月下来,朱娟人瘦了一圈,觉得自己天天都被放在火上烤,想想觉得真不划算,还不如做文员呢,于是打了辞职报告,重新在另一家公司找了一份文员的工作。虽然偶尔也会羡慕别人拿高薪,嫉妒别人升职,但她再也不敢轻易换工作了。

和朱娟比起来,周小妮的运气似乎要差一些。大学毕业后,她一直找不到合适的工作,最后,不得不在一家小公司做销售。作为一个没经验、没背景的新人,最初的艰辛可想而知。每天天不亮就起床,一边吃早餐一边在脑海里演练和客户见面的情景,坐公交还在翻看客户资料,打电话说到嗓子哑,感冒了还得出差。

如此辛苦,头几个月也没多少业绩,还经常被其他同事抢了单。周小妮觉得特别委屈,无数次萌生辞职的念头,但转念一想:连个普通的销售员都做不好,还能做什么呢?天底下哪有轻松挣钱的工作?无路可退,只得咬牙坚持。慢慢地,她积累了不少客户,也适应了职场上的激烈竞争,不再觉得苦累,并凭着骄人的业绩,做了部门主管。

后来,周小妮不想过这种无规律的生活,于是主动申请调岗,到人事部做个小职员。虽然新工作需要从头学习,但尝试过做销售的艰辛,这点困难根本不算什么,她不但很快胜任,还升为经理。

再后来,周小妮跳槽到一家大公司,职位、薪水都满意,完成了职场上的华丽转身。

【分析】

从朱娟和周小妮职业发展的路径来看,在职业适应过程中需要注意以下几点。

(1)求职前充分了解职业和岗位,清楚其对今后职业生涯发展是否有促进作用。朱娟在眼看着同时入职的新人一个个升职加薪后,陷入了羡慕加纠结的状态。如果她能从一开始就明白自身的职业发展目标,便不会存在这个问题。在了解职业和岗位的基础上,还需要对职业和岗位进行充分的认识,选择能促进自身职业目标发展的职业。

(2)明白第一份职业在人一生职业生涯发展中起着重要的作用。初入职场,对一切都不甚了解,但有一种"初生牛犊不怕虎"的精神,一定会想方设法做好第一份工作。而这个过程会成为一种惯性,你习惯了舒适,就不想再艰辛,你习惯了艰辛,就不怕艰辛。而所有的能赚钱的工作,都不会很舒适。所以,我们的第一份工作一定要慎重选择,要考虑到未来职业的发展目标和方向,不要怕烦琐、艰辛、压力大而专拣轻松舒适的,工作具有一定的挑战性恰好可以更好地激发自身的潜力。

(3)积极投入工作岗位,提升职业技能。周小妮在进入职场后努力而辛勤地工作,积累了工作经验和职业技能,为今后职业的发展和提升奠定了基础。而朱娟在文员的岗位上,只是满足于干好基本的工作,没有思考如何在岗位上主动提升职业技能而争取一定的职业上升的空间,这也导致其不能适应后来"因祸得福"的工作岗位。

案例分析 7-5

完美主义者的职业发展

背景：

经常会有这样一种现象：在校期间品学兼优的学生，在毕业求职择业和上岗就业的过程中，总会面临这样那样的诸多困境和不顺。在从学生角色到职业角色的转化中，观念的转变、职场的适应、就业态度的改进，或许可以让他们的职业生涯发展得更为顺畅。

案例：

小袁，广东金融学院2007届保险原理与实务专业毕业生。在大学期间，小袁认真学习专业知识，提高自身专业素质，同时通过努力获得了保险从业人员资格证。在校期间，他积极参加学校举办的各种活动，并取得了不错的名次，各方面的能力也得到了锻炼和提高。对于小袁而言，要找到一份稳定的工作似乎并不难。但事与愿违，小袁的求职之路可谓一波三折。一开始，小袁通过自己的努力在一家保险公司内任职，做助理工作。最初，在校担任主要学生干部的经历让他在工作中得心应手，经理对他颇为欣赏，将其作为重点培养对象。经理为了让他积累更多的社会经验，更为了让他了解保险行业的现状，便把他调到一线锻炼，让他直接与客户面对面沟通。但小袁不领情，突然辞职。他认为外勤工作太辛苦，而且没有客户资源。此后，小袁变得高不成低不就，也没有方向感，对薪水和公司待遇也越来越苛刻。他的第二家实习单位也被他给炒掉了，原因是工作内容太简单，没有新意，他认为那里没有发展空间。

【分析】

从小袁的经历中，我们可以获取关于职业适应与发展的几点思考。

（1）调整求职择业心态。小袁的求职经历之所以会一波三折，根源在于自己。虽然他在大学期间不仅掌握了牢固的专业知识，并通过多种途径提高了自身的综合素质，这些理应成为他成功就业的筹码，但他因为就业心态不端正，嫌外勤辛苦，而错失了领导赏识、专业对口的工作机会，造成其本身所具有的就业优势也没有了用武之地。

（2）主动适应职业环境。长期以来的学生角色，导致很多大学生想当然地以为，所有的事情都是按照自己所想的来发展，因而造成职业的不适应。小袁如果能够充分理解经理调他到一线锻炼的良苦用心，相信他会更加珍惜工作机会，主动适应一线环境，克服困难，迎接职业的发展。

（3）用长远的眼光关注职业发展。职业生涯的发展具有阶段性，小袁所处的阶段，正是职业的探索阶段，它属于打基础的阶段。在此阶段，需要结合现实，寻找平台进行专业训练，为日后的职业发展积累经验并奠定基础。如果小袁能认识到这一点，工作辛苦、工作内容太简单都只是微不足道的因素。

案例分析 7-6

大学生盲目"先就业,后择业",三年集中爆发职业危机

背景:

"先就业,后择业"这句话,相信你在毕业前已经听了N遍。以此为求职信条,你在一片迷茫和慌乱中找了一份工作"先做起来再说"。上班后发觉不满意,"先就业,后择业"再次成为自我安慰的最好理由:先做着再说,至于目标、发展,将来慢慢再说吧。不过,时间的流逝不是"无偿"的。3年后,那份随便做做的工作也许就成了职业发展道路上一道不会愈合的伤口:继续下去,让自己心痛;想转型,能力又无法达到,且发展无望。向阳生涯专家团队研究发现,盲目"先就业,后择业"的大学生,在3年左右会集中爆发职业危机。据向阳生涯对2012年第一季度200多个咨询个案的统计研究中发现,近八成的职场人所遇到的职业发展问题与职业定位不清晰直接相关,其中有56%的人工作年限在3年以内。事实上,这部分人的问题都是毕业时"先就业,后择业"埋下的隐患。

案例:

在学校,King是个品学兼优的学生。出生于医学世家,学习药学这个专业是自然而然的事。毕业了,凭着优异的成绩和家庭背景,King联系到一家知名的药业机构。看着别人慌慌张张找工作,他想:"先有份工作锻炼一下,等有了工作经验,路宽了,再另做打算。"就这样,King是班上最早签下Offer的。

然而,不到一年,King就发觉这里的环境跟之前所想的完全不一样。因为自己刚进去,所以只能做辅助性工作,很不开心。很多时候King觉得自己被埋没了,心里很是愤愤不平,对工作开始敷衍了事。没多久,King跳槽去了同行业另一家小一点的公司。岗位环境比之前有所改善,但是小公司人不多,工作量很大,King每天在实验室里做着几乎同样的工作,又开始厌烦。每天一进大楼,看到实验室就开始叹气,抵触情绪爆发似乎就在下一秒。但因为已经换了一次工作,家里人已经很不满意,King不得不在此安分地待着,即使心里翻江倒海,表面上还是老老实实进实验室工作。这一待就是2年多,然而,心里的厌烦并没有因为时间的流逝而减少。直到有一天,他因为连续3次没有按时完成工作任务而被领导一顿猛批后,他才终于发觉,自己其实一点都不喜欢关在实验室里做实验。King开始寻觅其他方向,他想做市场营销方面的工作,但碍于没有经验,所以自始至终没有找到合适的机会,但是实验室的工作他无法忍受了,心中积压的负面情绪太多,易怒、失眠也成了家常便饭。King不顾家里反对递了辞呈。一场风波后,他对父母说了压抑在心里很久的话:"我一点都不喜欢什么药学,做实验真的无聊透顶,就像坐牢一样。当初就是你们不停唠叨让我去!早知道这样就不该进去浪费时间!"

【分析】

从以上案例中,我们可以看出,"先就业"不等于盲目选择,还需要注意如下几点。

(1)就业,职业定位要先行。要想获得职业成功,首先要选对路,这是职业适应的第一步。许多在校大学生对未来没有清晰的定位和规划,在"先就业,后择业"的口号下,盲目地坚持在错误的道路上,却发现越错越离谱,职业发展更无从谈起。有些学生即使有目标,也

没有可行性的发展路径。比如：我想当CEO，我想成为工程师，但问及如何实现目标时，往往没有答案。避免以上问题的出现，需要大学生在校期间通过各种学习和实践，帮助自己思考个人的职业发展目标，使其逐渐清晰、具体起来。

（2）打好基础，做好准备，提升求职能力。这个问题和上一个问题紧密相关。要围绕一个中心领域，对照当前市场上对此岗位的需求，做相关知识和技能的储备。减少工作中"东一榔头，西一棒槌"的现象，若没有准备，做再多工作最后还是不会积累出核心竞争力，"万金油"其实很易被替代。

（3）调整心态，积极面对就业现实。求职过程中，要避免高不成低不就的心态；走上工作岗位，更要以积极的心态来面对，遇到问题主动想办法解决。

（4）端正角色态度，积极融入新的职业环境。每个企业都有其独特的文化环境和氛围，作为职场新人，要试着融入其中，找到团队归属感，才能更好地适应职业发展。

课后思考

1. 结合自身实际，谈谈大学毕业生初入职场时主要面临的问题。
2. 根据大学毕业生的实际状况和职场的要求，请你谈谈如何才能打造良好的职场形象。

延伸阅读

与大学生职业生涯规划相关的网站和书籍

1. 大醍醐网：http://www.datihu.com/。

该网站是个人生涯规划服务、企业个性化定制服务和指导师培训及督导服务的专业网站。其针对大学生的模块，助力学生角色到社会角色的转换，从大学生到职业人心理状态的转换，及其求职能力的提升与辅导，使大学生赢在职场起跑线上，把握职业发展方向，是大学生职业生涯的加油站。

2. 杨萃先，张有明，万泓楷，等.这些道理没有人告诉过你[M].北京：北京联合出版公司，2012.

这是一本关于择业、求职、应聘的书，选用一些通俗实用的案例，给大学生提供职业发展道路上遇到的各种问题以及有效解决的方法，适合即将进入职场，或者刚入职场却仍然迷茫的求职者。

3. 李可.杜拉拉升职记[M].西安：陕西师范大学出版社，2007.

该书讲的是女主角杜拉拉升职的故事。她从一个助理升到办事处的行政主管，再到兼任上海总部的行政经理，然后又升任人事行政经理的职位，从月薪4000元到月薪2万元。即将踏入职场或初入职场的人可以从中了解职场、体会职场法则，并学习良好的职场心态、工作作风、职业素养及人际关系。

参 考 文 献

[1] 钟谷兰,杨开.大学生职业生涯发展与规划[M].上海:华东师范大学出版社,2008.
[2] 吴晓义.大学生职业生涯规划[M].北京:中国人民大学出版社,2010.
[3] 聂强.就业与创业指导[M].北京:北京理工大学出版社,2011.
[4] 葛海燕,高桥.大学生就业指导[M].北京:清华大学出版社,2006.
[5] 汤耀平,穆林.大学生就业职业导航[M].广州:广东科技出版社,2007.
[6] 张玉波,楼稚明.大学生职业规划与就业创业指导[M].上海:上海交通大学出版社,2017.
[7] 谭初春,刘泽玉,王津秋.大学生职业发展与就业指导[M].沈阳:东北大学出版社,2017.
[8] 吕一枚.职业生涯规划与就业指导[M].北京:高等教育出版社,2016.
[9] 张伟.大学生职业发展与就业指导[M].济南:山东人民出版社,2010.
[10] 陈正华,唐新国.大学生职业生涯规划[M].上海:上海交通大学出版社,2017.
[11] 丁木金.大学生职业生涯规划[M].天津:南开大学出版社,2018.
[12] 汪达,张惠丽.就业指导与实践[M].北京:科学出版社,2011.
[13] 赵丽红,丁汀,焦洪涛.职业生涯规划与就业指导[M].北京:海豚出版社,2011.
[14] 高雅珍,陈方敏.职业生涯发展与规划[M].上海:格致出版社,2015.
[15] 何小姬.就业指导——理论、案例与实训[M].北京:中国人民大学出版社,2015.
[16] 高邑.HR不会告诉你的那些面试技巧[M].北京:中国华侨出版社,2011.
[17] 于旭,唐小我.高职大学生就业指导[M].北京:科学出版社,2007.
[18] 李君霞,谢小明,王义友.新编大学生职业规划与就业指导[M].上海:上海交通大学出版社,2017.
[19] 张敏,杨珊,邓莹.大学生职业发展与就业指导训练教程[M].沈阳:东北师范大学出版社,2017.
[20] 张兵仿.大学生就业指导教程[M].北京:时事出版社,2016.
[21] 张晓丹,何代忠.大学生就业指导案例汇编[M].北京:清华大学出版社,2010.
[22] 簌簌,何耀明.解密职场冷暴力[M].北京:中国言实出版社,2009.
[23] 刘仪.你是老板想要的新人吗?[J].中国大学生就业,2013(3).
[24] 汤园林.第一份工作决定职场前途[J].中国大学生就业,2014(3).
[25] 汤耀平,穆林.大学生就业职业导航[M].广州:广东科技出版社,2007.
[26] http://www.yulu1.com/show-39-38693-1.html.
[27] https://m.sohu.com/a/159819399_594279/? pvid=000115_3w_a.
[28] http://bbs.yingjiesheng.com/forum.php? mod=viewthresd&tid=28484.
[29] http://m.sohu.com/a/207517415_632176/? pvid=000115_3w_a.